滄海叢刊

當代西方哲學與方法論

臺大哲學系主編

1988

東大圖書公司印行

© 當代西方哲學與方法論

主編者　臺大哲學系
發行人　劉仲文
出版者　東大圖書股份有限公司
總經銷　三民書局股份有限公司
印刷所　東大圖書股份有限公司
　　　　地址／臺北市重慶南路一段六十一號二樓
　　　　郵撥／○一○七一七五──○號
初　版　中華民國七十七年三月
編　號　E 14025
基本定價　陸元
行政院新聞局登記證局版臺業字第○一九七號

東大圖書公司

當代西方哲學與方法論

臺大哲學系主編

序

儘管在東方尤其是中國的傳統哲學思想，已逐漸受到世界思想界注目之際。但是引領風雅而堪稱世界哲學思潮之主流的，依然是西方哲學。在臺灣各大學哲學系的課程表上，雖然歷年已增加了不少中國哲學方面的課程，但是在哲學的基礎訓練方面，也依然是以西方哲學為主；哲學的師資也率多為負笈西方而學有所成的學者；尤有進者，能廣泛吸引學生之興趣的，也大抵為西方哲學，包括古典的、近代的，無論它是希臘哲學或是存在主義，西方的形上學或是近代的邏輯實證論。這並不表示中國傳統哲學已經完全衰微了或是教授中國哲學的優秀人才已是凋零不復得見了。但是這至少反映了一個事實：汲引西方哲學的新知依然是這個時代的中國年輕人的主要興趣傾向。卽使是心懷故國，有志於弘揚中國傳統文化的哲學學者們，在涵泳於舊典籍之際，也不得不借徑於西方的主要哲學思想，無論它是柏拉圖、亞里士多德，或是康德、黑格爾；在語言的表達與觀念的詮釋上，也充滿了西方哲學的觀念與辭彙。此無他，「哲學」這一名辭，本來就是西方傳來的，一個嚴格的「哲學」的定義，必須要符合一定的語言規則與邏輯標準——比比皆是西方心靈所徹底滲透了的東西。

因此，在未來的時代裏，我們可以預期中國哲學思想的復甦，但是不可能預期撇開西方哲學的影響來談中國哲學，同時，幾乎可以斷言，未來新生代的中國新哲學思想，必然是中西合璧的，旣不是中體西用，

也不是西體中用，而是中西互為體用，明體適用皆須融貫中西，如此才可能過化存神而蹈乎大方，此所謂「藏天下於天下」也。

我們臺大哲學系，於民國七十六年六月五至七日舉辦了一個規模雖小而內容堅實的「當代西方哲學與方法論」會議，顧名思義，我們所謂「當代西方哲學」，大抵限制在二十世紀以來的西方哲學，所謂「方法論」也是以西方的科學哲學的方法論或邏輯學為主。二十世紀的西方哲學延續了十九世紀以來的科學精神，但是卻超越了十九世紀後半紀的「科學定命論」與「歷史定命論」的窠臼，表達了更自由而深刻的哲學思想反省工夫。最能彰顯這個時代的特色的，有胡塞爾的現象學、柏格森的緜延主義，海德格、沙特等的存在主義，斐爾士、詹姆士、杜威等的實用主義，維也納學園如卡納普等的新實證論，穆爾、羅素的新實在論等。第二次世界大戰以前，可謂峯嶽並峙，大師輩出；二次世界大戰以後，雖聲華稍戢，卻步入消化整理與詮釋的時期。無論如何，當代西方哲學有一特點卻是顯明易見的，那就是湛深的科學知識與嚴謹的方法學與邏輯學的運用，它們不僅嚴格的劃清了科學與哲學的分際，尤其是透顯了科學與哲學的可能融涉的關係與範圍。如此而展現了一個豐贍富麗而交光相網的整體文化空間，也是一個多元相關的一多相容的圓融世界相。哲學很可能逐步進入一個可觀而可親的未來世界。

我們開會的宗旨，一方面是以文會友，彼此同道切磋；另方面也是給哲學系的同學們指引一個治學的方向，我們的工作，祇是一個開始，是「濫觴」的階段，雖此涓涓細流，卻有江海之願，祈望各界的同道們不吝指教與鼓勵。

本次會議共有十二篇論文，本系同仁共發表八篇，並有政大哲學系主任沈清松教授、本校數學系洪成完教授、中央研究院美研所研究員方萬全先生以及清華大學歷史所傅大為教授等四位哲學界著名學者，惠賜

鴻文，其他學界耆宿名彥參與講評與討論者甚多，為本會增光不少，在此一併申謝。

　　策劃與協辦這次會議的，為本系全體同仁，我特別感謝的為郭博文、林正弘、劉福增三位教授，由於他們的熱誠的參與、專精的知識與周全的策劃，才可能有此良好的成果。

　　最後，謹代表本系全體同仁，一致感謝孫震校長撥專款襄助以及朱炎院長鼎力支持，並分別主持開幕、閉幕儀式。同時，由於東大圖書公司劉振強先生竭力弘揚哲學思想，而促成此一論文專輯之出版，在此一併申謝。

臺大哲學系系主任　張永儁　謹識

目　次

現象學方法

——從知識論到本體論

·鄔昆如·

〇

二十世紀初年，西方哲學在方法論的領域中，興起了現象學（Ph-änomenologie, phenomenology），其創始人爲胡塞爾（Edmund Husserl, 1859-1938）。現象學所探討的，在起步上是承接近代哲學以來的知識問題，但其取向則是本體的課題。胡塞爾企圖在知識通往本體的道途上，另闢跑道；而不用特定的材料，亦不預設特定的方式；而認爲其所用的現象學方法，是沒有預設的❶。這種沒有預設的知識起步，其目標是對準存在（眞實、本體、存有）；而所用的方法是「思想」。

知識論的課題中，認知的主體是什麼？知識的客體又是什麼？這都關係着認知的方法。因此，在現象學探討中，主體所用的工具、方法、步趨，都成爲問題的核心。主體的能思（νόησιs, cogito），與客體的所思（νόημα, cogitatum）間的關係，透過思想（voεῖv, cogitatio），而形成了主客合一的局面，這就突現了主客關係在知識論中的地位。

在這裏，知識論的問題廣泛地涵蓋了：　1. 主體想什麼？它所想到的是否存在？　2. 思想是什麼？思想本身是否一種存在？　3. 要如何思想，才能保證所想的是存在，而不是虛無？

第二個問題才是現象學的核心，也因此開展了現象學方法。可是，爲了要討論「如何思想」的問題，又必須先瞭解思想，以及由思想牽涉

---

❶ 參閱胡塞爾自己所撰〈胡塞爾〉的自我介紹，收集在《哲學家辭典》（Philosophen-Lexikon, Handwörterbuch der Philosophie nach Personen, Verfaβt und Herausgegeben von Werner Ziegefuss），Walter Gruyter & Co., Berlin, 1949. Band I. S. 569-576。中文翻譯鄔昆如〈胡塞爾心目中的現象學〉，收集在所著《現象學論文集》，先知，民國 64 年 2 月，pp. 63-74。

的思想主體，以及思想客體的問題。

西方哲學從近代哲學之父笛卡兒 (René Descartes, 1596–1650) 開始， 在知識取向的哲學思考中， 總是陷入了知識的主、客二元的桎梏中。在這主、客二元的探討裏，客體一直是在主體之外的獨立存在；這客體獨立於主體存在的情形，在笛卡兒的「伸展物」(Res extensa)，尤為明顯；就連後來被認為融通理性主義以及經驗主義的康德(Immanuel Kant, 1724–1804)，仍然把客體的「物自體」(Ding an sich)，當成主體之外，而且為理性無法認知的對象。

胡塞爾對笛卡兒的批判❷， 以及對康德的批判❸， 主要的課題，也就是對知識二元的不滿意，而設法用現象學方法，扣緊主客合一的知識論，來闡明「知」的本身（超越認知主體以及認知客體的二元分立），同時是存在的本身。

一

為了闡明「思想與存在一致性」❹，胡塞爾設法找出一個不能受到懷疑，但亦沒有預設的「起點」，這也就是笛卡兒的「我思」(Cogito)。「我思」的不能被懷疑，早在古希臘的詭辯派格而齊亞 (Gorgias, 483–375 B. C.) 就已意識到， 把一切事物和事件都懷疑了， 甚至否定了，

---

❷ 《觀念》第一冊，《 胡塞爾全集 》 第三冊， pp. 138–139。以及《笛卡兒沉思》。附註所引《胡塞爾全集》指 Husserliana, Leited von H. L. van Breda, Haag, Martinus Nijhoff 出版。

❸ 第一哲學第一部分，批判觀念史，《胡塞爾全集》第七冊，pp. 220–287。

❹ Diels / Kranz: Die Fragmente der Vorsokratiker, Band I, Weidmann, Dublin / Zürich, 1966, 28 B 3。

但是，懷疑本身，以及懷疑的主體，卻是不可懷疑的❺。笛卡兒的「方法懷疑」(Dubitatio methodica)，也就是用「我思」和「我懷疑」(dubito)，來闡明「我存在」(sum)❻。

可是，這個「我思故我在」(Cogito, ergo sum) 的語句，很容易被看成是「從思想到存在」的辯證，而被分析成「我——思——所思物」(ego-cogito-cogitatum) ❼，也就因此很順理成章地把「所思」(Cogitatum) 與「我思」(Cogito) 對立起來，甚至很自然地把「能思」看成「思維物」(res cogitans)，而把「所思」相對立地看成「伸展物」(res extensa)❽。

這末一來，不但把「思想」和「存在」分割開來，而且在「清晰明瞭的觀念」(Idea clara et distincta) 為存在尺度的條件下，「所思」的「伸展物」根本就不存在了；因為它無論如何都無法滿全「清晰」和「明瞭」的觀念的。胡塞爾並不接受笛卡兒所提出來的補救方法，即藉上帝的「最清晰最明瞭的觀念」(Idea clarissima et distinctissima)，來支持「伸展物」的存在❾。

胡氏反對笛氏，更好說批評笛氏的重點就在於：在找到「我思」的知識出發點之後，沒有立即把握住它，並從它開始建立知識，反而把注意力移開，立即投射到「伸展物」上面，去把握感官世界的存在。所以他說：「笛卡兒站在自己所掀開的知識之門之前，自己卻不舉步進去。」❿言外之意也就是：知識的獲得，尤其是本體知識的獲得，必需走進主

---

❺　同上　82 B。

❻　René Descartes: Meditationes de Prima Philosophia, Ⅲ, 2, Discourse de la Methode, Ⅳ, 3。

❼　《笛卡兒沉思》，《胡塞爾全集》第一冊，p. 78。

❽　同❻。

❾　第一哲學第一冊，《胡塞爾全集》第七冊，p. 73。

❿　同上。

體之內，而不是走出主體，走向客體。

二

走向客體以求獲得知識，原是經驗主義所用的方法，而從這方法所展現的主體，顯然的是「經驗我」(Empirisches Ego)；而走回主體以求得知識，原是觀念論所用的方法，從這方法引證出來的主體，則是「先驗我」或是「超驗我」(Transzendentales Ego)。「經驗我」設法透過感官，去把握「伸展物」；而「先驗我」則利用反省、意識，去把握「主體性」(Subjektivität) 以及「意向性」(Intentionalität)。

現象學方法不走經驗主義之路，不以「經驗我」作為求得知識可靠之路，而走的是觀念論之路，以「先驗我」作為知識的起步。

因此，胡塞爾先用「存而不論」($\dot{\epsilon}\pi o\chi\dot{\eta}$, epoche, Reduktion) 的方法，首先要化除「經驗我」；然後用「構成理論」(Konstitution)，來確立「先驗我」。

三

存而不論的方法雖然程序複雜，但基本上還是分成二大類： 即是現象學存而不論 (phänomenologische Reduktion) 與先驗存而不論 (transzendentale Reduktion) ❶，而其細分及過程則是從概念存而不論 (eidetische Reduktion) 進入先驗存而不論，再從先驗存而不論進

---

❶ 同上，第一册，第二部分。

入現象學存而不論，以及從現象學存而不論進入哲學存而不論 (philo-sophische Reduktion)；從這些存而不論的工作之後，抵達存而不論的殘餘 (Residuum der Reduktion)，亦稱現象學殘餘 (phänomenolo-gisches Residuum)。這殘餘也就是不能再被剝落的思維主體，這主體性的功能發揮在本質直觀 (Wesensschau)，而進入構成現象學 (Konstitutive Phänomenologie)，而完成現象學方法的進程，同時找到知識的可靠性，而且，這可靠知識的主體本身，亦即是本體（真實、存在、存有）。

在上面的存而不論運作過程中，從概念的存而不論開始，一直到哲學的存而不論，都是在化除「經驗我」的過程；要在抵達「存而不論的殘餘」之後，才開始確立「先驗我」，用以構成知識以及本體。

當然，胡塞爾現象學方法本身，尤其是方法進程中的分段，對「破」經驗我，以及「立」先驗我的分野，並不是絕對的；在立中有破，在破中有立。

破經驗我的存而不論方法，其演變程序，可在下表中窺探大概：

前期 ⎰ 起點：邏輯研究(1900～1901)：隱含「存而不論」法則。
　　　⎱ 過程：嚴密科學(1910～1911)：暗示「存而不論」用途。
　　　　終點：⎱ 觀念第一冊(1913)：指出「存而不論」法則。

後期 ⎰ 起點：
　　　⎜ 過程：第一哲學(1923～1924)：「存而不論」系統。
　　　⎜ 　　　笛卡兒沉思(1929)：修正「存而不論」系統。
　　　⎱ 終點：危機(1936)：「存而不論」方法運用成熟[12]。

但是，站在另外一個角度來看胡塞爾的思想體系時，又會同時發

---

[12]　鄔昆如著《現象學論文集》，先知，同上，p. 122。

現，其思想分期，竟也與「存而不論」思想的發展同一步調，即是：

第一期：1882～1901：描述現象學——物為我們 (Deskriptive
　　　　　　Phänomenologie)

第二期：1901～1916：先驗現象學——物在自己(Transzendentale
　　　　　　Phänomenologie)

第三期：1917～1932：構成現象學——物我合一 (Konstitutive
　　　　　　Phänomenologie)⑬

這樣，「破」經驗我的工作完成之後，亦即是突現出「立」先驗我
的任務的完滿。

四

概念存而不論的主要目的，也就是停止經驗我的抽象運作，尤其屬
於經驗主義的抽象作用；因為，在胡塞爾看來，抽象的本意並沒有把握
住全稱的「客體」(Objekt)，而是主觀地選擇了其中的部份，再加上主
觀的某些因素，而成為「對象」(Gegenstand)。這「對象」事實上是
「經驗我」以及心理主義影響下的產品，並不是真實的「客體」；它的
主觀性格並沒有普遍性；因為每一個人對同一客體的對象都不一樣。胡
塞爾所提出的比方是福利堡這地方；但是聽到「福利堡」一名的人，都
有對「福利堡」的「概念」；　可是，　這概念已經是「對象」，　而不是
「客體」⑭。

這對象與客體的關係也正是經驗主義對實體 (Substanz) 與性質

⑬　同上，pp. 123-124。
⑭　《邏輯研究》第二冊，p. 345。

(Qualitäten) 的關係一般，尤其是與物的次性 (Secondary qualities) 的關係一樣，在胡塞爾看來，都不是對事物本身的認識[15]。

雖然，胡氏現象學的第一步，是在排除經驗我，以及那由經驗我提出來的抽象作用。但是，這「我」卻是無法排除我存而不論的。亦即是說，無論對客體的真實性能否把握，或是在客體的選擇性中，祇獲得了某部份，甚至主觀意識多添加了某些東西，使客體變成了對象。但是，主體性 (Subjektivität) 則在這種「破」的運用中，呈現了出來。主體的意識 (Bewußtsein) 因而才是知識運作的核心課題。

思維主體的運作本身是「意識」，但是，思維主體針對客體的動向來說，則是「意向」(Intention)。而「意向性」(Intentionalität) 則成了主體在認知過程中的動向；無論其認知作用的成果，是否符合客體的真實性。站在胡塞爾現象學立場來看，主體的意識展示出主體的主體性，主體的認識作用，則靠主體的意向性。

難怪絕大多數研究胡塞爾的學者，都肯定意向性是胡氏現象學的主題[16]。

意向性在現象學的探究中，有三類：第一類就是上面論及的經驗我對外物抽象作用的概念所呈現的主體行為；第二類則是主體在反省自身的行為時的自覺，或稱意識；第三類則是指意向性本身的主體自身，亦即是意向的主體[17]。

第一類的意向性是在經驗我範圍以內；第二類開始超越，設法從經驗我擺脫出來，走向先驗我；而第三類則是先驗我的境界，因為它的意識主體是「純自我」(Reines Ego)，是「純意識」(Reines Bewußtsein)，

---

[15]　第一哲學第二冊，《胡塞爾全集》第八冊，p. 96。

[16]　李貴良著《胡塞爾現象學》，師大教育研究所，民國52年6月，p. 133。

[17]　參閱同上，p. 140，又《邏輯研究》第二冊，p. 346。

是「純主體」(Reines Subjekt)，是存而不論的殘餘 (Residuum der Reduktion)，是所有知識的本源，也是所有本體的起點⓲。

五

在找到意向行為之前的意向主體，亦即找到「純意識」之後，「先驗我」才突現出來。可是，這先驗我祇是知識的主體，而且是不含客體，不含對象的主體，但卻擁有獲得所有客體，獲得所有對象的潛能。

這「先驗我」胡塞爾稱之為「純主體」，或「純自我」⓳。這「純主體」或「純自我」就是在知識未發以前的「主體」。在這「主體」中，「現在」沒有客體，「現在」沒有對象，「現在」沒有認知作用；可是，卻擁有認知的潛能；亦即是說：它「將來」會認識，「將來」會認識「客體」，「將來」會把握「對象」。

這也就是胡塞爾巧妙地運用「意向」一字，在其現象學方法中的含意：tentio 的拉丁文動詞是 tendere，有延伸、擴張等意義；然後用「回歸」(re-)，「在其中」(in-)，「往前」(pro-) 等介詞，連結成「回顧」(Re-tentio)，「意向」(In-tentio)，「前瞻」(Pro-tentio)⓴。而把「回顧」的意義，看成經驗我在知識運作中的過去事例，把「意向」作為當下的「意識」，而把「前瞻」看成意識未來將擁有的對象

⓲　有關意向性的著作很多，有《算術哲學》，《邏輯研究》第一册，《觀念》第一、二、三册，《現象學觀念》，《歐洲科學危機及超越現象學》，《笛卡兒沉思》，《形式邏輯及超越邏輯》等。參閱李貴良著《胡塞爾現象學》，p. 138。

⓳　《觀念》第一册，《胡塞爾全集》第三册，p. 109, p. 161。

⓴　鄔昆如，《現象學論文集》，p. 255。

和客體。這樣，「意向性」的全盤意義，也就在於內在意識的時間性 (Inneres Zeitbewuβtsein) 之中，可以開始運作，而且一直運作下去[21]。

也就在這內在意識的時間性中，「純主體」就能夠開始構成現象學的工作，把從前存而不論的事物，統統又檢拾回來；主要的理由，就是因為把握了這最終的主體。

胡塞爾說：

> 為我自己來說，我永遠是同一的我；這也是在自我經驗中，最清晰明瞭的一點。這點為「先驗我」有效，而且為所有「我」都有效；無論是心理的「自我」，或是「經驗我」；全部的現實意識生命，或潛能意識生命，都包含在其中。這麼一來，很顯然的，現象學所關心的問題，就是這個如單子的我。所有的構成理論都發自這一點。而且，更深一層去想，則所有的現象學方法，也由這種自我構成中，奠定基礎[22]。

這裏的「自我」的本質，不是靜態的「存在」，而是動態的「意向」。這「意向」直指「本質」，而成為「本質直觀」(Wesensschau)。而這「本質直觀」不是對外界事物的「抽象」，也即是說，不是由「經驗我」所出發；而是對自己本身的「自我」作意識性的「本質直觀」。這「本質直觀」所獲得的，也就是剛才論及的，能包含「過去」、「現在」、「將來」的「延伸」「擴張」，亦即是「後顧」「意向」「前瞻」，一句話：思想；或直接說成「我思」(ego cogito)[23]。

---

[21] 1928 著《內在時間意識現象學》。

[22] 《笛卡兒沉思》，《胡塞爾全集》第一册，p. 102。

[23] 同上，pp. 83-85，又《經驗與判斷》，pp. 136-146，《觀念》第一册，103 節。

「我思」的本質是動態的「思想」(noesis)，這「思想」所想的能力就是「能思」，而且所想的對象則是「所思」(noema)。但是，「所思」不必存在於主體之外，而首要的是主體本身的意識，(Selbst-bewuβtsein)；這意識對自身本質的觀照，形成了「意識之流」(Be-wuβtseins-strom)。這「意識之流」本身就富有創造的能力；凡是經由「意識之流」所通過的，都會從前面存而不論的「經驗我」中的事物復活過來，而成爲附屬在意識之中的存在。意識不但創造了存在，而且亦保證着存在。但這「存在」並非具體可見的，而是「本質」，因爲它是透過「本質直觀」而產生的。

在這裏，我們才能回過頭來，解釋爲什麼在知識的抽象作用中，一旦踏入了共相層面，其「延伸」以及「擴張」的範圍就變成了普遍的、全面的。就如蘇格拉底式的概念：從張三、李四、王五、趙六所抽象、歸類獲得的「人」概念，在其內涵上竟然包容了所有的「人」，沒有任何一個被遺漏。「本質直觀」的「能思」，的確是在創造「所思」；而這「創造」的能力，原就是思想的本質。現象學稱爲「本質哲學」(Wesensphilosophie)，其來有自。

六

由「我思」的「本質直觀」走向構成現象學，也就是「先驗我」的全面運作。「構成」(Konstitution) 概念，基本上是「存而不論」的「還原」，亦卽是把在破除「經驗我」時，用「存而不論」或「放入括弧」(Einklammerung, Ausschaltung) 中的東西，再次補上；其方法恰好是「存而不論」所走的反方向路線。

在胡塞爾用詞中，「存而不論」首先是把「環境物」（Um-Welt-Ding）的「環境」剝落，剩下「世物」（Welt-Ding）；然後再把「世界」剝落，而成爲「物」（Ding）；而這「物」在獨立性存在中，正如康德的「物自體」（Ding an sich）[24]。而在構成理論中，則是先把握住「物自體」本身，而其特性則界定於「我思」；然後透過「我思」的「意識之流」，而一層層地，先恢復「世界」，再恢復「環境」，而又成爲從「世物」（Welt-Ding），走回「環境物」（Um-Welt-Ding）[25]。

當然，在與「環境物」以及「世物」的交往中，主體所直接運作的，仍然是「經驗我」；唯有對「我思」的反省，以及直觀，才是「先驗我」的運作，但這也足以闡明「先驗我」在構成理論中，涵蓋並超越了「經驗我」的層面。

構成理論與存而不論理論，在胡塞爾著作中，都同樣是到處可見的；特別是觀念第二冊，標題就指明「現象學構成研究」（Phänomenologische Untersuchungen für Konstitution），同樣重要的一本書，就是「內在時間意識現象學講義」（Vorlesungen zur Phänomenologie des inneren Zeitbewußtseins），還有就是「觀念」第一冊，在論及理性和實際等問題時，所提出的各種描繪以及見解。

在這裏突現的問題，並不是要解釋意識或我思，如何去構成事物的課題，而是這「意向」的「伸展性」以及其創造的特色，是否眞的足以構成外在世界的「伸展性事物」（Res extensa）。亦卽是說，無論是「回顧」（Re-tention），「意向」（In-tention），或是「前瞻」（Pro-

---

[24]　鄔昆如，《現象學論文集》，p. 244。又 W. Szilasi, Einführung in die Phänomenologie Edmund Husserls, Tübingen, Max Niemeyer, 1959. S. 138。

[25]　鄔昆如，《現象學論文集》，pp. 248-249。

tention)，其所意識出來的「所思」，是否祇適用於「觀念存在」（ens ideale)，而不一定是「實際存在」（ens reale)，更不會是「感官存在」（ens sensibile)？

也就因此，胡塞爾的構成理論必需擺脫「先驗我」祇對自身的「本質直觀」，而是能把本身的「意向性」，向外開展，指向物質世界。

但是，這種思考方式原就是胡塞爾詬病笛卡兒的地方，即從「我思」的「思維物」（res cogitans)，走向「伸展物」（res extensa)。當然，胡塞爾有理由說，他對「我思」已經有足夠深入的認識，然後才走向「伸展物」的；而不像笛卡兒還沒有進入「我思」之中，就要急着找尋「伸展物」一般❷。

這種從「思維物」走向「伸展物」的努力，在胡塞爾著作中，可以說從「邏輯研究」一直到「危機」，都可以見到；但是，基本上還是在反省以及批判笛卡兒學說中，獲得較清楚的概念。胡氏把主體性分成三個層面來看（除了前面的「經驗我」以及「先驗我」之外），先是廣義的「先驗感性」（Transzendentale Ästhetik)，這個康德的名詞，事實上已經多少走出了「自我」的藩籬，而用先天的感性，作為創造外在世界美學的感受。康德的原意是在說明人心對「美」的感受非由「經驗」的分析得來，而是由「先驗」的綜合直觀所得。這個原始的直觀也就完全屬於獨立的主體性；而獨立於整個宇宙之外。這主體性的直觀所感受到的，固然是「美」，但是，這祇是「美」的形式，而非「美」的內容。這樣，主體在這裏，真正感受到的，還是主體自己（Solus ipse)。胡塞爾把這個主體本身，作為「先驗我」來處理，但同時承認它的先驗感性❷。

---

❷　同❾。

❷　《笛卡兒沉思》，《胡塞爾全集》第一册，p. 81。

　　第二層面是互為主體性，或稱主體際性 (Intersubjektivität)。主體際性是主體意識到別的主體的存在；這種意識是構成「他我」(alter ego) 的根本。而這種構成本身，亦非經由「經驗我」而產生，倒是對「自我」意識的類比所實現❷。

　　事實上，這兩個層面所表現的，仍然是「我思」(Cogito) 以及「所思」(Cogitatum) 的根本問題。「我思」的基礎，在西方近代哲學之父笛卡兒已經奠定了，德國觀念論強調了「先驗我」的主體性，使「我思」的範圍縮小，到了胡塞爾，其現象學方法則企圖把「先驗我」作為出發點，去涵蓋所有的「先驗」和「經驗」，去涵蓋「我思」以及「所思」；最後能說成「我思故我在」(Cogito, ergo sum)，同時亦能說明「我思故世界存在」(Cogito, ergo die Welt ist)❷。

　　胡塞爾說：

> 先驗我是單獨在己的存在；可是，在它自己之內，卻有着一種自己客體化的能力 (Selbst-Objektifikation)：供給它自身以「人靈」 (Menschliche Seele)，以及「客觀的真實」 (Objektive Realität)❸。

○

　　在前面非常濃縮的探討中，我們討論的重點本身是「知識」問題，但是其整個的成果，卻取向於「本體」存在的問題。本文想要回答的課

---

❷　同上，其解釋參閱李貴良、《胡塞爾現象學》，p. 305。

❷　第一哲學第二冊，《胡塞爾全集》第八冊，p. 73。

❸　同上，p. 77。

題是：除了思維主體的絕對存在之外，是否還能用現象學方法，證明主體以外的世界存在？如果答案中出現像：主體之外根本沒有客觀世界的存在，則面對這種唯心論的學說，我們的問題就無法討論下去；如果有語句說：感官世界祇能用感官去感覺，而無法用思想去瞭解；面對這經驗主義的思考模式，現象學也難以自圓其說。尤其對「經驗我」和「先驗我」的劃分，如果沒有認同和共識，現象學方法仍然難以實現。

當然，現象學方法的運用，到目前已經被公認，用途也相當廣，不但存在主義，詮釋學等，都與現象學方法有關，但是，學說總是會有某種極限，在某一些問題上，會呈現無力感。

現象學方法運用的核心，像意向性對世界的最後構成的節骨眼上，沙特 (Jean-Paul Sartre, 1905-1980) 就提出反對的意見。他說：

> 意向性乃是主體由於某種興趣，毅然擺脫自己，向著自身以外的東西奔跑。跑到樹下，但是，樹永遠是在我之外的存在；無論我怎樣努力，我與樹都無法合一❸ 。

沙特否定了現象學方法中，從「自我」走向「世物」的可能性。

當然，在研究現象學諸學者中，有更多贊成胡塞爾的方式，而且並認為在「我存」與「世界存在」之間，可以扣緊。就如 Wilhelm Szilasi 就認定：

> 思想本身的精神化顯現，是「清晰明瞭」概念的延伸；這概念不但在人的內心，而且確與外界事物有連繫；同時，也唯有在與外

---

❸ Jean-Paul Sartre, Situations I, Paris, Gallimard, 1947, pp. 32-33。

界事物比較中，才能稱得起是清晰明瞭❸。

　　其中尤其是完成現象學方法的謝勒（Max Scheler, 1874–1928），把「世界」導引到擺脫經驗的層面，而走向「價值」領域時，「精神化」的原義就更突現出來，因而現象學也就眞的繼笛卡兒找到定而不移的「思維主體」（Cogitans）之後，尋找了「思維物」（Cogitatum）❸。

---

❸　W. Szilasi, 同上，p. 54。

❸　Max Scheler, Der Formalismus in der Ethik und die Materiale Wertethik; S. 175。

解釋、理解、批判

——詮釋學方法的原理及其應用——

·沈清松·

一、前　言

就方法學的觀點看來，究竟詮釋學方法有那些原則性的步驟？這個問題着實不易回答。因爲承繼着中世紀的解經學、近代的古典文獻學、批判史學之後，當代的詮釋學可謂學派並立，紛陳其說，各有所長，時有所用，很難整理出一個大致可共同接受的方法❶。甚至對於詮釋的活動，是否可以以方法視之，亦有異議。例如夏達美（H. -G. Gadamer）秉承其師海德格（M. Heidegger）的存有思想，力倡眞理的開顯而反對方法的控制。相反的，方法詮釋學者如呂格爾（P. Ricoeur）則主張「方法的迂迴」（détour méthodologique），藉以面對科學的挑戰，提供經典解讀以規則，並仲裁衝突中的各種詮釋。因此，呂格爾的終極目標雖在眞理之開顯，存有的展現，然而，方法至少亦能獲得階段性之肯認。

本文所採取的觀點，較接近方法詮釋學，承認方法的地位，並且認爲方法本身應該可以應用，始成其爲方法。雖然存有之開顯亦爲吾人的終極目標，但是，畢竟開顯的經驗極爲寶貴，亦極罕有，時而陳義過高，時而奧妙難喩，不可以爲歷程中人之典要。在邁向眞理的路途中，吾人皆需方法，呂格爾此見甚是。但是，方法詮釋學雖然重視方法，並主張方法的迂迴，卻並未提供任何適切的步驟以爲方法。吾人在此所談的方法，將設法兼綜各派詮釋思想之優點，建立一較爲完整的方法程序。方法本身應具程序性和開展性，並可應用於具體的對象。然而，所

---

❶　關於詮釋學的歷史變遷與發展，請參閱拙著《現代哲學論衡》，臺北，黎明公司，民國74年，pp. 291-312。

謂「應用」（application）並非純屬技術性的操作，可雷同地用以控制任何對象者，卻必須考慮對象的獨特性，詮釋者主觀的重構，和不同境域的交融。因此，所謂方法的應用並非將一成不變的公式透過某種操作的程序套在任何對象上的作法。在這一點上，我們是與夏達美一致的。

本文嘗試兼顧當代各詮釋學派的特長，提出一個合理而明確的方法步驟。依我之見，當代的詮釋學主要可以分爲三個學派：一是由海德格所開創，由夏達美所繼承的哲學詮釋學(Philosophical Hermeneutics)；一是由呂格爾、赫爾曲 (E. D. Hirsch) 等人所提倡的方法詮釋學 (Methodological Hermeneutics)； 一是在哈柏瑪斯 (J. Habermas) 和阿佩爾 (K.-O. Apel) 等人所倡的批判理論中所包含的詮釋學成份，吾人稱之爲批判詮釋學 (Critical Hermeneutics)。

以下我們首先確定各學派在方法學上之首要貢獻，再進一步提出一個我們認爲最合理而適當的詮釋學方法原理，最後再進一步探討其部分的應用領域。

二、當代詮釋學方法的主要課題

當代詮釋學，以哲學詮釋學爲首出，開創新局，重視理解的存有學向度，主張眞理的開顯優先於任何方法學的考慮。方法詮釋學繼其後，補其偏，重立方法學向度，突顯解釋的運作。然而此二者皆只著重於有意識且有意義的層面，對於潛意識而仍有意義的層面，無論其爲個人的慾望或集體的意識型態，則顯得無能爲力，必須濟之以批判詮釋學的批判方法，始能化潛意識爲有意識，以免受其宰制。

（一）哲學詮釋學以理解爲主要課題

詮釋學原爲久遠之傳統，至現象學出，兩相銜接，始發展出其當代的面貌。然而，將現象學轉變爲詮釋學之功臣，爲海德格。海德格在《存有與時間》一書中，視現象學爲存有學，並提出基礎存有學，欲以對「此有」（Dasein）之詮釋，來顯發存有（Sein）的意義。海德格認爲此種現象學方法之主旨即在於「詮釋」。他說：

> 吾人的研究本身將顯示，現象學做爲一種方法，其意義即在於詮釋❷。

海德格並進而指出「詮釋」的三層意義：

一、詮釋的第一義在於向此有所包涵的對存有的理解，宣示出普遍存有的眞實意義，以及此有自己所擁有的存有結構。

二、詮釋的第二義在於解明一切存有學研究的可能性條件。

三、詮釋的第三義，但在哲學上爲首義，是對存在的存在性進行解析，用存有學方式解明此有的歷史性，做爲史學的可能性條件。至於做爲人文科學方法論的詮釋學，則爲此一根源義的引申義❸。

這最後一句話是針對狄爾泰而說的。狄爾泰以詮釋爲達至理解──對狄爾泰而言，理解爲一種認知方式──的一種方法。但是，對海德格而言，理解則是存有學的，換言之，是吾人對存有的理解，而詮釋則是此種存有理解的開展。

---

❷　Heidegger, Sein und Zeit, Tübingen: Max Niemeyer Verlag, 1972, 37.

❸　*Ibid.*, 37–38.

理解乃人存在對於自己的意欲何爲 (Worumwillen) 和整全意義
(Bedeutsamkeit) 的解蔽性自覺。海德格說:

> 理解的解蔽，乃同樣原始地解蔽出其意欲何爲與整全意義，而隸
> 屬於在世存有全體❹。

至於詮釋則爲理解之發展，旨在將所理解的整全意義，顯題化爲「某物
有如某物。」海德格說:

> 此一有如構成了已理解之某物的顯題化，它構成了詮釋❺。

換言之，在理解中由於「先有」(Vorhabe)、「先見」(Vorsicht) 和
「預期」(Vorgriff) 所把握的整全意義，透過詮釋而被顯題化爲某物
有如某物。理解具有先在結構 (Vor-struktur)，而詮釋則旨在將先在
結構顯題化爲有如結構 (Als-struktur)，至於語句則是從有如結構派生
出來，產生主謂結構。例如，若理解把握 p. q. r. s 的整全意義，則詮
釋將其顯化爲「s 有如 p」；語句則進一步說出「s 是 p」。先在結構與
有如結構彼此的循環，便稱爲「詮釋的循環」❻。

但是，理解亦有其歷史向度，爲此，夏達美更進一步指出，理解乃
在傳統所提供的境域中始成爲可能。個人對自己的自覺只是在歷史傳統
內的一閃靈光。傳統實爲歷史生命本身的客觀移動。所謂理解就是在歷
史之中覺察此一歷史生命之移動。理解又與應用不可分，蓋理解乃在傳

---

❹ *Ibid.*, 143.
❺ *Ibid.*, 149.
❻ *Ibid.*, 150-154.

統之中獲取意義，而應用則是將所獲取的意義結合到存在的具體情境。

　　由此可見，哲學的詮釋學認爲理解的存有學向度優先於其知識論與方法學的向度。 吾人在理解時所開顯者厥爲人存在的可能與整全意義（海德格），以及傳統中所傳承的意義（夏達美）。哲學詮釋學雖然不重視理解的方法面，但它至少指出了一個要點：吾人只有在指涉到人的存在處境，並在其中達致解蔽，引致自覺，始有理解可言。此一原則，亦可成爲吾人在方法學中所必須加以重視的原則。

（二）方法詮釋學重新肯認解釋的重要

　　方法的詮釋學不滿意海德格和夏達美的存有思想孤高難尋，尤其對夏達美之重眞理輕方法，不能苟同，於是在詮釋學和現象學的淵源上，重行組合。在詮釋學上，返回詩萊馬哈（F. Schleiermacher）對文法詮釋之重視，強調文件中具有客觀的意義，按一定的文法結構而組成。在現象學方面，則肯認胡塞爾（E. Husserl）在《邏輯研究》一書中對於決定意義的客觀結構之着重，這些結構的把握將有助於吾人對於作品的解釋。其實，呂格爾所謂的「方法學的迂迴」正是爲了透過這些客觀結構之媒介，獲取回答下列問題之依據：「應如何賦予經典的詮釋，亦卽文字的的解讀，以某種法規？ 如何奠立歷史科學的基礎，使其能與自然科學抗衡？ 如何對相互敵對之詮釋進行仲裁？」❼ 在此三問題中，第一個問題乃詩萊馬哈之延續；第二個問題乃狄爾泰之延續；第三個問題則爲呂格爾在《詮釋之衝突》一書中之所特別關注者。這三者皆是涉及知識論與方法學的問題。

　　按赫爾曲在《詮釋的有效性》所提議的，吾人必須將初期的理解視

---

❼　Ricoeur, Le Conflit des interprétations, essai d'herméneutique, Paris: Le Seuil, 1969, 14.

爲一種猜測（Guess），必須經過解釋的歷程，始能獲致有效性。解釋使
吾人從素樸性的理解走向學術性的理解。至於有效化的步驟是否亦爲某
種嘗試錯誤的步驟或類似於波柏的否證法，並不具有強制性。在此吾人
至少可以接受，理解本身的發展，包含了解釋的步驟。

　　因此，吾人認爲，所謂方法之迂迴就是先經由解釋的步驟，再返回
存有的理解。至於解釋的步驟究竟是什麼，則仍有待澄清。呂格爾似乎
頗滿足於引述李維‧史陀（C. Levi-Strauss）對神話所提供的結構性解
釋和布洛普（V. Propp）和葛萊瑪斯（A. J. Greimas）對敍事文所提供
的結構性解釋。似乎解釋就在於提供結構，但是究竟在方法上應如何執
行？有何原則可尋？仍有待吾人加以探討。

（三）批判詮釋學對扭曲之溝通加以批判

　　哈柏瑪斯和阿佩爾的批判理論並不能拘限於詮釋學的範圍內，但由
於他們指出前兩種詮釋學僅限制在吾人有意識的層次中有意義之物，至
於對在潛意識層次而仍有意義之物則無法兼顧，尤其像先見和傳統這類
先在結構，不但是吾人理解的中介，而且亦可能扭曲溝通。哈柏瑪斯說：

> 　　吾人從深度詮釋學得知，傳統脈絡的獨斷論不但是一般語言的客
> 觀性之傳送帶，而且亦傳送某種權力關係的壓制，後者會扭曲理
> 解本身的互爲主體性，並且系經地扭曲交談的溝通❽。

　　針對這類無意識而仍有意義之物，針對這點扭曲溝通之因素，哈柏

---

❽　Habermas, On Hermeneutics' Claim to Universality, in *The*
　Hermeneutics Reader, edited by K. Mueller-Vollmer, Oxford:
　Basil Blackwell, 1985, 314.

瑪斯與阿佩爾提倡批判的運作。所謂批判就是一種自我反省的行為，藉之原先為潛意識者可以顯化為有意識者，而且在此過程中，不再成為阻礙或扭曲溝通之因素。批判的對象，可分個體的潛意識和集體的潛意識兩者。個體的潛意識指慾望及其衝突與壓抑，此在心理分析言之甚詳，堪為典型。集體的潛意識則指社會中所奉行而不自知的意識型態與權力關係。

　　由於來自哈柏瑪斯和阿佩爾的提醒，批判於是亦變成詮釋學方法中極為重要的步驟。至於批判的工作是否僅在顯化潛意識中的慾望與意識型態，或者吾人應採較為持平的看法，則是吾人須在下文決定的問題。

　　從以上簡要的敍述中可知，當代的詮釋學以哲學詮釋學為首出，繼之以方法詮釋學，最後則綴之以批判詮釋學。哲學的詮釋學的宗旨在於理解，方法的詮釋學的宗旨則在強調解釋之不可免，批判的詮釋學的宗旨則在於批判的必要性。由於吾人在面對任何詮釋的對象之時，首須經過解釋的步驟，才能使吾人原有的素樸性的理解，轉變為學術性的理解，因此，吾人在方法進行的程序上，首先應該進行解釋，再達致理解。但是，任何解釋與理解皆難免受到個人和社會的潛意識所蒙蔽，因而終須輔之以批判。從解釋到理解到批判，正是吾人在下文中所擬提出的詮釋學方法的主要步驟。

　　不過，無可否認的，意義的理解是詮釋學方法的核心，解釋是其預備，批判則補其不足。衡量當代詮釋學中，哲學詮釋學所佔的重要地位，及其影響的深遠，可為此說作證。但是這並不妨礙吾人在方法上從解釋開始，以理解居中，並結尾於批判。

三、解釋、理解和批判的基本原則

　　詮釋學是研究吾人如何對任一符號系統——無論其爲語言性的或非語言性的符號——的意義加以解釋、理解和批判的科學。語言性符號包含說話（speech）和文件（text）兩種。日常語言和科學語言，在獨白或交談之時，皆屬說話；但是著爲文章，則變成書寫的文件。至於廣告、海報、圖畫、電影、甚至社交禮儀，亦皆使用某種符號，具有某種結構，傳達某種訊息與意境，只不過並不發表爲說話和書寫的語言形式，因此稱爲非語言性符號。

　　詮釋學特別針對符號系統的意義，首先用解釋來處理那些決定符號意義的結構，確定該符號系統的涵意（sense）和指涉（reference）；其次再就該符號系統整體，理解其所指涉的人存在的處境，或其所開展出來的世界；最後則對那些決定意義形成的個人與社會的潛意識加以批判，藉以補理解之不足。由此可見，理解的確是吾人的詮釋學的核心，解釋僅爲其預備，批判則更補其不足。以下分別詳述之：

（一）解　釋

　　今日吾人所謂的解釋，不能再像狄爾泰（W. Dilthey）那般，以自然科學爲解釋的典範，而是要以符號理論爲新的典範。狄爾泰認爲自然科學的知識論運作就在於解釋，而所謂解釋就是在於建立事件之間恒常的接續關係——因果關係——並用它來說明自然現象的產生。因此狄爾泰所認定的解釋是因果解釋。然而，自從結構主義出現以來，符號理論告訴我們在符號的結構中就含有解釋的動力，而毋需從自然科學中引入

解釋的典範。從此，符號彼此之間的穩定關係提供了結構的解釋，替代了自然科學中的因果的解釋。

　　不過，結構主義的缺陷在於只承認由對立元所形成的結構。例如：李維・史陀（C. Levi-Strauss）分析伊底帕斯神話爲兩組對立的神話元（mythème）所構成： 過度的親戚關係相對於不足的親戚關係；人對大地的自主性相對於人對大地的依賴性 。 其中具有 $1:2=3:4$ 的數學結構❾ 。 又如葛萊瑪斯（A. J. Greimas） 使用行動者分析（Analyse actantielle）來序列化布洛普（V. Propp）的民間故事之形式解析，十分值得吾人在解析敍述文時之參考，但他仍然保留對立元的結構，例如：「禁止相對於違犯」、「探問相對於提供」、「欺騙相對於共謀」……等等❿ 。

　　我們並不認爲符號彼此之間的關係一定只有對立元的關係。我們認爲除了對立之外， 亦有互補的關係。 此外亦有序階的關係， 以及「包含─隸屬」的關係等等。

　　所謂的解釋，便是在找尋出符號與符號彼此的關係，藉以顯豁出符號之間某種理性的組織，並因此而認定其涵意(sense)與指涉(reference)。所謂的涵意是符號由於結構的決定而有的內在關係；指涉則是符號所指的在符號以外的存在事項。這些關係與事項的認定便構成了解釋所須做的基本工作，無論是語言性符號系統或非語言性符號系統，皆是如此。

（二）理　解

　　在確立了符號彼此之間的關係，並認定其指涉之後， 我們必須進一

❾　Levi-Strauss, Anthropologie Structurale, Paris: Plon, 1965, 235-240.

❿　Greimas, Sémantique Structurale, Paris: Larousse, 1970, 172-221.

步予以理解。所謂的理解便是體察出在符號系統中所隱含的世界或其與
人類存在處境的關係。例如葛萊瑪斯所提出的解析，其實亦指出所有的
故事均按照像缺乏、禁止、違犯、欺騙、共謀、惡行、不足、出發、鬥
爭、勝利等等，這些正如雅斯培 （K. Jaspers） 所言，是人類存在的界
限狀況，或晚期維根斯坦 （L. Wittgenstein） 所謂的生命形式，或戛達
美所謂的人的歷史條件。

狄爾泰把理解當做是人文科學的知識論運作，其要點在於透過同
情，重構作品的作者之主觀意圖與創造力之風格。但是，今天我們不
能再把理解當做主觀上把握作者創作歷程的心理步驟，卻必須接受海德
格、雅斯培、和晚期維根斯坦的洞見，把理解當成在世存有開顯存在的
可能性的方式，或把握人的界限狀況、生命形式的一種方式。

換言之，在面對一個語言性或非語言性的符號系統之時，我們唯有
綜合其涵意與指涉的全體，而把握到其中所展示的人間世界或其與人的
存在處境的關係之時，我們才算理解了這個符號系統❶。

（三）批 判

解釋和理解皆只針對了符號系統在吾人有意識的層面所構成的意
義，但是，符號系統的產出，卻亦假定了吾人潛意識當中的某些決定因
素。佛洛依德的心理分析指出個體層面的決定因素為慾望及其衝突和壓
抑的情形；哈柏瑪斯則進一步指出集體層面的決定因素為社會中的意識
型態❷。吾人以為，無論在個體或集體的層次，潛意識的決定可以圖式

---

❶ 關於理解與解釋之關係之進一步闡明，尚可參閱以下兩書： G. H. von
Wright, *Explanation and Understanding*, New York: Cornell Unive-
rsity Press, 1971; K. –O. Apel, *Understanding and Explanation*,
translated by G. Warnke, Massachusetts: MIT Press, 1984.

❷ 參閱 J. Habermas, Knowledge and Human Interests, translated
by J. J. Shapiro, Boston: Beacon Press, Ch. 11 and Ch. 12.

如下：

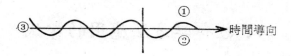

在此圖表之中，②對①有結構性的決定，③對①則具有生發性的決定。例如在個體的層次，①代表個體現在的（病態）行爲或符號，②代表其潛意識中的慾望被扭曲之情形，③則代表兒時的一些不幸的經驗；又如在集體的層次，①代表當前社會行爲或符號，②代表社會的價值觀或社會關係，③代表其社會文化歷史傳統。個體的慾望對其行爲與符號的產出有結構性的決定，其過去（尤其兒時）的經驗則對之有生發性的決定。社會中的價值觀與社會關係對於社會行爲與符號的產出有結構性的決定，其歷史傳統則對之有生發性的決定。

當代的批判理論，由於受到馬克斯主義的影響，往往從階級對立的觀點來理解社會關係。但我們認爲所謂社會關係是該社會的個體與羣體成員彼此的互動模式，階級對立僅只是其中的一種可能方式而已，並非必然的、唯一的方式。

當吾人針對某一符號系統加以批判的時候，就是要用化隱爲顯的方式，指陳出決定該符號系統之產出的個體的慾望與信念，和集體的價值觀與社會關係。這種化隱爲顯的工作本身並不能取消這些慾望、信念、價值和關係的存在，但至少可以使它中止運作，不再在潛意識（無論個體或集體）的層次來決定符號系統的產出。

以上吾人扼要地敍述了吾人所謂詮釋學方法的三個步驟的主要原則，下面吾人須進一步探討其應用的問題。

四、詮釋學方法應用的嘗試

應用的問題在詮釋學中一直佔有本質性的地位。自從解經學發展以降，就有理解之巧 (Subtilitas intelligendi)、解釋之巧 (Subtilitas explicandi)、和應用之巧 (Subtilitas applicandi) 三分之說。在自然科學裏面，所謂的應用是將理論中所展現的法則或公式，透過技術性的操作，拍合在具體的現象或實驗對象之上，藉以達致解釋或控制或製造的目的。但是，在人文與社會科學裏面，應用不但要顧及所針對的對象的個別性及其處在的具體情境，而且必須要有應用者本人的參與。所謂的應用並非先明白某種普遍的公式，然後將之拍合在某種符號對象上，而是按照吾人所言的解釋、理解、批判的程序，在某一符號系統中顯豁出其中所具現的普遍意義。

夏達美嘗謂詮釋學的應用包含三種：神學的應用、文學的應用、法律的應用。所謂神學的應用涉及在每次宣道之時須將聖經經文的內在意義，拍合在宣講時的具體情境；所謂文學的應用涉及對某文學作品的翻譯和閱讀時的經驗；所謂法律的應用涉及將法律條文的抽象與普遍的意義予以詮釋，使能合於犯罪或涉法的具體情況⑬。

本文將嘗試把前述解釋、理解、批判的步驟，不但應用在語言性的符號系統的詮釋上，而且將它擴充到非語言性的符號系統上。以下我們將選一段文字做為詮釋語言性符號系統的對象，並選三種不同性質的非語言性符號系統，來進行吾人應用的嘗試。

---

⑬ Gadamer, Truth and Method, London: Sheed & Ward, 1975, 274-278.

（一）語言性符號系統詮釋實例

例一（參見 41 頁附錄）是屬於文件的語言性符號系統。由標題得知，它是盧梭（J. J. Rousseau）的《懺悔錄》（Les Confessions）第一書前三段。此三段文字構成了爾後全體自傳性敘述文的引言❹。

（1）就解釋面而言，敘述者的符號等同於被敘述的主角的符號：「我要向我的同胞顯示一個人的眞實本性，而這個人也就是我。」此點乃自傳性敘述文的特性。而且，在此文件中，敘述文（narrative）亦具言說（dicourse）的特性：「這就是我所爲，我所思，我所是。」此處的「我」旣代表寫作時的主體，亦代表其所寫及的自己的過去。

無疑的，此段敘述文中行動者的符號主要是代表盧梭的「我」。在法文原典中，這短短三段文字中「我」、「我自己」、「我的」這類自我指涉的符號一共就出現四十次之多。全部三段文字皆環繞「我」來組織——這點使我們在理解時亦有一線索，得知作者的自我中心的存在處境。

第一段：「我——一個人——我自己」。由我開端，要顯示一個人，這個人就是我自己。

第二段：「我——別人——我」。只有我，獨特的我不同於別人，閱讀我才能判斷我。

第三段：「我——上帝——別人——我」。我向上帝報到，請上帝聚集別人，傾聽我的懺悔。

由此可見，此三段文字所包含的符號系統主要是由我、別人、上帝的符號所組成。第一段從自我開始，雖欲把自己客化成一個人來予以敘述，但終究回到「就是我」的肯定。第二段由我開始，比較別人，目的

---

❹ Rousseau, Les Confessions, in Oeuvres complètes, Paris: Galli-
mard, 1959, 5.

只在指出自己比別人好，和別人不同，又回到要別人閱讀我的呼籲。第三段由自我開始，請上帝判斷，又要求上帝環繞自己（盧梭）來聚集人們，並暗示沒人敢說比自己（盧梭）好。

（2）就理解面而言，從以上符號結構所顯示，盧梭對自己是個極具信心的人，即使自己時而卑鄙可恥，時而善良、慷慨、崇高，但是他從來沒有懷疑過自己的坦率和眞誠，亦因此而有別於他人。

至於盧梭的「我」與「別人」的關係，在文中別人從未指名道姓的以位格方式出現，而是以抽象而一般的「別人」出現，並且只是否定的符號：例如：「未有前例可援」、「無人能模倣」、「我天生就不像我所見過的那些人」、「我天生就不像任何現存的別人」、「我不同於他們」……。由此可見，盧梭的「我」與「別人」溝通不良，因為別人皆是一般而抽象的，自己的「我」則是獨一無二的；別人皆是否定性的，自己的「我」纔有積極內涵。這一點亦為吾人預備一條線索，我們將在下文中指出，盧梭繼承着近代主體哲學的意識型態及其後果。

從第二段「我感受自己的心，而且我亦認識人們」一語，亦可看出盧梭區分「感受」和「認識」，對獨一無二的自我，是用感受，對一般無名的別人，則用認識。盧梭重視前者而輕視後者。

由於「我」與「別人」溝通不良，因而訴諸上帝，以為最終極的判決者。因為在第二段提出了：「只有在閱讀了我之後才能判斷」，因此，第三段的主旨是：「因為上帝閱讀了我的一生，所以上帝能判斷我」，為此盧梭才稱呼上帝為「至高判官」。但是，終究說來，盧梭的我與上帝的溝通亦不良。這點不但表示在沒有任何讓上帝答覆的符號出現，而且表現在盧梭以自己為中心，要求上帝做這做那：「請你聚集……」、「讓他們為我的卑鄙而……」、「讓他們每一個人……」。這種由於主體中心而帶來的與上帝、與他人皆溝通不良的情形，表現在盧

梭要求上帝將人類聚集在「我」的四周，傾聽「我」的懺悔上，於是，基督宗教所言的公審判——最後審判——變成是環繞着盧梭來舉行的私審判，而其目的是爲表示沒人敢說比盧梭這個人好。以主體爲中心，別人和上帝皆成了附屬的地位。當吾人認清盧梭此種以自我爲中心，以致與別人、與上帝的溝通皆不良的存在處境之後，此段文字的意義就可以被吾人所理解了。

（3）最後，就批判面而言，盧梭雖然與他人溝通不良，甚至有拒斥社會的傾向，但在他潛意識中仍然有着當時社會的價值觀以及意識型態。

就價值觀而言，盧梭在此提及的好、壞、卑鄙、可恥、善良、慊慨、崇高，皆是 1765 年法國社會一般的價值觀，盧梭並沒有提出自己的價值觀，他的寫作只是不自覺地爲當時的社會價值觀做一見證而已。甚至眞理的標準，亦是以「坦率」「眞誠」爲準，因此盧梭才說：「壞的我並未緘默，好的我亦未增飾」，如果有不實之處，掩過飾非之處，皆只是「無關緊要」的，是爲了塡補「記憶缺失所造成的空白」。此亦爲當時中產階級一般承認的「誠實不欺」的道德標準。盧梭無論在述及自己的行爲或寫作之時，皆不自覺地服從於當時的社會價值與規範。

爲此，盧梭之所以會認爲自己與別人不同，亦是根據同一社會價值與規範。我只在完全納入此一價值與規範體系之時始成其爲我。唯一的理由是盧梭認爲自己的行爲的坦率和眞誠眞正地體現了該價值與規範體系，其他的人則是說謊與僞善，至於自己若有所欺騙，也是因爲記憶的缺失，而非有意欺騙。盧梭推許眞誠而批判僞善。他對別人的批判，亦經過同樣的社會規範。社會規範並沒有在他的寫作中被否定，卻以自己獨特地實現了這一規範爲自己的存有所在。

此外，盧梭與當時教會雖有衝突，但實則仍接受了整套宗教思想。例如，他稱呼上帝爲「至高判官」、「永恒的存在者」，並且預設了最

後審判的教義，以及「毋呼上帝之名發虛誓」的教規。第三段表示如果盧梭稍有虛假，則會犯了濫用上帝之名發虛誓之罪。此處亦預設上帝知道一切並且懲罰謊言。因爲此罪的嚴重性更證明了盧梭之眞誠。若加以分析，此中還預設了上帝的全知與永恒，神的正義、個人靈魂之不朽，最後審判及其號角⋯⋯這些正是基督宗教的主要教義。

由此可見，盧梭即使繼承了主體哲學，並宣稱自己的獨一無二，而且自己與社會及上帝溝通不良，但他的自我了解仍然是依據制度宗教和社會規範來規定的。自我是按對世界的理解來規定的。即使自我在宣稱自己的獨特性之時，亦是在與世界的相關性之中有此自覺的。這點正是海德格所謂「此有是按存有來規定的」，或戛達美所謂「主體的自覺是在歷史傳統中始成爲可能」的最佳證例。

（二）非語言性符號系統詮釋實例

以下我們嘗試將詮釋學方法擴張到非語言性的符號。例二、例三、例四分別是郵票、廣告，以及政治性海報⑮。

(1) 就解釋而言：面對非語言性符號，吾人在解釋過程當中，必須辨視符號，並確立符號與符號之間的關係，形成某種結構，藉以決定其涵意與指涉。

例二的符號系統包含了文字、數字、郵戳、郵票邊紋和一圖像系統，吾人能容易地辨視出其爲一枚德國郵票放大的模樣。其中間核心的圖像系統皆是一些由許多性質符號構成的事物符號，吾人可以首先指認其爲一些圖像（Icon）的組合：女性左腳穿着一半高粗跟圓頭女皮鞋，正

---

⑮ 此三例取自 G. Deledalle, Théorie et pratique du signe, Paris: Payot, 1979 及 Savignac, Savignac affichiste, Paris: Laffont, 1975 其解析僅限於符號層次。但就解釋、理解、批判層來解析則爲本文之嘗試。

例　二

要踩在一塊釘子突出的木板上。加上語言性符號 Jederzeit Sichereheit
（隨時當心）的語意，使我們能指認出這是德國郵政所出一系列預防意
外系列郵票中的一枚。

　　例三的符號系統包含了圖像和文字。其文字部分為「夢香皂」
（Monsavon），加上斜體強調的「牛奶做的」（au lait）。其圖像部分則
為一隻乳牛的圖像，直接和夢香皂的圖像連結。動態合起來，整個符號
系統告訴你：夢香皂是直接用牛奶做成的。這是一幅香皂廣告，因而它
的符號除了圖像之外，亦具指標（Index）的作用，指示你：如果你對真
正用牛奶做的肥皂有興趣，請買夢香皂！

　　例四的符號系統是由文字和圖像構成。其文字部分讀為「反對左岸
高速公路」，其圖像部分，最下方顯示公路塞車的圖像，其上有正在傾
斜中的巴黎聖母大堂的圖像，更上則有雙手高伸有如溺水中人呼救的圖
像。這是一張政治性的海報，用預測性的方式，以圖像描繪出公路成後
塞車的模樣，將使巴黎聖母大堂危危欲傾，呼救無門；再以文字明白宣
示反對築路的決策。

例　三

例　四

(2) 就理解而言，非語言性符號系統亦須剋就其整體所展示的世界或與人存在處境的關係，來加以理解。

例二表示吾人通過工地或置放危險物品之處時必須予以注意，否則便會遭到危險。對製造危險者而言，它表示：如果你不拔除木板上的釘子，你便會傷害到別人。但是，整個符號亦象徵着吾人存在處境中隨時有意外危險，必須隨時加以注意。此時該符號系統便由圖像轉成象徵了。

例三表示吾人生活中的某種消費傾向：使用香皂不只爲了除垢，更爲了美容養顏；而且此種傾向，只能用自然的——眞正由牛奶製成的——產品來予以滿足，而非用化學的產品來予以滿足。

例四表示宗教的、文化的、傳統的價值，正受到現代化的步調的威脅之處境，因而向那些關心傳統、宗教與文化資產的人，還有那些塞納河邊散步的愛侶們呼救，一旦塞納河左岸開闢高速公路，則巴黎聖母院垂危矣！

(3) 就批判而言，非語言性符號系統亦隱含某些價值觀和社會關係，須予以化隱爲顯，由潛意識轉爲有意識。

例二用女性表示危險的承受者，顯示郵票設計者及社會大眾仍有女人是弱者的想法。依其穿着的進口皮鞋顯示其屬於中產階級，至於危險的產生則是出自工作中的粗心大意，顯示其假定工人階級乃危險之製造者；而且由危險的承受者之圖像與危險品的圖像，顯示兩種社會階層之間的某種對立的、緊張的關係。

例三假定了在環境運動推行之後，自然主義的消費方向所隱含的全體價值觀與意識型態；它亦假定了「化學的」與「自然的」之間的對立，以及取後棄前的選擇方向。

例四假定了現代都市發展之必要性及其弊端（塞車），以及傳統與人文部門所承受的威脅——換言之，「現代」與「傳統」的對立，以及

前者對後者的打擊。然而，海報設計者及其所訴求的羣眾則是同情於傳統的、人文的部門。因此在符號的表現上，人與房子有親和關係（人的雙手和聖堂相親和），人與車子則有異化關係（人的雙手與車子隔離，人在車中變得不像人）。

五、結　語

以上吾人嘗試確立當代詮釋學諸家要旨，並綜合諸家優長，建議一個完整的詮釋運作，應包含解釋、理解和批判三步驟。解釋旨在顯豁符號系統中之結構，藉以決定符號系統之涵意與指涉；理解旨在把握符號系統所展示之世界及其與人的存在處境之關係，藉以把握其整體的意義；批判則旨在將符號系統產出過程中所未自覺地預設的個人慾望與信念或社會的價值體系與社會關係，化隱為顯，使其不再扭曲意義之產生。關於解釋，詮釋學恒可借助於其它方法，亦可與其它方法共同合作；關於批判，詮釋學亦可藉重其它方法，或與其它方法合作。最適切而不可替代的詮釋學方法，大概就在於理解罷！正因為如此，理解才一直是詮釋學的核心問題，而且為了達成意義的理解，才使得詮釋學的解釋和批判有別於其它方法的解釋和批判。

在本文中，我們亦嘗試將詮釋學方法應用到在現代社會中十分重要但卻受哲學界忽略的非語言性符號系統上。這種做法所抱持的精神是不特別輕視那一種符號系統，而堅持着道惡乎往而不存的存有學立場，舉凡具備某種結構，傳達某種意義者，皆可成為詮釋之對象。詮釋的普遍性，於此可見一斑。當然，存有學的洞見並不能替代方法學的嚴謹。本文掛一漏萬之處，除了俟諸未來改進以外，還請讀者諸君多多批評指教。

附　錄

例一

LES CONFESSIONS DE J. J. ROUSSEAU.

LIVRE I

Intus, et in Cute.

1. Je forme une entreprise qui n'eut jamais d'éxemple, et dont l'exécution n'aura point d'imitateur[2]. Je veux montrer à mes semblables un homme dans toute la vérité de la nature; et cet homme, ce sera moi.

2. Moi seul. Je sens mon cœur et je connois les hommes. Je ne suis fait comme aucun de ceux que j'ai vus; j'ose croire n'être fait comme aucun de ceux qui existent. Si je ne vaux pas mieux, au moins je suis autre. Si la nature a bien ou mal fait de briser le moule dans lequel elle m'a jetté, c'est ce dont on ne peut juger qu'après m'avoir lu.

3. Que la trompette du jugement dernier sonne quand elle voudra; je viendrai ce livre à la main me présenter devant le souverain juge. Je dirai hautement: voila ce que j'ai fait, ce que j'ai pensé, ce que je fus. J'ai dit le bien et le mal avec la même franchise. Je n'ai rien tu de mauvais, rien ajouté de bon, et s'il m'est arrivé d'employer quelque ornement indifférent, ce n'a jamais été que pour remplir un vide occasionné par mon défaut de mémoire[5]; j'ai pu supposer vrai ce que je savois avoir pu l'être, jamais ce que je savois être faux. Je me suis montré tel que je fus, méprisable et vil quand je l'ai été, bon, généreux, sublime, quand je l'ai été: j'ai dévoilé mon intérieur tel que tu l'as vu toi-même. Etre éternel, rassemble autour de moi l'innombrable foule de mes

semblables: qu'ils écoutent mes confessions, qu'ils gémissent de mes indignités, qu'ils rougissent de mes miséres. Que chacun d'eux découvre à son tour son cœur aux pieds de ton trône avec la même sincérité; et puis qu'un seul te dise, s'il l'ose: *je fus meilleur que cet bomme–là.*

例一中譯

盧梭的懺悔錄

第一書

在我內心，在皮之裏

我所要進行的這件事，是未有前例可援，且其執行在今後亦無人能模倣。我要向我的同胞顯示一個人全部的眞實本性；而這個人就是我自己。

只有我，我感受自己的心，而且我亦認識人們。我天生就不像我所見過的那些人，我敢相信，我天生就不像任何現存的別人。如果我不比他們更好，至少我不同於他們。究竟自然造我這獨一無二的人是好是壞，只有在閱讀了我之後才能判斷。

如果願意，就讓最後審判的號角響起吧；我會手携此書而來，向至高判官報到。我會高聲說：「這就是我所爲，我所思，我所是。」我用同樣的坦率說出了好與壞。壞的我並未緘默，好的我亦未增飾。若我碰巧使用了一些無關緊要的華飾，那也只不過是爲了塡滿由於記憶缺失所造成的空白而已；我會把我所知可能爲眞者說成就是眞的，但絕不會把我所知爲假者說成是眞的。我把我之所是全數呈現，時而卑鄙可恥，時而善良、慷慨、崇高。我已揭露我的內心，一如你自己所見。永恒的存在者，請你聚集無數我的同類，環繞着我，傾聽我的懺悔，讓他們爲我的卑鄙而悲嘆，爲我的軟弱而臉紅。讓他們每一個人在你的寶座脚下用同樣的眞誠揭開自己的心，看有誰敢說：「我會是比這個人更好！」

一 同

·陳文秀·

　　同一的問題是一個古老的哲學問題，　自從赫拉克利圖斯（Heracli-
tus）以來，直到當今，兩千多年間，許多哲學家談論同一，提出各種見
解與理論，試圖釐清同一的概念，解答同一的問題。但是，這個過程卻
不斷地擴大同一的問題，使它變成不是一個問題，而是許多問題。另一
方面也加深了同一的問題，使它成爲難解的困惑。本文試圖借助現代邏
輯來了解同一的問題，但是首先要列舉討論一些同一的問題。

　　同一的問題，　最有名而且最典型的一個個例，　是赫拉克利圖斯的
「同一條河」的問題。在第爾斯所輯先蘇格拉底殘簡中，有關赫拉克利
圖斯的殘簡包含下列 3 款❶：

　　〔D12〕　那些踏入同一條河的人有不同的水一直流向他們。
　　〔D49a〕　在同一條河，我們旣踏入又不踏入，我們存在而又不存
　　　　　　　在。
　　〔D91〕　不可能踏入同一條河兩次。

　　這三段短短的殘簡，受到大量的疏解與評論，許多學者認爲赫拉克
利圖斯沒有說過最爲人熟悉的「萬物流轉」（Panta rhei），甚至於認爲
他根本就沒有一個流動的理論（a Theory of Flux）❷。但是柏拉圖卻
有一個明顯地詮釋：

---

❶　先蘇格拉底哲學資料的標準本是 H. Diels and W. Kranz: *Die Fra-
　　gmente oler Vorsokratiker* (Berlin, 1960), K. Freeman: *Ancilla to
　　the Pre-Socratic Philosophers* (Ox'ford: Basil Blackwell, 1962) 則爲
　　其中全部殘簡的英文翻譯。本文的三款殘簡則據此重譯。
❷　參見 Jonathan Barnes: *The Presocratic Philosophers* (London:
　　Routledge & Kegan Paul, 1982) pp. 65, 66.

　　赫拉克利圖斯應曾說過一切事物都在變動中，沒有事物保持靜
止；他把存在事物比作一股河流，而說你不能走入同一河水兩次
❸。

　　柏拉圖的詮釋有力地把「一切變動，無物常住」的形而上學觀點歸之於
赫拉克利圖斯，而以河流譬喻萬物。一條河的水不斷向前流逝，當你第
二次要踏入河中時，河中的水已經不是第一次踏入河中時的水了，一切
存在着的事物也好像一條河的流水一樣，都在不斷地變動中。

　　殘簡〔D91〕說一個人不可能踏入同一條河兩次，其理應是河水不
斷流逝，有如上述。依此理路，則兩個人不可能同時踏入同一條河，因
為兩個人踏入河中，流向他們的水各不相同，故殘簡〔D12〕說那些踏
入同一條河的人，不同的人有不同的水流向他們，其歸結應是他們並非
踏入同一條河中。殘簡〔D49a〕更是充滿疑惑，「在同一條河，我們
既踏入又不踏入」，是否意味着我們甚至於不可能踏入同一條河中一次
呢？因為當我們正在舉步踏入時，河水也正在不斷流逝，踏入水中時，
已非正要踏入時的水流，況且踏入河中的那段時間，不管多麼短暫，河
水又已不斷流逝，已經不是同一條河了。

　　處理這些困惑的一個方式，是先探索「同一條河」的意義，而且從
日常人的途徑開始，反省赫拉克利圖斯那三段殘簡的意義。例如蒯英認

---

❸　柏拉圖: Cratylus, 402A. 最後面的地方，B. Jowett 的英譯為 "that
　　you cannot go into the same water twice" 見 E. Hamilton and H.
　　Cairns (eds), *The collected Dialogues of Plato*, (Princeton Univer-
　　sity Press, 1963) p. 439. G. S. Kirk, J. E. Raven and M. Schofield:
　　The Presocratic Philosophers, Second Edition, Cambridge University
　　Press, 1983) p. 195. 的英譯為 "that you would not step twice
　　into the same river."

為「事實上你能浴入同一條河兩次，但是不在同個河場(river stage)。」
❹他認為一個物體 (a physical thing)，不管是一條河，一個人體，
或一塊石頭，在任何一個片刻，都是由在空間上散布的原子或較小的
物理成分 (physical constituents)，所聚集的一個同時性的瞬間階段
(simultaneous momentary stages)❺，或簡稱為場。一個物體在任何
片刻雖然是由空間上小部分聚集成的一個場，我們也可設想經歷一段時
間的物體，是由在時間上小部分的，接續的瞬間場 (successive mo-
mentary stages) 聚集而成。綜合起來，我們設想物體在空間上，也在
時間上展延。一個物體在空間上可分割成小部分，在時間上也可分割成
小部分。在空間上的小部分聚集成同時刻的瞬間場，接續的瞬間場聚集
成一個物體。一條河是一個時間歷程，在這個時間中的每一個瞬間部分
都是該條河的一個河場 (river stage)。那末，如果入浴的兩個不同的
河場，是同一條河的河場，則你就浴入同一條河兩次。

　　但是這種方式，其實沒有解答問題。我們必須知道在不同時間的兩
個不同的河場是同一條河的河場。因此我們不但要知道什麼是一條河，
還要知道什麼是一個河場。假定在某一時刻的任何量的水分子的集合為
一個水場 (water stage)。則一個河場是一個水場，但是一個水場不一
定是一個河場，例如在游泳池中的一個水場並不是一個水場。我們可以
在同一條河中沐浴兩次，而非在相同的水中；或許我們也可以在相同的
水中沐浴兩次，而非在同一條河中，這樣分析下去，使問題變成不必要

❹　Quine, W. Van O.: "Identity, Ostension, and Hypostasis" in *Fram
　　a Logical Point of View* (Harvard University Press, 1980. Second
　　Edition, revised), pp. 65–79.

❺　Quine, W. Van O.: *Methods of Logic*, (Fourth Edition Harvard
　　University Press, 1982), p. 269.

的過度複雜，因此讓我們回到如何認識同一條河的問題。設想我們在不
同時間被引領到相同或不同地點，指點着 $r_1, r_2, \ldots, r_n$，我們不能知
道這些指點有何意義。況且指點本身也有歧義，我們不知道某 r_i 是指
點河場或水場。即使被告知指點河場，也不知道是同一條河的不同河
場。除非每一指點 r 都同時被告知這是某條河，我們才能從眾多指點歸
納，抽象出同一條河的概念。正如休姆所說：

> 一個單獨對象傳達單一的觀念 (the idea of unity)，而非同一
> 的觀念 (the idea of identity)。另一方面，多數的對象也絕不能傳達
> 這個觀念，不管它們（那些對象）可假定如何的類似[6]。

我們不能說某一個指點 r_i 與它自身同一，也不能說兩個指點 r_i 和 r_j 同
一。因此，同一的概念不是經由實指 (ostensive) 的途徑得到，反而它
是我們認識世界的概念架構 (conceptual scheme)。我們的包含同一概
念的概念架構，讓我們把不同的 r 歸屬到同一條河的不同河場，這也形
成一條河的個體化原則 (the principle of individuation)。休姆說：

> 個體化原則只是一個對象在一段假設的時間變化中的不變性(in-
> variableness) 和不間斷性 (uninterruptedness)，心靈藉着這種
> 性質便能夠在那個對象存在的各個不同時期把它追溯出來，無需
> 中斷它的視景，並且也無需被迫形成一個重複或多數的觀念[7]。

---

[6] Hume, David: *A Treatise of Human Nature*, Second Edition With
text revised and variant readings by P. H. Nidditch, Oxford
University Press, 1978. p. 200.

[7] *Ibid*, p. 201.

我們以實指的方式標明時空內的物體，不管是一條河、一塊石頭，或一個人，同一的概念及個體化原理都扮演了重要的功能。如果沒有同一的概念和個體化原理，則 n 個實指動作只能指點 n 個對象，而各個 n 對象都只是時空中的一點或一片，不能構成一個整體的個物。如果從一個實指到另一個實指，我們肯定對象的統一，則給予聽者歸納抽象的基礎，使它能猜測我們要指向的物體。同一化是我們能認識時空中物體的一個基礎。但是我們尙不確知同一概念的起源。不過，我們要轉一個方向，看着同一概念的邏輯行爲。

一般說來，大部分的邏輯書處理同一邏輯都是在一般量限論上選取一個特定的二位述詞當作邏輯質詞 (logical particle)，代表同一。但是同一的邏輯卻不能還原到量限邏輯❽。依照一般習慣，我們用 "s＝t" 代表「s 與 t 同一」，用 "s≠t" 代表「s 與 t 不同一」。

同一是一個二位的述詞；代表一個二位的關係。但是通常同一 (identity) 與相等 (equivalence) 往往混淆。事實上同一關係是相等關係的一種。我們先討論相等關係❾。

假定 A 是一個集合 (set)，在 A 中的一個兩位關係 R 是一個述句 R(x, y)，對 A 類中的元素所構成的有序對 ⟨x, y⟩ 爲眞或爲假。例如，設 H 爲人類，F 爲父子關係，則 F(x, y) 對 ⟨孔子，孔鯉⟩ 爲眞，因爲孔子是孔鯉的父親，孔子與孔鯉有父子關係。但是 F(x, y) 對 ⟨老子，莊子⟩ 爲假，因爲老子與莊子沒有父子關係，我們也可以說一個二位的

❽　Quine, W. V.: *Methods of Logic*, Fourth Edition, Harvard University Press, 1982. p. 270.

❾　以下關於關係的討論，參考 B. Rotman & G. T. Kneebone: *The Theory of sets and Transfinite Numbers* (American Elsevier Publishing Company, Inc. 1966) pp. 13-17. Pinter, charles C. *Set Theory* (Addison-Wesley Publishing Company, Inc., 1971) pp. 72-80.

關係是由有序對所構成的集合。

一個二位關係R在集合A中自反（reflesive），如果A集合內的每一個元素 x 都跟自己有R的關係。

R在A中自反：$\forall x \in A$, $\langle x, x \rangle \in R$

一個二位關係R在集合A中對稱（symmetric），如果A集合內的每個元素 x 和每個元素 y，每當 x 與 y 有R的關係則 y 與 x 有R的關係。

R在A中對稱：$\forall x, y \in A$, $\langle x, y \rangle \in R \rightarrow \langle y, x \rangle \in R$

一個二位關係R在集合A中傳遞（transitive），如果A集合內的每個 x, y 和 z，每當 x 與 y 有R的關係，而且 y 與 z 有R的關係，則 x 與 z 有R的關係。

R在A中傳遞，$\forall x, y, z \in A$

$\langle x, y \rangle \in R \wedge \langle y, z \rangle \in R \rightarrow \langle x, z \rangle \in R$

一個二位關係R在集合A中自反、對稱、傳遞，則R是集合A中的一個相等關係（an equivalence relation）。

例1：設A為歐幾里得平面上所有直線的集合，R為在集合A中的平行關係，$\langle x, y \rangle \in R$ 若且唯若 x 平行於 y。則R是自反、對稱，且傳遞，即是說，R是集合A中的一個相等關係。

例2：設A為歐幾里得平面上所有的三角形的集合，R為相似形關係，$\langle x, y \rangle \in R$ 若且唯若 x 與 y 相似，則R為集合A中的一個相等關係。

例3：設A為人類，R為集合A中同收入羣（income group）的關係，$\langle x, y \rangle \in R$ 若且唯若 x 與 y 屬於同一收入羣，則R為集合A中的一個相等關係。

例4：設A為所有河場（river stages）的集合，R為集合A中屬於同一條河的關係，$\langle x, y \rangle \in R$ 若且唯若 x 與 y 屬於同一條河，則R為集

合 A 中的一個相等關係。

最簡單的相等關係則是同一關係。

基於相等關係，我們可以定義一個很重要的概念，相等類 (equiv-alence class)。

設 R 爲集合 A 上的一個相等關係。則集合 A 內任何一個元素 x 的模 R 相等類 (the equivalence class of x modulo R) $[x]_R$ 是集合 A 的子集合，其元素爲所有與 x 有 R 關係的元素組成：

$$[x]_R = Df \ \{y \mid y \in A \wedge yRx\}。$$

如果所意指的相等關係已相當清楚，則 $[x]_R$ 可以簡單寫成 $[x]$。

基於相等類的概念，可進一步得到下列結果：

設 A 爲一個集合，對集合 A 的一個分割 (partition)，爲集合 A 的非空子集合的族 $A_i \ i \in I$，具有下列的性質：

P1. $\forall_{i,j} \in I$, $A_i \cap A_j = \phi$ 或 $A_i = A_j$

P2. $A = \bigcup_{i \in I} A_i$

就直覺上而言，集合 A 的一個分割，是由集合 A 的非空子集合所構成的一個族，任何兩個子集合沒有共通的元素，如果有一個共通的元素，則爲相同的子集合，而且所有子集合的聯集爲 A。各個子集合稱爲分割的成員。這兩個性質，可另個方式表述如下：

P°1: 如果 $x \in A_i \cap A_j$，則 $A_i = A_j$

P°2: 如果 $x \in A$，則有某 i 使得 $x \in A_i$。

如果 R 是集合 A 上的一個相等關係，則集合 A 被 R 分割。

如果 R 是集合 A 上的一個相等關係，$(x,y) \in R$，則 "x 模 R 相等於 y"，以 "$x\tilde{R}y$" 表之。由此可得一重要結果

$$x\tilde{R}y \ 若且唯若 \ [x]_R = [y]_R$$

這個結果可稱爲抽象原理 (a principle of abstraction [10]): 在某方面相等的對象可產生同一個相等類。如果 $[y] \neq [z]$，則 $[y] \cap [z] = \phi$，即是說，不同的模 R 相等類，沒有共通的元素。因此，集合 A 被相等關係 R 完全分割成模 R 相等類。如果把每一個模 R 相等類看成一個個體，則這未嘗不是個體化原理的一個表達方式。

現在先以這些結果檢討前文的四個例子。

例 1：平行的關係把歐幾里得平面上的直線分割成同方向的所構成相等類。對於任何直線 x 與 y，若 x 與 y 同一方向，則 $x \in [y]$ 而且 $y \in [x]$，由x所產生的相等類 $[x]$ 與由 y 所產生的相等類 $[y]$，爲同一個相等類。也卽是說，我們可由許多直線中抽象出方向。

例 2：相似關係把歐幾里得平面上的圖形分割成相似圖形所構成的相等類。每一個相等類都是由相同形狀的圖形所構成。也卽是說，我們抽象出形狀。

例 3：同收入羣的關係把人分割成互不相涉的羣。每一羣都是由屬於相同收入羣的人所構成。如果我們有人場 (person stage) 的概念，則這亦是由所有 person stages 抽象出個體的原理。另一個抽象方式則可以一個人爲例，屬於同一個人的 person stages 所構成的一個相等類，是爲一個人，這是抽象原理，也是個體化原理。

例 4：屬於同一條河的河場所構成的相等類，是一條河。這個相等關係雖可把所有河場所構成的集合分割成許多相等類，每一個相等類構成一條河。但是我們能否說從相等類抽象出河，則尙未可知。因爲屬於同一條河的相等關係已預置於河的概念。

例 5：晨星 x 和夜星 y 是不是同一顆星？如果論域D**是天體，而

[10] Suppes, P.: *Introduction to Logic*, Princeton, N. J.: D. Van No-strand Company Inc., 1957 p. 219.

且晨星和夜星都是金星，則晨星和夜星是同一顆星。對於不懂天文學的牧羊人來說，早晨所看到的那顆星和另一日期的夜晚所看到的那顆星，是兩個不同的自然現象，這個論域 D* 不同於論域 D**。對於一個小孩子來說，一個夜晚所看到的夜星和另一個夜晚所看到的夜星，也許是兩個不同的現象，他用更不同的論域 D。我們可以這樣想：論域 D* 由論域 D 內的各個相等類構成，而論域 D** 由論域 D* 內的各個相等類構成。從 D 到 D*，和從 D* 到 D**，都是取同去異的抽象的結果⓫。

　　邏輯上的同一理論，可由不同的途徑建立。就歷史的先後，第一個同一邏輯理論基本上是傅雷格 (Frege) 建立的⓬，他使用兩條基本律，即是在量限邏輯理論上增加兩個公理。可用現在通行的方式表述如下：

$$x = x \qquad\qquad\qquad\qquad\qquad 同一的自反性$$

$$x = y \rightarrow (\phi(x) \rightarrow \phi(y)) \qquad\qquad 同一的替換性$$

其中 x, y 為個體變元，$\phi(x)$ 為一個句式，$\phi(y)$ 由 $\phi(x)$ 得來，用 y 替換 $\phi(x)$ 中某些自由出現的 x，但不一定要所有的 x 的自由出現，所得的結果，而且 y 對它所替換的 x 的出現自由。

　　從這兩個公理可導出

$$x = y \rightarrow y = x \qquad\qquad\qquad 同一的對稱性$$

$$x = y \wedge y = z \rightarrow x = z \qquad\qquad 同一的傳遞性$$

於是同一關係具備了四個基本特性，自反性，對稱性，傳遞性，以

⓬　Frege, Gottlob: *Begriffsschrift, a formula language modeled upon that of arithmetic, for pure thought*, (1879), translation in *From Frege to Godel* (ed by Jean van Heijenoort, Harvard University Press, 1967). pp. 5-82 他的同一邏輯理論所使用的兩條基本律，見 p. 50 的 §20 及 §21。

⓫　Kleene, Stephen Cole: *Mathematical Logic* New York: Willy, 1967 p. 163.

及替換性。由於有前面三個基本特性，它是一個相等關係。而它的第四個特性、替換性，有時候往往被忽略。事實上，替換性是把 "x＝y" 的意義詮釋爲 "x 與 y 爲同一對象" 的基礎。替換性也是同一關係之所以不同於其他一般相等關係的特性。通常的相等關係，並不具備替換性。

同一關係是一個既簡單又基本的觀念，除了同義詞，很難再加以解說。前面提到，或許同一關係是構成我們用來認識世界的概念架構的一個基本因素。如果有人引介對象的集合 D 當作論域，而後想在論域 D 內的對象間定義同一關係，他事實上能做的也許僅是定義某個相等關係，他無法定義同一關係。在他引介集合 D 當作論域的同時，集合 D 內對象間的同一關係已被固定了。因爲一個集合 D 由 "確定的，明確區分的對象 (definite well distinguished objects)❸" 構成。因此，如果 x 是 D 的一個成員，而且 y 也是 D 的一個成員，則或者 x 與 y 是 D 的同一個成員，或者 x 與 y 不是 D 的同一個成員，亦卽，x 與 y 是 D 的相異成員。換個方式說，或者，x＝y 爲眞，或者 x＝y 爲假。簡言之，我們對於論域 D 的概念，已經蘊藏了同一的概念。那末，一個人想在集合 D 內的對象間定義同一時，其實他所作的，是構成一個新的集合 D＊當作論域，D＊的成員爲 D 內的相等類❹。

蒯英曾經用下列的例子，展示定義同一的方法❺。

設想一個標準語言，它的詞彙包括一個一位述詞 'A'，兩個兩位述詞 'B' 和 'C'，和一個三位述詞 'D'。那末我們定義 'x＝y' 爲下列的

---

❸ 集合論創建者 Cantor 對集合的概念，轉引自 Kleene, Op. Cit. p. 162.

❹ Kleene, Op. Cit. p. 161.

❺ Quine, W. V.: *Philosophy of logic*, Second difion Harvard University Press, 1986. p. 63.

縮寫：

$$Ax \equiv Ay. \ \forall z(Bzx \equiv Bzy. \ Bxz \equiv Byz. \ Czx \equiv Czy. \ Cxz \equiv Cyz.$$
$$\forall z'(Dzz'x \equiv Dzz'y. \ Dzxz' \equiv Dzyz'. \ Dxzz' \equiv Dyzz'))。$$

蒯英認爲，由於窮盡所有的結合，根據這個定義，$'x = y'$ 所告訴我們的，是對象 x 和對象 y 用這四個述詞沒有辦法分辨。於是在這個只有四個述詞的語言裏面，對象 x 與對象 y 不可分辨，因此可互相替換，滿足了同一關係的要件，但是蒯英也肯定，這個定義的可能成立，依賴在述詞數量的有限性。如果述詞數量多於這四個，則這個定義其實是定義一個相等關係。

同一關係的獨特性質是同一的替換性。這個特性可溯源到萊布尼玆的同一物的不可識別性原理(the principle of the indiscernibility of identicals)。萊布尼玆說：

> 兩個詞項相同(eadem)，如果其一可替換另一而不改變任何敍述的真 (salva veritate)。如果我們有 A 和 B，而 A 在某個真命題內，A 出現的無論何處用 B 替換，結果成為一新的命題，同樣的真，如果每個那樣的命題，都能這樣作，則 A 和 B 相同；而且反之，如果 A 和 B 相同，它們可像我所說的互相替換[16]。

這段話也包含了萊布尼玆的較著名的哲學原理，卽是不可識別物的同一性原理 (the principle of the identity of indiscernibles)。

這兩個原理一般都通稱爲萊布尼玆律 (Leibniz's Law)。如果我們

---

[16] Leibniz, Gottfried Wilhelm: "Non Inelegans Specimen Demomstrandi In Abstractis", translation in C. I. Lewis *A Survey of Symbolic Logic*, New York: Dover Publications, Inc. 1960. p. 291.

有第二階述詞演算，則萊布尼茲律可表述如下：

　　　　(LL)　∀x∀y(x＝y↔∀φ(φ(x)↔φ(y)))

而同一物的不可識別性原理和不可識別物的同一性原理則可分別表述如下：

　　　　(Ind of Id)　∀x∀y(x＝y→∀φ(φ(x)↔φ(y)))

　　　　(Id of Ind)　∀x∀y(∀φ(φ(x)↔φ(y)→x＝y)。

　　用日常的語言來說，同一物的不可識別性原理的意思是說如果 x 和 y 是同一物，則 x 所具有的一切性質 y 也都具有，反之，y 所具有的一切性質 x 也都具有。沒有任何性質可以用來區別 x 和 y。如果有某一性質爲 x 所有而 y 沒有，或者有某一性質爲 y 所有而 x 不具有，則 x 與 y 不是同一物。不可識別物的同一性原理的意思是：如果所有的性質都是 x 具有若且唯若 y 具有，則 x 與 y 是同一物，換句話說，如果 x 與 y 不是同一物，則最少會有一個性質 x 具有而 y 不具有，或者 y 具有而 x 不具有，也就是說最少有一個性質可用以區別 x 和 y。

　　建立在萊布尼茲的同一物的不可識別性原理，亦卽同一的可替換性上的同一邏輯，一般稱爲古典的同一理論或絕對的同一理論。這個同一的替換性原理，遭受到許多挑戰，顯示出許多困難，也因此產生多種同一理論試圖加以補救。我們試圖利用前面的相等關係，相等類諸概念，了解釐清這些困難或補效的理論。

　　首先，維根斯坦試圖全盤取消同一述句，他說[17]：

　　5.53　　對象的同一我用記號的同一表達，而不是用同一的記

---

[17] Wittgenstein, Ludwig: *Tractatus Logico-Philosophicus*, translated by D. F. Pears & B. F. McGuinners, London: Routledge & Kegan Paul, 1961. pp. 105-107.

　　　　　　號。不同的對象我用不同的記號表達。

5.5301　　同一不是對象間的關係，這是自明的。

5.5303　　粗略地說，　對于兩個事務說它們是同一的，　是無意思
　　　　　　的；　而對于一個事物說它是與自己同一，　是什麼也沒
　　　　　　說。

5.533　　因此，　同一記號不是概念符號（Betriffsschrift）的基
　　　　　　本成素。

　　事實上，同一概念是認識世界的概念架構的基本成素。而且同一邏
輯不能還原到量限邏輯。例如，如果沒有同一記號，則不能表達恰好只
有一個東西是 F。有了同一記號，則可表述如下：

　　　　$\exists x(Fx \land \forall y(Fy \to x = y))$。

卽使在數學的領域，　我們也沒法完全作到不同的對象用不同的記號表

達。例如 “$\frac{1}{2} = \frac{5}{10}$”，卽不是無意思的，也不是什麼也沒說。實際上，

我們用不同的單稱詞，說它們指稱同一對象。

　　其次，　回到傅雷格的著名的 ⟨Über Sinn und Bedeutung⟩。他
在這篇論文的起首和末尾都談到同一。末尾處他說：當我們發現 $'a=a'$
和 $'a=b'$ 有不同的認知價值，其解釋是，為了知識的目的，語句的意思，
卽它所表達的思想，　跟語句的意指，卽它的眞值，同等地相干。　如果
$a=b$，則 $'b'$ 所意指的和 $'a'$ 所意指的是相同的東西，因此，$'a=b'$ 的
眞值與 $'a=a'$ 的眞值相同。然而，$'b'$ 的意思也許不同於 $'a'$ 的意思，由
此，$'a=b'$ 所表達的思想不同於 $'a=a'$ 所表達的思想。在此情況下，這
兩個語句並沒有相同的認知價值[18]。

───────────────
[18]　Frage, Gottlob: "Über Sinn und Bedeutung" *Zeitschrift fur Phil-*

　　順着傅雷格的意思，「晨星＝夜星」和「晨星＝晨星」有不同的認知價值。因爲「晨星」和「夜星」雖有相同的意指，卻有不同的意思，由此，「晨星＝夜星」和「晨星＝晨星」雖相同的意指，卽相同的眞值，卻有不同的意思，卽表達不同的思想。由前面例 5 的提示，我們能否對意思和意指從另個角度釐清？似乎可以嘗試。

　　第三，有人主張相對同一性 (Relative Identity)，認爲當一個人說，'x 與 y 同一'，是一個不完全的表述; 它是 'x 與 y 是同一 A' 的省略說法，此中的 'A' 代表由脈絡所了解的名詞⑲。

　　這個問題不能簡單地用相等關係，相等類加上古典的同一理論處理。但是最少像 "x 與 y 是同一 A" 這種說法，可以用 "$A(x) \wedge A(y) \wedge x = y$" 表達，則仍然建立在古典的同一理論之上。

(續)*osophie und philosophische Kritik* 100 (1892) pp. 25-50. English translation) "On sense and Meaning" in Frege, *Philosophical Writings*, Third Edition (Peter Geach and Max Black, eds.) Oxford: Blackwell, 1980. pp. 56-78.

⑲ Geach, Petem, "Identity" in his Logic matters (Oxford Black-well, 1972), p. 238. 轉引自 Nicholas Griffin, *Relative Identity* (Oxford: Oxford University Press, 1977) p. 9.

"Ad Hoc" 假設與「局部理性」

——以達爾文演化論與古生物學二者 的近代關係發展史為例

·傅 大 為·

　　保羅・費若本 (Paul Feyerabend) 在反方法一書的第八章開頭說道：

　　　　特置 (ad hoc) 假設常用來解消因「科學」改變所造成的難題，
　　　　所以它們有時具有一正面的功能。他們使得新提出的理論有一喘
　　　　息的餘地 (breathing space)，而且它們也指出了未來研究的方
　　　　向❶。

　　「特置性」(ad hocness)，這個概念，向來在科學哲學的傳統中代表着「非理性」、「技術犯規」、「智性上的不眞誠」等涵意，卻終於在「知識論的無政府主義者」費若本的口中顯現出他的「正面功能」。雖然費若本將這想法歸諸於拉克圖 (Imre Lakatos)，但其實，這種想法已經和拉克圖原來的「研究方略之方法論」(Methodology of Research Programme) 有所不同，經過了費若本的轉化❷。就拉克圖的

---

❶ *Against Method*, (1975) Verso Edition, p. 93。本文並無意對費氏作一整體的評價，故對費氏之討論大部分將集中在本書內。

❷ 費的 "Ad-hoc" 之用法頗爲隨意，他用 Ad hoc 假設時有時幾乎等同於拉克圖的「研究方略」本身。因爲拉克圖是費最恰當的「盟友」，拉的理論是費的「特洛伊的木馬」，費希望在拉的理論中塞進眞正的無政府主義因素。見反方法 p. 200。又如費若本所談的 "breathing space" 之引文，在拉原文中並無此引文，與拉的原意也略有不同。拉是指一個研究方略對 anomalies 與 novel facts 二組現象的不同處理方式，但他並沒有用 ad hoc 假設去「抵擋」異常現象，研究方略只是常常「忽略」、「不理」異常現象而已。即使費的主要例子：Galileo 的 "circular inertia" 在拉克圖的方法論中看來也只是「問題」而已，拉在此不用 ad hoc 二字。見拉克圖、哲學論文集第一册，科學研究方略的方法論，p. 56 註腳❹。

方法論而言，「特置性」仍然具有傳統負面性的意義。一方面，拉克圖把原來波普（K. Popper）的「特置性」概念加以精緻化，另一方面，這精緻化後的概念在拉克圖的方法論中也扮演一與波普哲學中不同的角色❸。所以，「特置假說」在科學方法論中的正面意義大概是費若本自己先提出來的。這是一種很大膽的想法，無怪乎費若本似乎有意將這責任部份推給拉克圖。因為，傳統上，「特置性」這個概念在科學哲學的方法論、科學理性論等討論中扮演非常重要的角色。在波普的科學與僞科學的「疆界劃分」（demarcation）問題中，僞科學之所以難於「否證」，部份是因為它可以無限制的運用「特置假說」來應付難題。當拉克圖在分辨進步與退步的研究方略時，退步的科學研究方略也正是它只能用「特置」性的方式來解決難題，而無法預測出「新的事實（novel fact）」。另外，韓培（Hempel）、葛倫堡（Grunbaum）等人雖然覺得不容易設定出一個純粹邏輯性的「特置性」概念，但葛倫堡仍然努力設定出一組如此的邏輯概念，並以之來討論牛頓力學傳統中不斷企圖解釋水星攝動的歷史。拉克圖的學生俄若（J. Worrall）則進一步精鍊拉克圖的第三種「特置性」概念（adhoc 3），並以之來討論十九世紀光學革命的歷史❹。不論科學哲學家們彼此的想法如何不同，爭論如何激烈，他們有一點是彼此同意的：在科學理論的成長與修改過程中，有幾種成

---

❸　拉克圖把 "ad hoc" 分成三種意義，此處不必細說，見❷拉克圖，p. 88 及 122。拉很得意的說這三種用法似可記在 Oxford English Dictionary 之中，見同書，p. 88, 註腳❷。

❹　見 K. Popper, *The Logic of Scientific Discovery* 英譯本 (1959)，第 19-20 節，及第六章。又見 A. Grunbaum, "Ad Hoc hypothesis", Brit. J. Phil, Science, (1976) pp. 329-362。J. Worrall, 19 th Century Revolution in Optics. Univ. of London, (1976)。Ph. D. Thesis。

長或修改的方式是不許可的，這就是「特置性」的成長或修改❺。如果科學家們犯了這種禁忌，具有這種「特置性」的科學理論便應該放棄，或甚至這種理論已成為一種偽科學理論，與占星學一樣❻。所以，負面性「特置性」概念，是作為"指導、評價"科學發展的幾個關鍵性概念之一，十分重要。在這樣的背景之下，如果我們說「特置性」假設對科學理論的成長與修改也具有「正面性」的意義，那麼這將會使科哲傳統中關於「特置性」討論的整個「討論結構」產生動搖，進而可以開出關於「特置性」討論的一些新的「問題領域」。

　　本文希望先討論費若本對於「特置性」的一些構想，然後再提出一些有別於費若本的其他「特置性」的正面功能，並藉以提出一條解決費若本與拉克圖辯論的新路出來。另一方面，希望藉着對「特置性」概念的「正面性」討論，進一步地討論一個在科學理性論中較少討論但卻十分重要的問題：「相關的科學學科」在科學成長中的彼此關係。在這樣的結構下，筆者準備以達爾文演化論在古生物學領域中百餘年來的發展史當作本文的主要科學史的例子，並以它來支持、說明筆者的論點。

---

❺　勞頓 (Larry Laudan) 在其 *Progress and Its Problem* (1977) 一書中以「解決問題之能力」為評估「研究傳統」的基本判準，故只要能解決問題，使用 ad hoc 假設並沒有關係 (pp. 115-117)。我們也許可以接受「沒有關係」這種說法，但是「為什麼沒有關係？」似乎才是真正的問題，勞頓沒有給出令人滿意的答案。另外，科學史中許多大科學家也常用 "ad hoc" 指責他們的科學敵手；如果「沒有關係」，那麼那些指責又是什麼意義？參見本文第二節末的討論，以及⓳。

❻　T. Kuhn 在 *Structure* 一書中多少也討論到 Ad hoc 的正面性功能，如在其第 12 章之末尾。不過，他不如費比較專注、正面地討論這個大問題，故本文不予討論。

一、費若本對於「特置假設」的構想及其對拉克圖的批評

基本上，筆者覺得費若本對於「正面性」特置假設的想法是源自於拉克圖方法論中關於一個研究方略的「核心」(hardcore, or negative heuristic) 的想法。根據拉克圖，研究方略的核心不應該受到任何證據的挑戰，通常有一些補助性的假設構成一條「保護帶」來解消任何對核心有潛在威脅的經驗證據，而一研究方略的眞正動力則在另一方面的「開展術」或「開展機構」(positive heuristic) 來表現。一個研究方略以其「術」不斷地解決新難題，是其發展的先鋒；但另一方面，研究方略也需要以其「保護帶」排除經驗證據對其核心的否證 (falsification)，故「保護帶」是一研究方略的後衞。如此，經過拉克圖的構想的科學史發展，它該是一羣互相競爭的研究方略，在歷史中各以前鋒後衞佈陣的持久消耗戰。拉克圖不說他的那些構成「保護帶」的補助假設是「特置假設」，因爲保護帶與核心的形成是「方法論的設定」(methodological stipulation)，科學理性的評價在這也不適用；評價眞正適用的地方是研究方略以其「術」之先鋒去開拓的領域中。在那個領域裏，如果研究方略使用與其「術」不合的「特置假設」來解決難題，那麼對這個研究方略的理性評價便可評低。

費若本倒並不在意拉克圖把科學理論的發展分成兩翼的想法（卽前鋒的開展帶與後衞的保護帶），但同時費氏則將拉克圖的「保護帶的補助假設」與「開展帶的特置假設」兩種概念熔鑄在一起，並給予其正面性的意義。在費若本看來，在保護帶的那些假設其實也根本是「特置假

設」；只不過，就像不少工業在初期發展時需要“保護”一樣，保護帶的那些假設雖是「特置」，但卻有其合法的“正面”功能。旣然如此，那麼爲什麼一個研究方略的前鋒開展帶不允許有正面功能的「特置假設」呢？拉克圖常常強調：在前鋒開展帶的戰法中，若引進許多的特置假設，那麼那個研究方略便是一個「退步」的研究方略。費若本則問：如果特置假設在某些領域可以有正面的“保護”功能，爲何在其他地方就不行呢？費若本在「反方法」一書中引了幾個伽利略科學發展的例子，如用圓形慣性的特置假設來解決「高塔論證」中的難題。又如用缺乏適當的透鏡理論的「望遠鏡」想法——特置想法——來觀察火星的亮度變化，並以此“觀測”結果來“證實”同樣也是問題重重的哥白尼理論❼。在這兩個例子中，特置性的假設均與伽利略的其他術「同時」地在前鋒開展帶解決難題。當特置假設湊合在一起恰好可以解決問題時，我們便說“其實”這些假設也受到了證實，而並不那麼 ad hoc！可是當圓形慣性的特置假設完全只是爲了掩蓋「高塔論證」中的難題時，我們便說一個新提出的理論需要有「喘息的餘地」。費若本還說：如果我們當初不允許有這些餘地，我們很可能就沒有現代科學了！而且，那些看到「特置假設」，便期期以爲不可的科學哲學家若生於十七世紀，他們一定會支持經院的科學與哲學，而非伽利略、牛頓等現代科學的啓蒙者。

　　所以，費若本在本文開頭的引言中提到「特置假設也指出了未來的研究方向」。這是明白地把拉克圖科學發展的兩翼想法結合爲一。在拉克圖的構思中，特置假設只是個反理性的事物，它不可能會「指出未來研究的方向」。進一步，費若本批評拉克圖所做的「進步的」與「退步的」研究方略的這種區分。基本上，拉克圖的進步研究方略是指其在前

---

❼　參考反方法，第 7 至 11 章。

鋒的開展帶只運用正統的「術」來解決難題，預測「新的事實」，而絕
對不用邪門外道的特置假設來解決，甚至「掩蓋」問題。但是，拉克圖
不否認一個退步的研究方略以後很可能「捲土重來」，而成爲進步的研
究方略。所以，一個頑固的科學家堅守一個退步的研究方略並不是就不
應該，但那個科學家該明白他所信服的那個研究方略目前的表現很差。
一個進步的研究方略是指其目前科學發展的成果，在拉克圖的理性評價
「成績表」上的得分很高。所以，拉克圖的方法論評價只有「好、壞」
式的評價，但對科學家卻無「應該與否」的理性約束力：我們沒有理由
勸才打完上半場、但積分卻落後的球隊隊員放棄下半場。

　　就拉克圖方法論對個別科學家毫無理性約束力這一點而言，費若本
集中批評拉克圖只是一個披著「理性」外衣的無政府主義者❽。所以，
費若本結論說，即使最努力所建構出的最好的科學方法論——拉克圖的
研究方略方法論 —— 也不免於失敗，故而知識論的無政府主義該是對
的：「沒有任何『規定』的方法，在科學研究的世界裏，什麼路都可以
走（Anything goes）」！

　　就這一點，筆者倒不覺得它是拉克圖最弱或最值得集中討論之處。
畢竟，拉克圖可以說這成績表上的成績至少是客觀而理性的。如果一個
低分數的研究方略不能使一些頑固的科學家轉變他們的承諾性（Comm-
ittment），那麼科學政策、科學基金等機構應該可以把「拉克圖成績
表」當作一很好的參考來決定研究經費的分佈❾。費若本反駁說把科學

---

❽　參考反方法第 16 章，以及費若本之 "Consolations of Specialists" 一
　　文，收在拉克圖等編的 *Criticism and Growth of Knowledge* 一書中，
　　p. 215。

❾　見拉克圖，本文❷所引之書，"History of Science and Its Rational
　　Reconstruction", pp. 116–117。

政策與基金拉進來討論是訴諸權力而非論證。但是，卽使權力機構不參
與其中，一個低分數的研究方略也很難吸收自願進來的優秀學生，它也
會影響鄰近相關學科的其他科學家對此研究方略的看法；而就一個缺乏
學生，沒有其他科學聲援，成績又低的研究方略而言，最後成功的希望
微乎其微。就這種結果而言，拉克圖科學方法論的原始目的該已大部份
達到。

二、一般標準 (general standard) 的問題與 局部標準 (Local standard) 的提出

　也許我們該回來討論一個更有意義的問題：是否我們該接受拉克圖
原先的一條件──一個研究方略在其先鋒的開展帶解決難題時不應有任
何的特置假設出現？費若本其實是反對這條件，雖然拉克圖後來略有修
正[10]，但他一直堅持「一個研究方略需要不斷『進步』才是好的」這種
精神，並覺得科學界所有的學科都應遵從這一點。我們知道，拉克圖希
望在一個全是科學家的國度裏，以他的方法論建立起一組像成文憲法一
樣的「成文法」作爲科學發展的評價標準。對於「科學界成立許多小圈
圈，裏面科學家們全權處理他們的問題，外人無資格過問」的這種方法
論（如普蘭尼 M. Polanyi），拉克圖視之爲「秀異主義」 (elitism)，
不足爲訓。另外，拉克圖認爲費若本式、懷疑任何方法的立場爲懷疑
論，它完全拋棄了科哲傳統建立一套理想的科學方法論的想法[11]。但

[10] 見拉克圖，Ibid, 與 E. Zahar 合寫的論文 "Why did Copernican's research programme supersede Ptolemy's"。

[11] 見拉克圖，哲學論文集，第二冊，"Understanding Toulmin" 一文。

是，除了這幾種態度來處理科學方法論的問題之外，就沒有其他可能性了嗎？

我們知道，就一個社會的法律結構而言，成文憲法往往只是其中的一小部份，它遠不足以涵蓋一個社會中許多「次團體」的複雜性、彼此互動關係、消長盛衰的種種矛盾與聯合的關係。所以除了成文憲法（它本身也緩慢的在演變）之外，我們通常有許多次級的特殊法來處理其中的複雜變動關係，如公司法、婚姻法、勞工法、軍法、大學法等等。而這許多次級團體裏面又有許多特殊的法規來處理該團體中的許多關係問題。以類似的道理，我們也可以看到一個大的科學界，其中有許許多多消長興衰的科學「學科」(discipline)，它們之間的互動關係、矛盾與聯合的組合，不能也不該只由一套高度抽象的成文憲法來規範。當然，在一學科之內，又往往有不止一個學派或研究方略存在，彼此互相競爭，看誰能成為那個學科的霸主。這中間的許多競爭關係當然也無法只用一套成文法來規範。其實，有時成文憲法的形成與演變反而是許多次級團體關係消長的總和反映，而不是其原因。換言之，拉克圖想提出一套一勞永逸的「一般性」標準，但筆者倒想分析與研究「局部標準」的重要性及其演化的問題[12]。

一個科學研究方略，在其成長、發展、解決難題的歷史過程中，其先鋒的開展往往會有許多策略性的變動。對於研究問題的選擇、問題羣優先順序的構想往往是一研究方略需要決定、修正與考慮的。故研究方

---

[12] 在本文中，筆者不欲討論「外交法」所產生的種種問題，換言之，一般的 "科學界" 與 "非科學界" 的種種關係問題，限於篇幅，筆者不想討論。費若本對拉克圖的另一種重要批評是他對科學「意識形態」的批評，（卽他的 "cosmological criticism"，見反方法，ch. 16, pp. 204 ff. ）卽與此「外交法」有關。

略的先鋒的開展有時會有很大的變動、轉移，而在這變動與轉移的過程中，常常需要一些特置假設來作防禦式的 "辯解與說明"。當惠更斯覺得顏色問題與繞色現象在他的光學理論體系下很難處理時，他提出一些勉強的說法來解釋爲什麼「顏色問題」在十七世紀的科學水平下不容易解決、爲什麼「繞色現象」很可能根本不存在！當賴爾 (Lyell) 覺得脊椎動物化石無法說明他心目中的自然歷史理論時，他也強調爲什麼地上的古生物地質資料不是 "可靠" 的資料，而只有軟體動物的古生物地質資料才是理想、才是地質學中正確的「文法」所選定的資料。一個研究方略的發展中，其先鋒開展方向甚至會完全轉向，後衞成了前鋒，前鋒反而成了後衞。而且，在許多情形中，一個研究方略會有幾條不同的戰線，每條戰線對問題的攻擊與防禦往往變動不居，要看整體的研究方略發展而定，同時也要看一些其他與之競爭的研究方略的發展而定。在這些變動的因素之下，攻擊、防禦如何的交互運用，如何善用特置假設，如何與一些具潛在威脅的其他研究方略競爭（或 "講和"：彼此在問題領域上隔離而相安無事），對一個研究方略而言均有許多可以考慮、轉圜的餘地[13]。

以下我們仔細討論：在一條先鋒開展帶，一個研究方略對於那一帶的難題如何交互運用其攻擊與防禦的策略。在一研究方略 P 企圖解決某一帶難題領域 A 的過程中，P 可能本來預期 A 中的難題可以很容易地解決，但後來 P 發覺 A 中只有一小部份 A_1 的問題容易解決，另一大部份 A_2 則極爲困難。在這樣的情況下（特別是如果有其他研究方略的「挑

---

[13] 對於研究方略彼此競爭與發展的種種關係，請參考筆者的 Problem Domain and Developmental Strategies—A study on the Logic of Competitive and Developmental structure of Scientific Programs, Ph. D. Thesis, 1986, Columbia Univ.

戰」），P 可能需要一些「解釋」，說明爲什麼 A₂ 很困難，且和當初 P 的預期不一樣。A₁ 是 P 的攻擊區，A₂ 是 P 的防禦區。P 對 A₂ 困難的「解釋」很可能是一種特別設置的假設，它也許說 A₂ 中的問題其實是一種「新」問題，與 A₁ 的性質不一樣，它或者說 A₂ 中的問題其實是一些「假」問題，或其實該由「其他」學科來解決的。（十九世紀初年布朗發現那以他名字爲名的特殊現象之後，植物學家、生物學家、光學家、電磁學家、熱學家等等都曾企圖解釋布朗運動❶，但都不成功，然後他們大致上都結論這個問題不是他們「領域」中所該解決的問題。）有的時候，P 雖然以特置假設來防禦在 A₂ 中所產生的難題，但只要 P 一找到新機會可以解決 A₂ 中的問題，P 就會改變主意，撤銷原來的特置假設，使 A₂ 成爲攻擊區。另外一種可能是，有時其他人會挑戰 P，認爲甚至 P 並沒有 "眞正" 地解決 A₁ 中的問題 a，如果這挑戰眞的有力，P 可能會考慮說，其實 a 不該屬於 A₁，而是與 A₂ 是同一類的問題。於是，原來 A₁ 攻擊區中的一部份問題也成爲了 A₂ 防禦區的問題，這也需要一些特置性的解釋。（十七世紀伽利略以「圓形慣性」的特置假設解決高塔論證中的難題，但後來笛卡爾、牛頓提出「直線慣性」的原則，伽利略原來的假設便悄悄地放棄掉了，高塔論證中原來的難題並沒有眞正被解決，而是在牛頓科學的耀眼光輝中暫時被遺忘掉了。）

就 P 對 A₂ 領域的特置假設的使用「成功與否」，往往也要看 P 使用時是否受到其他競爭性研究方略的挑戰，及其壓力的強度而定。在西方十六世紀以前，天上所有的不規則的變化現象都被歸類成月球以下的「大氣」現象，沒有受到嚴厲的挑戰。一直到十九世紀，法國科學家們

---

❶ 參考 Stephen G. Brush "A History of Random Process", Arch. Hist. Exact. Sci. Vol 5, (1968-9), pp. 1-36。

仍然不相信地上新發現的許多奇怪的石頭（碩石）是從天上掉下來的，因爲許多目擊者只是鄉間農夫，"因爲他們沒有受過科學訓練"，所以他們的報告當然不足探信❶。在上述的情形下，設立特置假設就顯得很容易且"自然"，但在其他情形，設立特置假設就得十分小心，且需付出相當的代價。如十七世紀惠更斯光學所提出的一些特置假設就受到牛頓光學嚴厲的挑戰，使得波動光學後來的接繼者 Malebranche 不得不介入「顏色問題」的領域中去效法牛頓的手法解決問題，因此改變了波動光學對問題領域的發展策略（因爲當初惠更斯的策略是「不理顏色問題」，但因爲牛頓研究方略中解釋顏色問題極爲成功，Malebranche 後來便不得不開始碰顏色問題。）又如賴爾的「古今一致論」（unifor-mitarianism）雖然部份與傅利葉（Fourier）的熱擴散物理定律衝突，但賴爾仍用一些特置假設企圖避免這問題。可是，賴爾地質學這一部份（即指地球的地質與古生物歷史的發展是「循環」、而非「演進」的，恐龍的時代在未來將重新來臨。）很快就被人認爲是"充滿空想的一部份"，而悄悄地遺忘掉。後來賴爾、達爾文理論的另外一個更重要的部份：「地球的歷史年齡極爲長久」也受到 Lord Kelvin 等物理學家的挑戰，認爲從物理定律的估計，地球的歷史遠比達爾文等人所「需要」的要短。但因爲這一個假設，雖然沒有甚麼直接證據的支持，卻是演化論的核心部份，無法放棄。赫胥黎後來只好辯說，當物理學與生物學產生衝突時，應該"互相尊重"，眞該修改的話也不一定是生物學要修改。但這種從物理學來的挑戰也使得達爾文的演化論在十九世紀末的歐洲科

---

❶　參考 R. Westrum, "Science and Social Intelligence about Ano-malies: The Case of Meteorites", reprinted in H. Collins (ed.) *Sociology of Scientific Knowledge: A Source Book*, (1982), pp. 185-217。

學界聲望直線滑落。可是，赫胥黎等人這種近乎「特置假設」的說法畢竟爲達爾文演化論保持着了最後一道防線，一直支撐到物理學內部產生革命性的變化爲止：後來放射性物理學的大盛使得物理學家承認地球的年齡可能遠比當初估計的要長。

　　類似像上述的例子在西方科學史中很多。它們往往顯示出一個研究方略在發展時，特置假設的使用方式、所扮演的功能、所可能遇到的挑戰等等。筆者想提出的是，在科學發展的過程中，科學家們提出特置假設的習慣往往要比科學哲學家所想像的要多很多，而且往往有其「理性」可言。一方面，他們提出特置假設的想法往往和波普學派的科哲家們想分辨「什麼是眞科學，什麼是占星學、魔術、體質人類學、Creationism 等僞科學」的用心很不一樣。雖然，在邏輯結構上，科學家提出特置假設與占星學的「預言」習慣有類似，但在研究方略發展的歷史結構看來，卻有很大的不同❶。另一方面，特置假設的使用雖然有其理性可言，但卻非如拉克圖所強調的「一般理性、標準」即可涵蓋。特置假設的使用往往要視某一研究方略的發展情況、或該方略與其他研究方略的「競爭關係」而定。但是，這種判斷卻往往因爲互相競爭的研究方略彼此「位置」的不同，使得該判斷常被其他競爭性的研究方略、或其他相關學科所極力反對。如在同一學科中互相競爭的研究方略，因爲它們在發展策略上本來就有不同的設定，又因爲它們在學科發展脈絡中所佔有的競爭位置也不同，所以他們使用特置假設的手法、時機、性質也就會不同。在這樣的發展脈絡下，通常的情形是：每個研究方略可以

---

❶　Kuhn 曾以歷史結構的觀點對一般科學與占星學做了一個很有趣的區別，但這區別與占星學是否使用「特置假設」毫無關係，可參考 "Logic of Discovery or Psychology of Research", 收到 Lakatos 所編的 *Criticism and Growth of Knowledge* 一書，特別是該文的第一節。

"了解" 自己使用特置假設的動機，並儘量將之解釋得很 " 自然 "，但另一方面卻不能了解其競爭者爲何使用 "荒謬" 的特置假設，並指責對方技術犯規（請注意，這並不是在一研究領域中科學家的「私心」的問題。同樣的私心，在不同的發展與競爭脈絡中，使用特置假設的各種情況便很不一樣，有很不一樣的enunciative modalities）。

　　對競爭者技術犯規的「指責」，筆者覺得只是科學方略彼此競爭時常用的一種「措辭」（rhetorics），對競爭的結果並沒有決定性的影響。這就像以波普式地攻擊一個理論已被「否證」（refutation）一樣，我們攻擊一個理論的「特置性」（ad hocness）， 其基本目的往往只是企圖顯示攻擊者本身在那些方面的長處。指責一個研究方略在A領域中已被「否證」或純係「特置」，往往就意味着指責者自己（另一個競爭的研究方略）在A領域中特別「優異」的表現。所以，雖然不具決定性的影響，科學競爭中的「措辭」並不是隨意而主觀的攻擊辭令而已，它們往往點出了幾個研究方略在競爭脈絡中的相關位置與「接觸點」。它們顯出攻擊者在這一區域中（領域A）相對於 「犯規者」 的優勢地位 。 反過來說，如果一研究方略只能單純地根據某些哲學方法論攻擊另一方略 "ad hoc"，但卻無法同時顯示出自己在那一領域中的長處優點，那麼這種攻擊往往全然沒有效果（在科學史中，一個新科學方法論的興起，往往都是伴隨着一個新的偉大科學成就而來的。站在一個興起的新科學之旁， 新方法論才會有足夠的後盾來 「指責」 一個衰退的舊科學如何地 "ad hoc"，甚至已被「否證」。 徒然一個抽象的科學方法論，不足以說服或攻擊）。

三、局部理性

「特置性」的指責措辭雖然顯示出了指責者自己在一特殊領域中（領域A）的長處，但這種指責並不決定性地影響了互相競爭的研究方略彼此間的優劣關係。就像前面已舉過許多科學史的例子顯示，一個研究方略在競爭脈絡中往往有多條戰線，其攻守的優先性往往也會依競爭脈絡的變化而改變，它雖然以特置假設來防禦領域A，但在領域B與C中卻可能形勢大好，勢如破竹，解決了非常多的難題。這研究方略在領域B與C中的快速發展可以說是它的攻擊「得分」處，而領域A中的守勢則被其他競爭者指爲「技術犯規」。一般而言，科學學派競爭的結果往往不是從雙方技術犯規的「次數」來決定，而是從得分的「多寡」來決定。不錯，拉克圖所強調的「一般理性」也是重視最後的得分多寡，但是他卻很少討論到「如何使得一研究方略增加得分」的問題。如果一研究方略得高分，就拉克圖而言，這往往是該方略的開展機構（positive heuristic）犀利有效之故，而一方略的開展機構是由該方略的內在理論部份所設定，而與外在的「競爭關係脈絡」沒有關係。拉克圖雖然也提到一方略的發展「策略」與「佈局策略」（gambit），但是這些策略也都只有一個研究方略「內在理路」的意義，卻沒有研究方略彼此競爭的「外在競爭關係脈絡」之意義，這也是爲什麼拉克圖那麼強調「理論科學的相對自主性」（the relative autonomy of theoretical science）的理由⑰。但是科學史的發展往往不像拉克圖所設想的那麼 " 內在 "，

---

⑰ 拉克圖所重視的這「相對自主性」，當然也是與孔恩所重視的「典範的優先性」密切相關。就如過去孔恩強調典範一樣，拉克圖強調理論科學的自

就我們前面所討論過的許多科學史的例子而言，研究方略間的「競爭關係脈絡」十分重要，而每個研究方略對應於這種脈絡的「位置」、以及因其位置所發展出來的「策略」也都是每個研究方略所需認真考慮的問題。這些問題，包括了特置假設使用的理性，往往不是拉克圖所談的「一般理性」所能涵蓋的。筆者覺得「局部理性」一詞倒可以較恰當地涵蓋這些問題所涉及的考慮[18]。

我們現在可以從「發展策略」與「佈局策略」這幾個概念在科學史中的意涵去進一步討論「局部理性」。佈局與開局策略這種概念，因為很自然地會使人想到「對局的敵手之策略為何」、以及「以何種策略來克服對局敵手的策略」等問題，其實很適合拿來當作我們討論「競爭關係脈絡」的中心概念之一，可惜拉克圖當初雖然提到，但卻沒有真正發展這概念。我們可以說，「局部理性」這概念涉及到幾方面重要的考慮：(1)一研究方略自己本來所設定的發展策略，包括問題領域的選擇、優先性的暫時設定、攻守位置的安排等，(2)潛在競爭者、研究方略它們

主性，目的是在攻擊比較傳統的「歸納主義」或「否證主義」。可惜的是，拉克圖強調這方面的自主性的同時，也把相競爭的研究方略彼此的「競爭關係脈絡」這重要問題排除掉了——這就如孔恩要攻擊傳統的「中性客觀語言論」而特別強調典範的優先性，因為過度強調其優先性，故典範也「決定了」其發展時的「問題選擇、優先性」(problem choice)這些重要問題；但是，典範科學發展時的問題選擇當然也常常決定於「競爭關係脈絡」，而非單純地決定於典範自身！拉克圖的討論見：哲學論文集第一冊，「研究方略之方法論」那篇主要文章，第三部份，(b)節。

[18] 關於「局部理性」這個概念的討論，筆者很感謝在1987年6月臺大哲學系「當代哲學與方法論」研討會中，錢永祥先生以及臺大哲學系數位教授對本文初稿所提供的許多寶貴意見。不可否認地，筆者對「策略」、「位置」、「時機」這些問題的重視方向與觀點可能與 M. Foucoult 對知識考古學的討論有類似之處，但我們現在並沒有必要進一步地去考察這種關係。因為我們對「局部理性」想法的討論是源自英美科哲與科學史的辯論，與 Foucoult 的師承頗不一樣。

的發展與佈局策略，（3）潛在合作者、研究方略它們的發展與佈局策略，（4）目前主要、次要戰場的選擇、聯盟關係的設定，（5）其他環境可能的限制與機會。由這五方面的考慮，一個研究方略可以逐步地提出其現階段的發展與佈局策略。當然，現階段的發展與佈局策略的成功與否都需要從拉克圖式的「積分或得分」多少的考慮來作進一步的評估，而作下階段可能的策略修正。所以，拉克圖式的一般理性可以影響到我們局部理性的修正，但這並不是說局部理性只是從屬於一般理性而已。首先，一般理性沒有涉及、掌握到局部理性的特殊考慮（上面所提的五點）。其次，更重要的，拉克圖式的一般理性的討論往往只涉及到「事後」（post-hoc）的評估，它已經放棄了早期西方科學方法論希望「提出一種較機械的『方法』（calculus），科學家們若使用這種方法，便能較快速的發現真理」這種理想。這種早期的理想式的科學方法論，往往具有「指導性」（prescriptive），而非後來拉克圖等所提出的方法論，只局限在事後的「評估性」（evaluative）。當然，就我們討論的「局部理性」而言，多年來關於科學史與科學哲學的討論也使我們相信沒有什麼機械方法（calculus）或「發現的邏輯」（Logic of Discovery）。但是，局部理性的意義並不局限於拉克圖式一般理性的「事後評估」性而已。局部理性涉及很重要的事前考慮，也具有很強烈的「指導性」。這也是為什麼我們這麼重視發展「策略」與佈局「策略」的理由。可是，局部理性的指導性與早期科學方法論的指導性很不同。早期科學方法論夢想有一套一般性的發現「邏輯」，有一架隱藏起來的思想上的「計算機」，若將之發掘出來，可以放之四海皆準。他們想尋求的是脫離於人與社會歷史之外的「機械性的指導」（mechanical prescriptive）。與之對照，局部理性想尋求的指導性很不一樣。局部理性者把科學史、甚至更廣泛的思想史看成是一部科學、思想學派間的「競爭」或甚至「戰爭史」、或

「開拓史」。在這樣的比喻之下，我們需要尋找的指導原則便與「策略」或「佈局策略」有密切的關係。我們所尋找的策略，並不保證事後的成功，也沒有機械性邏輯的保證，永遠含有不確定的因素。但這種策略也非只是抽象式的「概率」式的邏輯。局部理性可以說是上述五點「競爭關係脈絡」因素的函數。而這五點因素，則需要在一個研究方略所處在的科學歷史、社會的脈絡中去尋找、分析，而非傳統方法論中只討論一個理論與其經驗證據間的關係而已。所以，局部理性者所尋求的是一個研究方略位處在「局部性」歷史社會脈絡中的「策略指導」（strategic prescriptive）（「在一學科中的某一研究方略，如何能有一最好的發展策略，使其能擊敗該學科中其他的競爭方略，同時並解決最多的科學難題？」）。不用說，這種指導性與傳統的「機械指導」極為不同。

　　還有，既說「理性」，再談其「局部」，這樣可以說得通嗎？這個問題的產生，可能是我們通常把「理性」想成是超越於歷史社會之外的龐然巨物，緊緊地壓制在社會與歷史之上所致，如某些「機械理性」（mechanical rationality）或「超越理性」（transcendental rationality）說法所暗示。如果我們把這種龐然、壟斷性的「理性」概念拋開，局部理性這概念本身便沒有什麼內在矛盾性，反而可以更領會到其豐富的蘊涵。其次，局部理性與一些比較極端的歷史主義說法也非常不同。一部科學史並非就自然而然地展現了其科學的「理性」，科學史也非科學哲學討論的絕對標準，不要忘了拉克圖「科學史沒有科學哲學就是盲目的」話。在局部理性的討論中，我們有充分的機會與可能來談一個科學研究方略發展史中的「策略錯誤」、或「佈局錯誤」等等問題。同時，這也使得拉克圖式「評估性的一般理性」可以用來修正、檢討所有局部理性中的「策略與佈局」。

　　最後尚有一點需要討論，「局部理性」的提出並不是就表示我們接

受如普蘭尼所強調的「秀異主義」：在每一學科之中，科學家所強調的「理性」，對於該學科之外的人而言，具有區域性的絕對優先性；如此，則每個學科或研究方略可以各立山頭、獨霸一方。首先，「局部理性」的形成是可以爲學科或研究方略之外的人批評的。常常可能會有「策略與佈局的錯誤」問題發生，也並沒有什麼特別理由可以說一個學科或方略中的科學家才有特別的「特權」來修正他們的發展策略。熟悉那學科的科學史、科學哲學、科學社會學家們均可能可以提出更 "客觀" 的批評。其次，特別是上面所提五點中後面四點的歷史變化發生時，一個研究方略的局部理性也常常會需要有相應的策略調整。一個研究方略所討論涉及的「問題領域」也可能在調整中有很大的轉變。所以，一種局部理性並不會僵硬頑固地獨霸一個領域、排斥其他；「局部理性」常是變動不居的，它的形成與演變都會與研究方略彼此的競爭、與相關學科之間的合縱連橫關係密切相連。科學經驗的發現與發展、科學學派之間的競爭仍然是「科學」的主體，局部理性只是個必然的策略產品。況且，每一種「局部理性」都可能會企圖將之擴張成 "全體理性"⑲，增加它的獨霸性與適用範圍，並進一步對其鄰近的「局部理性」產生挑戰壓力，

⑲　此處所說的「全體理性」，是說一研究方略常常傾向於將它所重視的發展策略與佈局策略看成是所有相關的學派與學科都該接受的策略。科學家們往往會用 "ad hoc" 及 "refuted" 等措辭指責其競爭者，也正是顯出這種「傾向」。因爲一學派中的科學家往往會認爲自己在某領域（A）中解決問題解得非常漂亮，而認爲領域A是該學科領域中極 "重要" 的部分，要求其他在同學科中的研究方略也能承認。如果其他方略不予以承認、或只是敷衍領域A的問題了事（因其他方略可能有更重要的領域要處理），那麼原來的研究方略便會將 "ad hoc"、"refuted" 等指責祭出來（求吸引他人注意其在A領域中的成就）。科學史中充滿了這種指責，以及由局部理性想擴充成「全體理性」的傾向。此全體理性不同於拉克圖所強調的「一般理性」，「全體理性」指將一局部的發展與佈局策略擴充到其他不

並逼使他們作相應的調整。故各立山頭、獨霸一方的情況不易出現。當然，這並不是說費若本所批評的那種具強烈排他性的「科學意識形態」（Ideology of Science）不會成形。許多學科或學派之間可能會有私下的謀略而形成「聯合戰線」，當道的諸學科甚至可能「寡頭壟斷」。當然，這也並不就表示我們接受了如拉克圖、費若本所批評的 "權力卽是眞理"（Might makes Right）。對於一切想推翻寡頭壟斷霸權（hegemony）的「新興」或「失意」的研究方略與學科而言，「局部理性」的形成與提出仍然是它們的起點。

　　以下，筆者準備以達爾文演化論在古生物學領域中百餘年來的發展作爲本文主要的科學史例子來進一步地支持，說明上述的論點。

四、達爾文在古生物學領域中「策略性特置假設」的提出

　　古生物學，在十九世紀初年經過居維耶（G. Cuvier）對陸地脊椎動物古化石的努力，終於成爲一門獨立自主且影響深遠的學科。居維耶以「比較解剖」（Comparitive anatomy）的方式證明了生物「絕種」這件 "事實"，並由大量恐龍化石的出土說明了地球「自然歷史」（natural History）的長遠性與複雜性，使得歐洲文化對自然歷史的了解跨越了

（續）見得能適用的新領域中去。費若本曾在 Science in a Free Society（第一部分）之中認爲許多學派的人從來就沒有想要將他們的「理性」強加在別人的頭上，而會安於一「相對主義」的情況。這個問題可能很難判斷：是否局部理性均有擴張成全體理性之「傾向」？這可能要視一學科中學派競爭劇烈的程度，以及是否一學科尙有足夠的空間讓許多研究方略能自由發展相安無事而定。這是科學史的生態學問題。

以聖經爲主導的傳統模式。進一步，居維耶與其學生對巴黎盆地的各地
層古生物的分析，發覺各地層間的過渡非常的突然且明顯，而且是一層
淡水生物化石，一層海水生物化石，如此交替充斥於各地層之中。於是
居維耶提出自然歷史發展的「災難論」（Catastrophism），一方面解釋
了「絕種」現象，另一方面也解釋了巴黎盆地等地的地質特性。總之，
災難論認爲自然歷史的發展中曾經有過多次的大災難，聖經中所說的大
洪水可能只是最近的一次❷。

　　在這一段歷史中，古生物學與地質學往往從它們自己所處理的資料
中獨立地發展出影響深遠的理論。居維耶所能收集到的古生物地質「資
料本身」往往具有很高的權威性。"澈底的"經驗論在古生物學家之間廣
爲流行。因爲居維耶的成功，古生物學是這時期整個生物學領域的主導
性學科，而拉瑪克生物「變化」（transmutation）的想法則被斥成"沒
有任何經驗證據的空想"。

　　之後，隨着古生物學與地質學的大幅發展，愈來愈多其他地區的地
質層被發掘、分析出來，同時古生物學家也從分析陸地脊椎動物化石逐
漸地轉移到海洋軟體動物化石。較精密的地質分析技術與統計方法開始
大量地被運用。在這之間，最有名的發展便是賴爾所主導的地質學革命。
賴爾主要工作之一是對法國中部、西西里火山及其他新開發的地層作古
生物地質的分析。結果他把原來居維耶等所談的第三紀（Tertiary）細
分成四個或更多個漸近的小階段，並用內插法說明：整個第三紀的軟體
動物化石的種類分佈「變化」其實是非常「逐漸而緩慢」地進行。於是，
賴爾推而廣之說整個自然歷史的發展，生物的絕種與創造發展都是逐漸

---

❷　參考 M. Rudwick, *The Meaning of Fossils* 第三章，(1976) 2nd, ed。
　　以及 G. Cuvier, *An Essay on the Theory of Earth*, transl. by R.
　　Kerr (1817)。

而緩慢的。自然歷史沒有居維耶所設想的許多大災難，歷史中所發生的大小事件基本上都和我們今天所看到的普通事件差不多（故稱「古今一致論」）。

　　就以本文所討論的問題而言，一方面賴爾雖然有第三紀中許多漸近發展的小地層資料支持，另一方面賴爾也需解釋一些難題：為甚麼地層中許多物種的化石「突然」大量消失，為甚麼許多地層的層次間隔這麼地「截然分明」？在這一關鍵點上，賴爾開始提出他那影響深遠的「策略性特置假說」。他認為我們不能只從表面上全然接受地質所呈現出來的化石資料。事實上，地質資料非常「不完整」。我們得以特別的「文法」形式去考察地質資料；陸地脊椎動物化石資料無法可靠地來作為自然歷史的根據，海洋軟體動物比較適當。物種化石突然大量消失、或地層間隔截然分明，往往是因為動物大量遷移，或地質資料受到過去各種氣候的沖失，損毀所致。真正保留下來的完整地質資料很稀少，往往需要用大量的內插、外插法來加以補充。賴爾強調：「總之，在地質學裏，如果我們能假設說，在地球的每一區域，都有一完整無缺的化石遺跡系列保存下來，它們恰好可以說明歷史中生物創造的整個過程──如果我們能假設上述是大自然整體計劃藍圖的一部份，我們也許就能〔從地質資料〕推論說：因為在兩片地層中我們常常發現非常不同的生物化石，所以在自然歷史中整個物種的突然消失，其他物種的突然大量出現也是經常發生的。但是，大自然的計劃絕非如此！」❷¹

　　接受賴爾這種說法，就等於接受說地質古生物「資料本身」無法具有直接的經驗權威性。我們必須 "小心" 地，很 "藝術性" 地選擇一些有價值的地質資料，但卻不可被其他的不完整的資料所愚弄。在真正

---

❷¹ 見 C. Lyell, *Principles of Geology*, 4th ed. London; Vol. 4, Ch. 4, p. 377, 筆者自譯。

選擇時我們有很客觀的標準嗎？有何證據可以直接證明他的說法是對的嗎？或可證明其是錯誤的嗎？這些問題都無法有確定的答案。這種場合是特置假設出現最好的場所。它一方面可以暫時抵擋居維耶門徒的反擊，另一方面也可以把地質資料轉化成另一種形態，使得賴爾的地質學理論整體看來更具有說服力。總之，賴爾地質學的革命有其成功的一面，也有其曖昧模糊的一面。賴爾之後，古生物學便逐漸失去其在居維耶時代獨立自主且居主導的地位，因為賴爾的地質理論往往會約制，"指導"古生物學如何進行那一行的研究。這種情形，到了達爾文演化論提出來之後更形明顯，而達爾文也是把賴爾那種使用特置假設的手法發揮到淋漓盡致的人。

我們知道，達爾文認為物種的演化是極端緩慢的。演化的素材是來自於同一物種中生物個體彼此間的微小差異，而若是某些差異有助於生存競爭，在選擇的結果下（如人工選擇「優良」品種的花、鴿子、狗等），這種差異便會在後代中逐漸擴大，最後形成不同的物種。所以，如果生物體大致都演化自相同的祖先，那麼在這漫長的演化過程中，因為一步步演化的微小與緩慢性，我們一定可以在古生物化石中找到這種演化的證據。化石資料應該顯示出連續逐漸變化的系列。可是，在達爾文的時代，幾乎所有的古生物學家都知道古生物地質資料和達爾文所預測的完全相反。所以，雖然在 1859 年達爾文掀起一場生物學革命，有不少人附合，但其中很少有古生物學家。達爾文深知這個問題，他在 1842、1844 年兩篇早期的手稿中就不斷地企圖處理這個嚴重的問題。他設計了一個比賴爾的特置假設更精密的假設來說明地質化石資料如何地不完整，如何地不可信任。十五年後，他在著名的《物種原始》一書中用一整章的篇幅來處理這個難題，但其嚴重性並未減輕。在第九章中，他只有重覆他在十七年前所設想出的那個特置假設來"解決"（或說"規避"）

那個古老的問題❷（❷中筆者較詳細地解釋了這個特置假設）。

---

❷　限於篇幅，我們只能非常簡略地討論這特置假設。大體上，達爾文承續了
賴爾說地上化石資料不可靠的說法，其次，達爾文說許多海中累積起來的
化石資料也不可靠。因為只有在淺海海床逐漸下沉的情況下才會有大量的
化石層累積起來；在深海之處因生物較少，故也很少化石層累積。另方面
淺海海床也不能下沉的太慢，因為如此則累積的化石易浮出海面而被海浪
打散。唯有在下沉速度「適中」的海床中才有較可靠的化石順序資料，而這
種資料也需要等到這海床又迅速地上昇，把化石層推出海面，地質學家才
有可能觀察到！為支持這個說法，達爾文需假設海床常常上昇下降，這倒
不是個難題，因為達爾文在早年中已用上昇下降的假設相當不錯地解釋了
各地珊瑚礁羣島的各種現象。但是，達爾文原來假設的困難與「特置性」
是在於它只能「負面性」地告訴我們地質化石資料的不完整，但却沒有什
麼「正面性」的經驗內容，更不用說能作什麼新而具體的預測。另外，假
如有人挑戰達爾文說：「總該有許多地方，因為運氣好，會挖到可靠的地
質化石資料，地球那麼大！」，則達爾文這個特置假設也幫不上什麼忙。當
然達爾文等可反對會有這麼好的運氣，但這種事又如何較客觀地估量呢？
最後，在正文中已經略提到，從 1842 年至 1859 年共 17 年間，達爾文的這
個假設並沒有什麼進一步地進展，它的功能仍然只局限在「負面性」地抵
擋古生物化石中所遭遇的困難。這「停滯」的情形使得其「特置性」更加
明顯，不似某些假設，提出時是有「特置」的味道，但後來却證明非常有價
值，「指出了進一步地研究方向」（費若本語）——如普朗克當初所提出關
於「不連續能階」的想法。達爾文這個特置假設後來被劍橋的大物理數學
家 W. Hopkins 猛烈攻擊，見其 "Physical Theories of the Pheno-
mena of Life" 一文，收在 D. Hull 所編的 *Darwin and His Critics*
(1973)，特別參考 p. 258-264。達爾文也對 Hopkins 的攻擊大傷腦筋，
他後來在 Origin 一書的第三、四、五、六諸版中不斷地修改、增加新的
證據來支持他原來的特置假設。筆者的判斷是，達爾文只部份地同答了
Hopkins 的攻擊，Hopkins 的另外幾點挑戰達爾文乾脆相應不理。關於
達爾文對其原文的修改，請參見 *The Origin of Species—A Variorum
Text*, ed. by M. Peckham (1959), pp. 492-494。這個特置假設最早
出現在 1842 年手稿，p. 34 註 1。1844 年手稿，pp. 133-143。見 *The
Foundations of the Origin of Species*, ed. by Francis Darwin, 1909,
Cambridge Univ. Press。至於 1859 年正文，則見 pp. 290-295, *On the
Origin of Species*, 1st edition。

《物種原始》第九章一開頭，達爾文便承認，地質古生物資料是
「所有能用來反對我的理論中最明顯，最困難的」。在這一章的結尾，
達爾文提出他那著名的比喻（也源自賴爾）來說明地質古生物資料如何
地不完整：

> 「我把自然的地質記錄看成是一套保存得非常不完整的世界歷史
> 書，一套用逐漸變化的方言寫成的書。這套書現在只有最後一本
> 保存下來……且這本書中只有較短的幾章還存在其中，且在每一
> 頁中也只有偶爾幾行的字還能辨認。這逐漸變化的方言的每一個
> 字便在那斷續剩下來的幾章中看起來很不相同——這也可以看成
> 是掩埋在分散的地質層中的那些似乎突然變化的生物。在這種看
> 法下，上面所討論的困難便大為減低，或甚至全然消失」❷。

另一方面，達爾文也並沒有放棄找一些地質古生物資料來支持他的演化
理論，如果有可能的話。所以在《物種原始》第十章，達爾文廣泛地引用
了當時著名古生物學家的想法，如歐文（R. Owen）所討論的南美洲的
「同種類型延續」定律、或愛各西（L. Agassiz）討論的「重現」理論
（Recapitulation Thesis）等。所以，雖然這本地質記錄的自然歷史書
是這麼的破舊，脫落和難辨，但卻仍有些規律性被古生物學家們發現，
且達爾文的演化論也可以解釋！我們不禁要問，地質化石的自然歷史若
不可信任，何以歐文、愛各西等人從化石資料所歸結出的理論又可信？
若從地質化石資料仍可找出一些規律性，為何達爾文理論的許多預測在
化石資料上又毫無證實？達爾文的特置假設在古生物學領域上的功能這
時就可清楚地看出：它只說明達爾文理論預測失敗的地方的化石資料不

---

❷ 見 *On the Origin of Species*, 1st edition, pp. 310–311, 自譯。

完整，但預測成功之處，則化石資料還頗完整的！

　　總之，演化論的研究方略並沒有放棄古生物學領域作為它的先鋒開展帶之一（其他開展帶則包括生物地理分佈學、胚胎學、分類學、人工育種學、形態學等）。但在這個開展帶（或稱 Research front），達爾文也需要不少特置假設來作防禦工事，充分地顯示出研究方略發展時攻擊與防禦的交互運作。演化論在解釋志留紀（Silurian）以下的化石資料時也遭到極大的困難（因為較複雜的生物化石種類突然大量減少），達爾文仍以地質劇烈變動造成地質記錄不完整來解釋。後來赫胥黎等人發現可能有志留紀以下更原始的生物化石 Bathybius（故而志留紀以上的大量較複雜的化石種類就不是「突然」地出現）時，達爾文就興奮地在物種原始第四版中說「它〔Bathybius〕的有機性質是完全確定，無可置疑」[24]，忘了他自己所說地質記錄極端不完整的想法。後來有人證明 Bathybius 根本是無機物，達爾文與赫胥黎便完全保持沉默，「地質記錄不可信任」的免戰牌又高高舉起[25]。

　　古生物學這一條戰線可以說是演化論研究方略的 "苦戰" 之地[26]。

---

[24]　見 *Origin–Variorum Text*, p. 515。

[25]　參考 Rupke, N. A. 1976. "Bathybius Haeckelii and the Psychology of Scientific discovery" Stud. in the History and Philosophy of Science, Vol. 7: 53–62。

[26]　當初不要說一個物種逐漸演化的過程與古生物資料相衝突，連一些生物間不同的綱、目彼此的「演化關係」如何都不清楚，也沒有古生物化石的支持。所以，在 1861 年掘出土的半爬蟲、半鳥的古化石 Archaeopteryx 以及後來陸續出土的一些其他類似化石就給予達爾文等很大的新信心，因為這些化石顯示鳥類大概是由恐龍演化過來的（見 Origin 的第四、五、六版，參考 Variorum Text, p. 509, 540）。後來古生物學史家如 Rudwick（見[20]）便把 Archaeopteryx 的發現視為達爾文主義發展的一大突破（Rudwick, 同書, pp. 249–250），但是其實沒有這麼單純的

在其他開展帶，演化論的戰績往往要好很多（特別是在生物地理分佈學方面，達爾文對 Galapagos 羣島的生物分佈研究是最漂亮的一仗，之後成為類似像「牛頓看到蘋果掉下來」的傳奇。最早熱心支持達爾文的生物學家也多為生物地理分佈學家，如華萊士（Wallace）、虎克（J. D. Hooker）、赫胥黎等人。到 1870 年左右，演化論在歐洲生物界可說是取得了初步的勝利，但在少數領域中尚未得勝，其中最麻煩的地方即是有悠久傳統的古生物學（其中最有名的兩位古生物學家也反對達爾文最力：歐文，人稱「英國的居維耶」；以及愛各西，人稱「美國的居維耶」）。但即使是古生物，現在也不免慢慢感覺到孤立，有些科學家便乾脆倒戈轉向達爾文（包括愛各西之子），但仍有不少古生物學家堅守古生物學這一孤立的島嶼，深溝高壘，閉門做自以為是的研究，拒絕達爾文。另一方面，那些接受達爾文的古生物學家則重新訓練自己，忘掉自己過去的訓練。他們以達爾文演化論的觀點來尋找地質資料中有利於演化論的遺跡，如果找不到甚麼有利之處，也只不過再次證明了達爾文「地質資料不可信任」的 "古訓" 而已。

（續）「關鍵性發現」，歐文及不少其他古生物學家，包括一些新興的美國古生物學家均把 Archaeopteryx 詮釋成源自另外的發展路線，而與達爾文主義所預示的相反。兩三個競爭的研究方略爭着把一個新發現「納入」對自己有利的方向去！各從各的局部理性來看問題。達爾文主義者在這場 "爭奪戰" 中可能取得較大的戰果，但却未必是達爾文理論的優越性所致，而是達爾文主義者的核心「X俱樂部」發揮戰力的結果。參見 A. Desmond 最近的 *Archetypes and Ancestors*, (1982)，關於這場爭奪戰的討論，pp. 113-146。

五、從直線演化論 (Orthogenesis) 到新整合 (New Synthesis)之後——古生物學的苦悶期與馴服期

　　1870 年達爾文研究方略的初勝戰果並沒有保持下來，到十九世紀末，整個歐洲、美國的生物學界又呈現出分崩離析的局面。新拉瑪克主義，遺傳學以及孟德爾定律的再發現，實驗生物學的興起等處處都重新起來挑戰達爾文式的演化論（「演化」本身基本上已獲生物學界的承認，但大部份人都反對「物競天擇」這種達爾文式的演化「機構」）。

　　在這樣的背景之下，古生物學中以愛各西的門徒 Cope、Hyatt 為主的美國學派也在這個時機提出他們的「直線演化論」來挑戰達爾文的演化論。「直線演化」的想法認為生物演化其實是受制於整個物種的一些 "內在發展" 的趨勢，而與外在環境的競爭、選擇沒有甚麼關係。他們舉出像大角鹿 (Irish Elk)、劍齒虎、鸚鵡螺 (ammonites) 等已絕種的古生物。它們之所以絕種，是因為它們物種「內在」盲目的發展趨勢所致，所以大角鹿的角畸型地不斷成長、劍齒虎的齒也不斷地增長，鸚鵡螺的外殼不斷扭曲將肉體鎖在其中，使得這些物種絕種。但根據達爾文理論，不利於生存的生物特徵應該不會被自然選擇，繼續發展[27]。

---

[27] 參考 P. Bowler, *The Eclipse of Darwinism* 第七章, 1983, John Hopkins Univ. Press. 以及 " The Misnamed, Mistreated, and Misunderstood Irish Elk", 收在 S. J. Gould 的 *Ever Since Darwin* 文集中, pp. 79–90, Norton edition。在直線演化論全盛的歷史中, Trueman 在 1922 年發表一文認為 Gryphaea 屬的牡蠣也有「自我毀

因爲達爾文研究方略各戰線的全面撤退，直線演化論便成爲二十世紀初期美國古生物學的主導力量。但是，古生物學已經沒有辦法回復到居維耶時代全面主導生物學的局面。更困難的是因爲實驗生物學的興起，孟德爾遺傳學進一步經過摩根(T. H. Morgan) 研究果蠅(Drosophila)而大盛。而這些在實驗室工作的生物學家對於直線演化論毫無好感，認爲物種的 " 盲目內在趨勢 " 完全是一種無法經過實驗驗證的玄想 。 總之，實驗生物學研究生物突變與遺傳等現象都只能限於小範圍、短時間的實驗室情況，故以「實驗生物學」爲中心思想的新生物學家往往反對那些研究大範圍、長時間、且無 "實驗" 證據的古生物學家。在這種情況下，古生物學中並不是沒有人努力想利用實驗生物學的理論來解釋直線演化的現象； 畢竟， 古生物學若能和新興的顯學「實驗生物學」結合，未嘗不是使古生物學東山再起的一種「研究取向」上的發展策略。歐士本 (H. F. Osborn) 的努力是最明顯的例子，但最後這種努力均歸

(續)滅」的內在傾向，更增加了當時達爾文主義者的困難。當直線演化論失勢，新整合之後的達爾文主義君臨一切之後， 他們仍然無法解決 Gryphaea 的問題， Haldane 認爲當時知識無法解釋，故建議將此「異常現象」無限制拖延下去， Simpson 則用一些特置假設勉強把 Gryphaea「納入」系統之內。但其實新整合之後的達爾文主義並沒有很認眞的去處理這個問題。 當間歇平衡論起來之後， 古德 (Gould) 發現 Gryphaea 是可以「利用」來支持間歇平衡論、並打擊老式的達爾文主義，於是 Gryphaea 的例子重新被提出， 古德甚至發現當初 Trueman 所用的標本只有「一個」，且是個錯誤的描述。Gryphaea 看似自我不斷捲曲，把肉體封死在內，其實經過X光的檢查只是泥沙封死了外殼而已！古德還爲此類的「問題的歷史」出了一本書 *The Evolution of Gryphaea* (1980)。Gryphaea 這個「問題」的歷史也正可以顯示出互相競爭的研究方略對一敏感的「科學問題」的微妙處理態度。見 Gould "Quaggas, Coiled Oysters, and Flimsy Facts" 一文，收在 Gould *Hen's Teeth and Horse's Toes* 文集之中， 特別是 pp. 380-385。

於失敗[28]。

古生物學自發的整合努力失敗以後，它便再成爲一個自我隔絕起來的學科。不少古生物學家表面上申明古生物學只是一門 "描述性" 的科學。他們厭惡一切理論，也反對一切從其他生物學界的 "理論" 介入古生物學的領域，企圖 "指導" 他們如何作研究。這也許是一學科在學術競爭市場中最後的一種自保方式吧。這種情況，一直持續到歐士本的學生幸普森 (G. G. Simpson) 在 1944 年寫出 Tempo and Mode in Evolution 爲止[29]。

幸普森自己描述他的成名作說：「就提出一個新的研究領域以及就在生物學整合運動中提出一新論點而言，它是成功的……這個新論點就是說：生物的歷史，從現有的化石資料看來，與基於基因突變的演化選擇過程彼此並無衝突……」[30]。幸普森一方面放棄了直線演化論，另一方面則以人口統計學的方式來處理各種古生物化石演變的不同的速率 (Tempo) 以及演化型態 (mode)。如此，他發覺不同演化型態的古生物系列的發展與基因突變遺傳學，還有達爾文的演化論三者之間可以協調，不會產生衝突。至於達爾文的理論與古生物地質資料的傳統衝突，

[28] P. Bowler, Ibid, pp. 160-181。爲了脫離玄學，Osborn 等以「新陳代謝」之生化現象之「失調」企圖來解釋直線演化。其整個 Strategy 與後來的 Simpson 很不一樣。

[29] 參考 S. J. Gould 的 "G. G. Simpson, Paleontology, and the Modern Synthesis" 收在 E. Mayr 與 W. Provine 所編的 *The Evolutionary Synthesis* 一書中，Haward univ. press. (1980) pp. 153-172。

[30] 見 G. G. Simpson "The compleat paleontologist?", Annual Review of Earth Planetary Science, (1976) 4: p. 5。另外，幸普森自己對生物學整合運動的其他反省可見本文[29]，Mayr 與 Provine 所編文集，pp. 453-463，幸普森的問卷回答。

幸普森一方面雖說古生物資料的不完整，另一方面倒也提出了有別於達爾文理論的「跳躍演化」(quantun evolution) 來補足達爾文舊說，並解釋化石資料。總之，「新整合」之後的古生物學，以研究化石演化系列的速率與形態入手，在達爾文演化論、遺傳基因學等諸生物學科之間尋找到一個可以安身 (niche)，不再孤立的「新的研究領域」。當初歐士本企圖整合的策略雖然失敗，但幸普森的新的整合策略終於成功。幸普森並不是沒有付出代價，他放棄了歐士本不肯放棄的直線演化論，也運用了歐士本不太用的「地質化石記錄不可信任」的達爾文古訓。

從達爾文演化論的觀點來說，接納幸普森古生物學所付出的代價則是承認「跳躍演化」是可能的。但是，這只是在「新整合」時期的初期情況而已。到了 1950 年左右，達爾文演化論聯合了基因遺傳學，終於又恢復了 1870 年左右的全盛舊觀，甚且更有過之。在這種情況之下，演化論當初對古生物學所作的讓步也就慢慢被收回來。幸普森在 1953 年寫的 Major Features 一書便不再提起「跳躍演化」論，達爾文演化論在發表一百年後終於在生物學界整體得到最全面的勝利。古生物學，雖然藉著研究演化的速率與形態而在生物學界據有一席之地，但同時要付出的代價是接受「古生物資料極端不完整」、「演化的歷史過程是漸進而緩慢的」等等教條❸。我們如果再考察一下在五、六○年代的生物

---

❸ 1859 年百年之後古生物學「教條之論」的典型之一是 A. S. Romer，可參考他寫的 "Darwin and the Fossil Record"， 收到 S. A. Barnett 所編的 *A Century of Darwin* (1958)，第六章。另外，「新整合」運動的鼻祖 T. Dobzhansky 在 1937 年寫 *Genetics and the Origin of Species*，雖然具有思想運動初期的「開放性」， 但是如果我們再考察該書的第三版 (1951)， 也可以發現其中所有的修改也都顯示了從當初的開放性轉向運動全盛期的「獨尊性」與「排他性」。可參考 S. J. Gould 在 1982 年為該書第一版重印的序言。Dobzhansky 的書第一版的重印收到 Columbia Classics in Evolution Series 第一部 (1982)。

學教科書，就可以發現當初達爾文苦心辯解的想法已經成爲教條，而當初他爲了使古生物學家接受而苦心經營的「特置假設」現在已根本不必提起，甚至已逐漸被遺忘❷。 這是一十分有趣的現象，特置假設的解消，並不是因爲已有更 "科學" 的解決法，而是因爲當初欲保護的想法如今已成教條，不需再 "保護"， 故達爾文所設下的特置假設其功用也消失，可以功成身退。如果我們再用本文第二節所討論的話來講；當一研究方略是處於全盛時期，以前所作的許多 "讓步" 均可收回，又當它沒有嚴厲的挑戰者挑戰時，則甚至連「特置假設」也不需要了；此時局部理性便逐漸擴充，"入侵" 至其他相關學科。

六、古德 (S. J. Gould) 與艾卓 (N. Eldredge) 的「間歇平衡論」(Punctuated Equilibria) ——古生物學的新生

1972 年， 古德與艾卓發表了「間歇平衡論」， 他們以美國中西部泥盆紀的三葉蟲化石以及百慕達羣島的陸地蝸牛化石爲主要例證，提出有別於「新整合」時期解釋物種演化的正統理論「物類漸進論」(phyletic gradualism) 的新理論——間歇平衡論。 他們援引了當初邁爾

---

❷　可以參考❸中古德與艾卓在 1972 年那篇文章中所提到在六、七〇年代中的許多教科書， 特別是他們在討論 *"Phyletic gradualism"* 那一節中所引的五、六本教科書。新整合時期的健將 G. L. Stebbins 在最近的教科書 *Darwin to DNA, Molecules to Humanity* (1982) 中則有了改變。 他提到古德與艾卓（見下節）的「新說」，但另一方面則談到地質古生物化石資料時，仍然強調「極端不完整」，但是達爾文當年的特置假設當然也沒有再被提起。這是一種有趣的 "妥協"。

(E. Mayr) 曾強調過的「孤絕物種化」理論 (Isolation theory of Speciation) 以及許多「生物地理分佈」的想法，結合傳統的物競天擇說以來解釋古生物地質資料。在這種新的平衡論想法之下，許多過去物類漸近論很難解釋的化石記錄都變得很自然可解釋的，如爲甚麼許多生物化石經過十百萬年的「演化」幾乎看不出甚麼形態上的改變（百年前愛各西就曾以此挑戰達爾文）⸛，又如爲甚麼許多化石資料經過長期的穩定不變之後常常「突然變化」成另外一種化石等問題（「突然變化」的想法於是成爲間歇平衡論的一要點，特別有別於古典達爾文主義強調的「逐漸演化」說）。如果這些古老的問題可以被平衡論很自然地解釋的話，那麼古生物學便不會常常需要訴求「地質資料極端不完整」的古訓才能作研究了⸜。

就本文的主題而言，間歇平衡論這一階段最有趣的演變就是關於百年來「地質資料極端不完整」古訓的態度轉變。古德、艾卓以及他們的不少追隨者似乎隱約預見到未來古生物學的新生：一個更獨立、更具有

⸛ 參見 L. Agassiz "Evolution and Permanence of Type" (1874) 嚴厲攻擊達爾文的 *Origin*。收在 D. Hull 編的 *Darwin and Its Critics* (1973) 中，p. 430–445。另見 Agassiz 的 "Essays on Classification" p. 53，收在其 *Contributions to Natural History* (1857) 之中。

⸜ 限於篇幅，筆者無法較詳細的解釋「間歇平衡論」，可參見 Gould 與 Eldredge 的 "Punctuated Equilibria: An Alternative to Phyletic Gradualism" 原登在 T. Schopf 所編的 *Models in Paleobiology*(1972)。關於 Mayr 的「孤絕物種化」理論（也源於達爾文自己），可參考 Mayr 的 "Change of Environment and Speciation" (1954) 一文，現收在 Mayr 的文集 *Evolution and the Diversity of Life* (1976) 中，pp. 188–210。對「平衡論」提出的歷史生動描述，可參見艾卓自己寫的 *Time Frames* (1985) Touchstone，他與古德 1972 年的原文也收在該書的附錄之中。

自主活力、不只是按照生物學中其他學科規律 "辦事" 的古生物學。反過來，他們更進一步地想到古生物學可以挑戰生物學中其他學科、「新整合」時期的教條。不過我們先較仔細地看看古、艾二人 1792 年那篇文章的一些特性。（後以古、艾文名之）

　　雖然古、艾文是古生物學的專業論文，但是該文第一節的標題卻是：理論 "黑暗的蹄印"（cloven hoofprint）。其中談的是科學哲學，強調「空白」、沒有偏見的「觀察」只是一種神話。他們談到牛頓當年「不設想假設」（hypothese non fingo）的教條如何到後來變成純粹的歸納法的藉口，然後他們引用韓森（N. R. Hanson）、孔恩等人對「純粹的觀察」的攻擊。他們更清楚地引用費若本政治性的術語來申說古生物學中的情形：「理論的作用，常常就像『黨的路線』一樣，它把科學觀察的結果強制塞進預先設定好的管道中，而黨的忠貞追隨者往往不知道這種情形，認為他們所看到的都是客觀真理」。最後，他們申說他們的目的：他們想提供一個新的世界觀，希望提出一種不同的方式來看這個世界。在該文的第二節中，他們逐漸地 "揭發" 出達爾文「地質資料極端不完整」的古訓，如何地透過「新整合」時期的再武裝，百年來 "指導" 古生物學家去作他們的研究。該文也提醒古生物學家，這條具有濃厚的「特置」性格的古訓，百餘年來，從居維耶、愛各西，到現代各式各樣的怪人、瘋漢、宗教極端保守份子、創造論者、耶和華的目擊證人等等，一直是他們針對達爾文主義最好的攻擊目標。而過去，經過「新整合」洗禮的古生物學對這條古訓的反應就像宗教手冊裏的教義問答（catechism）一樣，獨斷而毫無分析開展性。最令人哭笑不得的是，當時不少古生物學教科書甚至說：「幸好」地質資料不完整，地質中不同物種演化的過程才能看得清楚，否則我們將無法在達爾文所說的「細微而緩慢」的連續化石變化中看到任何清楚的物種演化！

　艾卓在最近一本討論間歇平衡論發展史的書中也悲傷地寫道:「……從 1940 年代以來，自然選擇論在生物學取得絕對不可動搖的地位，且大家都堅信我們已完全清楚『自然選擇』如何在大自然中運作。所有這些，都使得古生物學過去的疑慮成了不可告人的秘密。……我們古生物學家表面的態度常是溫和而漠然，而且我們都曾樂意地、默默地接受新整合時代的理論……我們古生物學家都說生物的歷史支持那個理論，但其實我們都一直知道並不是那麼一回事……」⑤。

　總之，古、艾二人一方面希望在他們自己的古生物學領域提出一個自主而具發展潛力的研究方略（根據間歇平衡論，生物個體層次以上的生存競爭成為一種新的可能——macroevolution，這也將成為古生物學的一新的研究領域，非研究微觀演化的基因生物學家所能企及）。另一方面，古、艾等人在最近十幾年來的發展似乎逐漸已在生物學的其他領域（如胚胎學、遺傳基因學、形態學等）尋求可以聯合戰線的新盟友，逐漸地形成一可能取代「新整合」生物諸學科相關結構的另一種新的生物學科結構。我們知道，古生物學原來在十九世紀初期，在居維耶的典範之下，曾在生物學諸學科之中具有一主導性的地位，而古生物學這個失去的地位，有可能在可預見的將來失而復得⑥。

---

⑤　Niles Eldredge, *Time Frame* (1985), p. 144。自譯。

⑥　一個取代「新結合」生物學諸學科相關結構的一個新的相關結構的種種跡象與發展，可參考下列諸資料: P. Bowler, *Evolution* (1984), pp. 322–326，還有 S. J. Gould 幾本大眾性的讀物: *Ever Since Darwin* (1973), *The Panda's Thumb* (1980)，及 *Hen's Teeth and Horse's Toes* (1984)，均為 Norton edition。對於這種「新聯合戰線」、古生物學的「新主導地位」等說法的一個懷疑性的批評, 可參考 A. Hoffman "Paleobiology at the Crossroads: a critique of some modern paleobiological research programs" 一文，收在 M. Grene 所編的 *Dimensions of Darwinism* 文集中，Cambridge Univ. Press (1983)，特別參考 pp. 257–265。

　　古德與艾卓等人對古生物學的憤慨與悲傷，基本上是表達了一個新的研究方略領導者的歷史感情，也是從一種 "黑暗的蹄印" 解脫出來後的心境。就他們的看法而言，他們當然不能欣賞、領會過去達爾文、賴爾大傳統中「地質資料不完整」的古訓在生物學發展史中所扮演的「積極意義」，因為他們已生活在另一個充滿新希望的古生物學世界中了❼。不過，從本文探討科學哲學、科學發展中「特置假設」的意義之觀點看來，古德與艾卓等人的看法不一定全對。如果達爾文的古訓不曾提出來過，那麼當初達爾文「革命」的情勢很可能改觀，「新整合」整合生物學諸學科的情形可能也不會那麼順利。換句話說，達爾文當年特別設置的古訓是構成演化論的提出與發展的一個關鍵性事件，是演化論「局部理性」發展的一個構成性的部份。透過這種局部理性的發展與擴大，生物學諸學科之間的合作，交流與成長乃成為可能。在「新整合」時期之後，演化論的局部理性幾乎已成為整個生物學界「全體理性」的構成部份❽，當然，這個新整合的「契約」中也包括了古生物學所必須付出的

❼　精力充沛而博學的古德，甚至進一步地挖掘「地質資料不完整」、「演化是緩慢而漸進」這些古典達爾文主義的「知識社會學」意義中的歷史根源。古德認為，這些說法其實多少是受了十九世紀英國「漸進改革」意識型態的影響，當初賴爾的古今一致論中也強調的「漸進變化」也有受類似的影響。其實，就生物演化的 "科學" 面而言，達爾文當初的物競天擇說根本不需要「漸進演化」這個沾染了當時意識型態的假說，這也正是當年赫胥黎曾警告過達爾文的：在達爾文 "革命性" 的書出版的前一天，赫胥黎寫信給達爾文：他會磨刀礪劍整裝以待為達爾文而戰，但他覺得達爾文「大自然不作跳躍」的說法增加了達爾文不必要的困難！另一方面，古德與艾卓很驚訝地發現，在不受「漸進改革」意識型態沾染的蘇聯，竟然有許多古生物學家採取一種類似於「間歇平衡論」的模型來作研究。參考古德 "The Episodic Nature of Evolutionary Change" 一文，收在 Gould 之 *The Panda's Thumb* 文集之中。

❽　關於「全體理性」，請參考❿。達爾文特別設置的古訓，從後果看來，似

犧牲代價。不過，在新整合時期，辛普森爲古生物學與其他生物諸學科之間的「交涉」結果已是那時古生物學所能得到的最好的條件(terms)。

　　最後，我們可以看到，配合各種策略性的特置假設的靈活運用，一種局部理性可以在歷史中逐漸成長，發展而形成一個研究傳統，在本質上可以具有孔恩所談的「常態科學」的許多特質。西方十九世紀以來演化論與古生物學間的許多關係便是一個好的例證。我們不需要接受費若本原本的建議──當「一般性」的科學理性受到挑戰之後──「甚麼路都可以走」。反過來說，如果我們眞正認眞地考慮「Any-thing goes」在科學發展、科學理性等問題中的意義，恐怕我們也仍得以「局部理性」運作的方式來說明它。

───────────────

乎是成功的。但卽使後果是失敗的，達爾文的古訓在當初演化論興起的局部理性看來，仍然是一個不錯的發展策略。這也正是局部理性具有「策略指導」的意義，而不若拉克圖式「一般理性」只具有「事後評估」的意義。關於局部理性的哲學討論參考本文第三節。

宗教語言的意義問題

·傅佩榮·

引　言

　　人藉語言表達所知、所感、所欲，希望與別人溝通訊息。所知、所感、所欲的對象內容是「實在界」(reality)，因此語言扮演媒介角色，使說者寫者所意指的實在界，能夠被聽者讀者所理解。

　　語言的複雜性與多樣性來自實在界的豐富內涵。一個人隨着生命的開展、經驗的積累，會對實在界的不同層次、不同切面與不同向度，得到不同的體認，因而需要不同的語言來表達。所謂不同的語言，是指語言的用法與脈絡必須隨着所要表達的實在界的特色而有所不同。由此看來，語言失效的情形隨時可能出現。譬如，我用日常描述語句來傳達道德誡律或審美感受，往往弄巧成拙。這是語言與實在界之間的不相稱與不對應所致。其次，我甚至可以懷疑是否有道德上的與審美上的「實在界」存在。這是對實在界設下限制，然後肯定只有一種語言是有意義的。

　　就以上兩種情形來看，第一種時常出現，值得我們進一步討論；第二種就較少有人主張了，因爲它顯然本末倒置或反客爲主，爲了牽就語言而化約了實在界。正如維根斯坦 (L. Wittgenstein) 所說：「有些事物無法放入語詞中；它們使自己顯示出來；它們是神秘之物。」❶ 如果實在界（包含這些能夠顯示自己的神秘之物）不應被輕易設下限制，那麼所謂道德上的、審美上的，甚至宗教上的「實在界」，就有存在之可

---

❶　維根斯坦 (L. Wittgenstein)、《邏輯哲學論叢》，由皮爾斯 (D. F. Pears) 與麥根尼斯 (B. F. McGuinnesss) 英譯 (London: *Routledge & Kegan Paul*, 1961)，6:582。

能性與必要性了。

在界說這些實在界時，我們首先要避開一個用語上的循環：有道德經驗，我才能肯定一個道德上的實在界存在；反之，有一個道德上的實在界存在，我才能產生道德經驗。甚至：有道德觀念，我才能體認道德經驗；反之，有道德經驗，我才能明白道德觀念。這些循環爭論不是本文的主題所在。本文的主題是：第一，自古以來就不斷有人在使用宗教語言，表達宗教經驗，這是一個客觀的事實；第二，這種宗教語言有沒有意義？亦即它僅僅表達一個主體的內在感受，還是指涉了一個超越主體之外的實在界？ 第三， 如果肯定這個實在界存在， 那麼這裏所謂的「存在」又是什麼意思？ 當然， 上述幾個問題的癥結之一， 是我們對「實在界」的定義，但是本文願意保留到最後再談這一點。

以下本文將由簡單界說宗教語言着手，再反省語言分析學派的討論過程，然後回到宗教語言本身的用法與脈絡，指出其特色與意義所在，並就其所指涉之實在界提出理解的途徑。

一、宗教語言

宗教語言是人用來表達宗教經驗的語言。它的稱述形式有許多種，像：詩意表達（如聖詩），價值判斷（如山中寶訓），直接命令（如梅瑟十誡）， 命題推演（如神學）等。這些稱述形式若要保持其宗教性格，需具備兩個條件：一是「實指的」，「亦即它在說者的主觀經驗與世界的客觀實境之外，安置了一個實在界」❷；二是「付託的」，亦即

---

❷ 杜普瑞(L. Dupré)，《人的宗教向度》，傅佩榮譯（臺北，幼獅，1986），
 p. 197。

說者的主體必須投入其中，表現說者與所說的實在界之間極爲密切的關係❸。簡言之，宗教語言總是指涉了一個特殊的實在界，如基督宗教的「上帝」，儒家的「天」，道家的「道」，佛學的「眞如」或「一眞法界」等。其次，宗教語言總是牽連一個說者的自我付託，這種自我付託可以理解爲一種信仰態度。於是，對於不同信仰系統的人，自我付託的方式與程度也隨之不同。

　　爲了進一步說明宗教語言，不妨簡單比較其他語言。首先，日常語言以描述語句爲主，講究一一對應的名實相符，任何人都可以在日常經驗中予以檢證。這是典型的客觀（或客體）語言，主體只是扮演記錄或描寫的角色，越少涉入越好。日常語言的眞確性極高，但是適用的範圍相對的也極爲狹隘。譬如，「窗外有藍天」是大家接受的事實，但是「我喜歡藍天」也是一個事實，卻不一定被大家接受，就是：即使別人不能否認我這個主體「喜歡」藍天，他們仍然可以「不喜歡」藍天，或者「不理解」我的喜歡藍天。換言之，我的主體一旦涉入，日常語言就受到局限。

　　日常語言的困難在於：語言的目的是爲了表達經驗，而任何經驗都不能離開主體；主體涉入越深，經驗也越深刻豐富，語言卻相反的越無法滿全傳意的功能。除非我們不談這些深刻豐富的經驗，否則必須擴充語言的領域。我們由此而肯定道德語言與審美語言，以相應於主體在意志上與情感上的經驗之表達所需。這兩種語言的主體涉入是相當明顯的。以道德語言爲例，說「不可欺騙」，是說我決心按照這一原則生活，同時按照這一原則判斷人之善惡。離開我這個主體，則「不可欺騙」只是空話，談不上什麼眞僞問題。但是道德語言並不因而喪失普遍

❸　同前書，p. 212。

適用性。理由十分簡單，任何一個人都「可能」（事實上也「經常」）以正面或反面的方式，接受「不可欺騙」這句道德稱述。如果你只是以客觀的態度追問：「不可欺騙」有何意義？它像「窗外有藍天」一樣是眞的嗎？這個問題的預設是：人的意志與情感世界都必須化約爲認知世界，否則沒有意義可言；並且，這裏所謂的「意義」僅僅指涉具體實現之物的存在，完全忽略使這些具體實現之物得以存在之條件，因而喪失照明未來的功能，使語言化約爲人性的枷鎖，亦卽無法開啟人性新的可能性。

如果我們接受上述說明，同意日常語言、道德語言、審美語言分別對應於人之知、意、情之實在界的表達所需，那麼宗教語言還有存在的必要嗎？有的，因爲宗教語言所對應的宗教經驗，要求吾人對一絕對實在界——旣非客觀的亦非主觀的，而是合主客爲一的或主客未分的終極實在界——作全盤而根本的付託。這種宗教經驗並不是與以上三種經驗平行的，而是包容它們在內，亦卽它們也可能在自身的深度顯示宗教經驗。

試舉數例以明。基督宗教關於上帝與天國之種種說法，以及整部聖經的記載，後代教會的史實等，都是宗教語言，要求人由信仰的眼光去理解，並奉之爲生命指標。從最簡單的「上帝存在」，到「上帝是愛」，「耶穌救人」，是大家常見的宗教語言。

佛教的四聖諦「苦集滅道」，要人認清世間「諸行無常，諸法無我」，然後不再造業，脫離因緣果報之網，入於涅槃寂靜之勝境。這種種說法，都在釋迦牟尼佛晚年宣示的「未嘗道得一字」，顯示其究竟義，因爲絕對實在界原不可說。然而，種種方便說法仍有引渡之功效，則不可否認。試聽各寺廟中梵唱誦經之聲，句句皆是宗教語言。有些表面看來是勸人爲善，根本精神則是勸人解脫。

　　儒家是中國古代承先啟後的學派，所承之詩經、書經，凡言及「天、帝」者，亦有「實指的」與「付託的」雙重性格，明顯屬於宗教語言。再以孔子爲例，凡是提及「天」的地方，皆有深刻的關懷在。如「天之未喪斯文也，匡人其如予何！」「獲罪於天，無所禱也」「予所否者，天厭之！」等等。孔子的「天」也顯然是「實指的」，亦卽並非他主觀的幻想，但是也不只是外在之物，而是整個存在界（世界、人類、歷史、文化）之底基❹。不過要留心的是，孔子與孟子並無把宗教與其他領域（如哲學、政治、社會）分離的想法，因此我們也不能以今日的「宗教」觀點，說孔子與孟子談到「天」的語句只是宗教語言而已。

　　道家老子所言之「道」與莊子所言之「天」的相關語句，也有明顯的宗教性格。譬如老子的「道可道，非常道；」「有物混成，先天地生；」「道生……萬物；」「道者萬物之奧」等，兼屬形上學的與宗教的語言。莊子說「上與造物者遊，」「獨與天地精神往來」等，也有類似的涵義❺。如果通稱這些不同觀念系統裏的語句爲宗教語言，它們的意義要如何界定呢？

二、語言分析學派的討論

　　語言分析學家關於宗教語言的討論，是當代西方哲學的重大成就之一。我們不可能全盤檢討這些意見，只能根據兩個主要趨向來說明目前的研究情形。這兩個主要趨向正好吻合維根斯坦的前期與後期思想，就是首先在《邏輯哲學論叢》否定像宗教語言之類的語言有任何意義，後

---

❹　參看傅佩榮，《儒道天論發微》（臺北：學生，1985），pp. 107-114。
❺　同前書，pp. 224-230, pp. 255-261。

來又在《哲學探討》承認像宗教語言之類的語言可以有自己的一貫而合法的使用規則。當然，語言分析學家的討論遠比維氏的基本意見深入周全，值得稍加回顧。

第一個趨向是否定宗教語言在認知上有任何意義。這個趨向提出語言的意義判準，然後把宗教語言排除在外。語言的意義判準有較粗糙的「檢證原則」(verification principle) 與較精細的「否證原則」(falsification principle)。兩者可以分別以艾耶 (A. J. Ayer) 與傅如 (A. Flew) 的看法爲代表。

艾耶在《語言、眞理與邏輯》一書，提出「檢證原則」：凡是有意義的稱述，都必須在感覺經驗上得到檢證，不然就必須是數學上與邏輯上具有邏輯必然性的稱述❻。宗教語言中的宗教稱述，像「上帝是愛」「上帝存在」等，顯然無法符合這兩項條件中的任何一項，因此毫無意義。換言之，上帝不可見、不可觸，又無法由像「一加一等於二」的方式推算成立，因此任何關於上帝的說法都沒有意義可言。

艾耶這種看法過於狹隘，因爲不僅宗教語言，連形上學語言、道德語言、審美語言，甚至一些社會科學中的語言，都被排除於意義之外了。艾耶這個檢證原則雖然嚴格但是它本身也無法檢證！因此艾耶自己在《語言、眞理與邏輯》第二版的導論中承認：一個稱述若不符合他所列的二項條件，仍可能是有意義的──但是這時所謂的「意義」，與科學上的及常識上的稱述之意義不同❼。這種讓步於事無補，因爲我們勢必要先爭論「意義的意義」，然後才能論斷宗教語言有何特定意義。我們贊成杜普瑞 (L. Dupré) 對艾耶的質疑：

---

❻ 艾耶 (A. J. Ayer)，《語言、眞理與邏輯》(New York: Dover, 1953)，pp. 114-120。

❼ 同前書，p. 16。

　　為何有意義的事物應該局限於經驗上可檢證的事物？這在文化史
上從來（包括目前）就是行不通的。這種限制原則將來也無法大
行其道。實證論者所謂的檢證，是構成意義的可能條件之一。但
它並非唯一的可能條件❽。

　　換言之，在感覺經驗或物理領域之外，仍有維根斯坦所云「顯示自
己的神秘之物」這個廣大的實在界必須考慮。

　　那麼，「否證原則」又是什麼？它最初是巴柏（K. Popper）提出
的，主張：任何稱述，若無特定資料能在原則上將其否證者，即為無意
義的稱述。傅如把這個「可誤性原則」用於宗教語言上。就邏輯層次來
說，假使「上帝愛人」這一稱述肯定了這是一事實，那麼它也必須是
「可誤的」，就是必須在邏輯上否定它的矛盾稱述不是一事實。就經驗
層次來說，假使提出此一稱述的人無法告訴我們，在何種事件或事件系
列發生時，可以論斷像「上帝愛人」這樣的稱述為偽，那麼我們就須肯
定這樣的稱述是「非可誤的」，因而也是無意義的。換言之，一個信徒
不會因為看到好人受苦而否認「上帝是愛」，卻反而會辯說：上帝的愛
異於人間的愛，上帝的旨意深不可測，受苦正是上帝的考驗與祝福等。
在信徒眼中，「上帝假設」是無法被否證的，因而也是無意義的❾。

　　「否證原則」對宗教語言的挑戰與壓力是可以想見的。在各家的爭
論中，杜普瑞的看法相當持平：

　　　雖然在宗教脈絡之外，沒有人能夠設計一套實驗，使宗教稱述成

---

❽　杜普瑞，pp. 64–65。

❾　傅如（A. Flew）編，《哲學神學新論文集》(New York: Macmillan,
　　1964), pp. 98–99。

為原則上可誤的；但是在宗教脈絡之內，我們知道它的檢驗會是什麼樣子。假使宗教稱述所處理的部分經驗不是日常或科學語言所能說明的，我們就必須採用不同的檢驗方式。……宗教人非常明白自己的信仰是原則上可誤的。他的特殊痛苦就是永遠不知道這個信仰明天是否還可以通過檢驗。約伯（Job）在上帝的嚴厲考驗之下，覺得自己的信仰動搖了。但是他撐過去了。無論如何，檢驗之使用一定要在某種個別的宗教信仰及其特定的許諾中。……因此，宗教論述原則上是可誤的，不僅在個人層次，而且在普遍層次。也許尚無事實可以在普遍層次上「實際地」否證基督信仰；但是這個原則並不要求某一假設實際上為偽，卻只要求吾人能夠說出它在何種條件之下為偽❿。

由此看來，否證原則還是無法澈底將宗教語言排除於意義之外。

接著，我們要轉到第二個趨向，就是承認宗教語言的存在為一事實，然後看看它表現了什麼樣的用法與功能，因而具有某種意義。分析學家開始主張：宗教語言的主要「用法」，是一種表示道德或態度的用法。

海爾（R. M. Hare）認為：宗教稱述並非有關世界的論述，而是流露了吾人對世界與人生的一般態度與觀點。這種態度與觀點稱為「私見」（blik）。不同的私見無法由觀察世界現狀而得到檢證，因此無所謂真偽，只能說有的健康有的不健康⓫。

布雷斯維（R. B. Braithwaite）認為：宗教稱述與道德稱述具有類

---

❿ 杜普瑞，pp. 67-68。

⓫ 海爾（R. M. Hare），〈神學與否證〉，收於《哲學神學新論文集》，p. 101。

似性質，都是「非描述的」，但仍有其用法與意義，就是「表達意圖」：

> 道德稱述的意義在於它之用來表達稱述者的行動意圖，只要他心
> 中存着某種道德原則即可；同樣的，宗教稱述的意義，也在於它
> 之用來表達稱述的意圖，想要依循某一特定的行為模式⑫。

　　至於宗教稱述的特色，則在於比較內在化，所以要經由故事、隱喻、寓言而統合於一稱述之整體系統中。換言之，人在面臨生命困境時，如果由故事來象徵基本的選擇，確實是比較容易依循的。至於故事的眞偽，則並不重要。

　　以上兩家說法都是肯定宗教語言的用法與意義，但是反過來卻否定了它的眞理性。於是，宗教語言變成描述「信則有，不信則無」的東西，只能用來表達個人的生活信念與意圖。如果以此來反思宗教人的觀點，就會發現格格不入。宗教人在陳述關於「上帝」、「天」、「道」、「佛」時，所肯定的眞實性，絕不下於日常經驗世界的眞實性。關於這種眞實性，藍道 (J. H. Randall) 把它說成是：指引行動之標識，以及人的創造潛力之意象。他說，宗教語言「使我們能夠辨認實際事物之外的可能性，尚未完全實現的力量；它在這樣做時，顯示了事物的本性『眞正是』什麼模樣。」⑬ 這已經肯定宗教語言可以照明實在界了；若它本身與實在界無涉的話，又如何可以達成此一任務呢？但是，宗教語言所對應的眞實性還不僅是如此，像是表達世界的一個宗教向度而已；

---

⑫　布雷斯維 (R. B. Braithwaite)，《一個經驗論者對宗教性質的看法》
　　(Cambridge: *Cambridge Univ*, 1955), p. 10。

⑬　藍道 (J. H. Randall)，《西方宗教中知識的角色》(Boston: *Starr
　　King*, 1958), pp. 117–118。

它所對應的實在界是絕對的。我們稍後會談到這一點。現在，暫且順着思路發展下去，從宗教人的心態去設法理解宗教語言。

藍西 (I. Ramsey) 在《宗教語言：神學語句在經驗中的地位》一書中，處理兩個有關宗教語言的問題：一，宗教所對應的經驗處境是什麼？二，那一種語言適於用來表達這種處境？就第一個問題看來，宗教語言所顯示的處境包含一種「奇特辨認」與一種「全盤付託」，也即是極度個人化的處境⑭。奇特的個人辨認無法以敍事語言來描述，但其實在性不容否認；我們在這些處境中發現自己辨認了生命的意義。此外，這種處境異於詩歌或道德語言的處境，因為它表達我的「全盤」付託，奠定我的全部生命的基礎，同時還具有「普遍」指涉，亦即可以廣為傳揚，也適用於一切人的生命基礎所需。由奇特的辨認、全盤的付託、普遍的指涉三者的組合，就構成宗教稱述在經驗中的地位⑮。

宗教語言所對應的處境，確實近似藍西所描述的。我說「近似」，因為藍西從宗教心態的角度進行觀察，結果釐清了這種心態的特色，但是對於造成這種心態的「實在界」則無法作進一步的說明。譬如，「上帝是愛」可以被轉譯成：「愛是如此令人驚異、如此神聖，它要求我的靈魂、我的生命、我的一切。」⑯如此一來，上帝如何超越主體而被肯定呢？換言之，宗教語言固然必須有主體投入，但是它不能局限於主體之內，亦即它總是隱然而根本地「指向」一個「不能與自我化為同一」的實在界。於是，問題變成：什麼樣的語言適於用來表達這種宗教上的處境以及做為它的基礎的特殊實在界呢？我們將在下一節談到藍西的回

---

⑭ 藍西 (Iam Ramsey)，《宗教語言：神學語句在經驗中的地位》(New York: *Macmillan*, 1967), pp. 11-54。

⑮ 崔西 (David Tracy)，《追求秩序之神聖狂熱》(New York: *The Seabury*, 1979), p. 122。

⑯ 藍西，p. 52。

答，目前已經可以肯定的是：宗教語言有自己的用法與意義，同時並非與眞僞無關，亦卽對應於一個眞實的處境。現在要探討的是，宗教語言如何表達它所對應的實在界？

三、宗教語言的幾種表達方式

宗教語言不僅要求主體涉入，並且對應於一旣超越又絕對的實在界；這兩項特性相符且一貫，因爲旣是絕對的實在界，自然含括說者的主體，旣是超越的實在界，自然不能以客體語言盡述。因此，宗教語言的特殊用法往往由於使用者的立場、需要與智慧，而有所不同。以下我們介紹比較明確而重要的四種：否定法、疑似法、類比法、修飾法。

1. 「否定法」就是以消極或否定的方式，襯托出絕對者的特性。一般都是採用「不」或「無」之類的字眼，加在日常語詞上。例如，西方自柏羅丁（Plotin）以後所形成的「密契主義」（mysticism）傳統，在形容「太一」或「上帝」時，就往往採用否定法。這是因爲「太一」先於知性之二分狀態，無法成爲相對於言說主體之客體，所以根本不可能被稱述。若勉強要稱述，也只能說它不是這個、不是那個、不是內存世界的一切。但是這絕不表示它沒有積極內容。佛教的「空」境可爲說明：

> 它是絕對空，超越一切形式的相互關係、主體與客體、生與死、
> 上帝與世界、有與無、是與否、肯定與否定。在佛教徒的空裏，
> 沒有時間、沒有空間、沒有生成、沒有實物；但是它使這一切成
> 爲可能；它是充滿無限可能性的零點；它是充滿無窮內容的虛

空❶。

這一段對「空」的描述，非常適於用在道家老子對「道」的描述上，就是以「無」對「有」的優位，暗示「無」並非虛無，只是混然不分、未經限定、無以名狀的「道」。我們稍後會回到這一點。

中國古人並不缺乏對絕對界的體認與信念。譬如尚書洪範篇描述「皇極」做為國家政治的最高準則，亦即由「天」所啟發的理想境界時，也是用的否定法，如：

> 無偏無黨，王道蕩蕩；
> 無黨無偏，王道平平；
> 無反無側，王道正直。

這幾個「無」字，顯示古人肯定皇極或「大中」為來自絕對界（天）的啟示❸。

類似的用法在基督宗教的密契家筆下更是常見，但是他們顯然以「否定法」為一方法，先破再立，目的還是要建立上帝與人間萬物之深奧關係。以艾卡特（Eckhart）為例，一方面，

> 上帝與他的受造物截然不同，因此我們無法以任何積極的概念有意義地談論他。即使把這些概念除去有限的限定，然後以其最卓越內容稱述他，也不可以；因為概念本身原本具有受造物的性

---

❶ 鈴木大拙，《論印度大乘佛學》（New York: *Harper & Row,* 1968），p. 270。

❸ 傅佩榮，《儒道天論發微》，pp. 38–39。

格。這兩者之間不相似的情形，並非由於上帝缺乏類似受造物的實在性，而是由於受造物根本沒有任何真正的實在性 [19]。

另一方面，受造物又與上帝相同，因為它們的真正存有就是上帝。上帝內存於受造物之中，其間的密切類似關係，必須勝過任何兩個受造物之間所可能有的關係 [20]。如果進而肯定這種關係是「愛」，則需要整個信仰系統確立之後才能談到。由此亦可看出「否定法」的限制所在，就是對於宗教圈外之人「只可意會，不可言傳」，但是又不知該如何「意會」，或「意會」什麼。

　　否定法雖然有些消極，但卻是有體驗的宗教人的共同語言；為了讓圈外人不致完全排拒這種「不立文字」的作風，還有以下三種輔助的方法可以參考。

　　2. 疑似法。為了避免否定法過於消極，對絕對界形成不可捉摸的空洞印象，「疑似法」比較有迹可尋。疑似法就是使用「好像」、「似乎」之類的「或詞」，雖不明確肯定絕對者，但亦指出理解的方向，讓圈外人可以憑藉想像力略知其義。道家老子就曾使用疑似法來輔助否定法。譬如，老子明明知道「道可道，非常道」，又說「知者不言，言者不知」，但他還是說了不少關於「道」的話；其中最能幫助我們理解「道」的是以下幾章：

　　　有物混成，先天地生。寂兮寥兮，獨立而不改，周行而不殆，可以為天下母。吾不知其名，字之曰道。（二十五章）

---

[19]　杜普瑞，p. 499。

[20]　同前書，pp. 500–501。

這短短一段話告訴我們以下幾點：㈠道存在於天地萬物之先；㈡道是未分而完整的太一；㈢道是「自身的因」(causa sui)（獨立），因而又是永恒的（不改）；㈣道是無限的與含括萬有的（周行而不殆）；㈤道被視爲萬物之母；㈥道是無名的。這六點與西方哲學的存有觀或上帝觀不相上下。更精采的是下面一章：

> 道冲而用之，或不盈（因爲它是無限的）。淵兮似萬物之宗（因爲它是自身的因）……湛兮似或存（因爲它的本質包含存在）。吾不知其誰之子，象帝之先。（四章）

這一段引文的括弧中的話是我的詮釋，原文的四個或詞則加小圈表示，如「或、似、似或、象」。道，就其本身而論，絕不能被稱述，因爲稱述預設主客對立。換言之，從人的立場不足以認識道，因此老子使用一些不確定的或詞來象徵道的本身，使我們盡量由「用之不盈」、「萬物之宗」、「存」、「帝之先」去想像。老子進一步說，道的本身是「恍兮、惚兮、窈兮、冥兮」，但是我們仍可在其中發現「物、象、精、信」（二十一章）。這一類不確定的描述，相當清楚地顯示了道的實存性，而前述或詞正所以暗示我們悟道的方向❹。如果否定法能藉否定表示宗教語言的辯證性格，那麼疑似法則有益於指出這種辯證過程的大趨勢，使絕對的實在界如「烘雲托月」般展現出來。對於西方講求清晰明辨的概念的人，恐怕還須參考以下二種方法。

3. 類比法。自多瑪斯 (Thomas Aquinas) 以來，士林哲學家喜歡以類比法談論上帝。他們的想法大致是：「不論在存有的次序上，在

---

❹ 傅佩榮，〈斯賓諾莎與老子〉，《哲學與文化》12卷9期 (1985年9月)，p. 42。

認知的次序上、或在稱述的次序上，任何問題的根本解決，無不依賴類比原理。」❷ 然而，類比法本身相當複雜，使人稍一不慎就會陷於誤解。宇宙萬物之間的關係，既非全同亦非全異，因此介於單義與多義之間的類比法，當然極為重要。但是我們能以類比法描述上帝嗎？卡耶坦 (Cajetan) 在「論類比之名」區分不等類比、歸屬類比、與比例類比，但是，不等類比限於說明已知之物，歸屬類比難免觸及循環論證——「為了類比地習得有關上帝的某些事物，你必須先真實地知道有關他的某些事物。」❷ 只有比例類比值得進一步考慮。

　　比例類比所涉及的不是兩個名詞，而是兩種「關係」，其最終根基在於「每一存有者自身的本質與存在之間的比例」。例如：「天使之知一如天使之所是，人之知一如人之所是」；又如：「上帝的善與上帝之間的關係，一如人的善與人之間的關係。」但是我絲毫不能由此得知任何有關天使或上帝的積極知識，甚至無法確知其存在，因為天使或上帝與人之間的「關係」無迹可尋。於是，類比淪為多義，多瑪斯承認：「因為造物者無限超越受造物，所以受造物對造物者毫無比例可言。」❷ 或許多瑪斯「只是以比例類比為一種邏輯助力，藉以說明上帝具有得自受造物的某些特性。」❷ 但是這樣一來，我們越是明白自己在以類比語詞理解上帝，就越是明白自己在某一意義下不認識上帝❷。或許多瑪

❷　費蘭 (G. B. Phelan)，「多瑪斯與類比法」(Milwaukee: *Marquette Univ*, 1943), p. 1。

❷　杜普瑞，p. 200。

❷　布爾克 (V. J. Bourke) 編，「簡略本亞奎納」(*The Pocket Aquinas*) (New York: Washington Square, 1960), p. 166。

❷　李肯士 (H. Lyttkens)，《上帝與世界之間的類比》(Uppsala: *Almqvist & Wiksells Boktrycheri AB*, 1952), p. 475。

❷　傅佩榮，〈新多瑪斯學派的個體化與統合化原理試評〉，收於《現代哲學述評》(臺北：東大，1986), p. 157。

斯以比例類比為一種訓練工具，一種使人保持思考理解的方法。杜普瑞說：

> 類比法並未告訴我們任何有關上帝或有關我們談論他的方式之新的東西。它並非一種直接談論上帝的方法，而是宗教語句的基礎。它僅僅提醒我們：一切有關上帝的表達都依舊是有關人的表達[27]。

問題於是變成：如何以有關人的表達為基礎，轉化成為有關上帝的表達？在處理這個問題之前，應該略加肯定類比法的作用。類比法不像疑似法，它提供的不是悟道的方向，而是悟道的脈絡。它使我們在人生事象豐富的關係中，隨時隨地都可以體察道的臨在與樣態。像「一砂一世界，一花一天堂，一葉一如來」之類的說法，就使我們的探索不致茫無頭緒，或完全落空。但是，回到剛才的問題：我們要如何轉化這一類語句呢？我們要如何使日常語言轉化為宗教語言呢？答案就是最後一種方法了。

4. 修飾法。修飾法是肯定日常語言的普遍適用性，然後以「修飾語」質疑人們原先接受的實在界觀點，指出其限制所在，藉此對日常語言「否定及超越」，使絕對實在界得以展現。修飾法既然意圖否定及超越日常語言，它本身乃變成「吊詭的」或荒謬的。齊克果 (Kierkegaard) 對此體認極深。永恒真理絕不可能被某一生活在時間中的個人直接消化理解。對某一主體攸關生死的事，無法以客觀的日常語言恰當表達。因此，吊詭語言一方面使人轉向內在主體，一方面使人面臨奇特處境[28]。

---

[27] 杜普瑞，p. 202。
[28] 同前書，pp. 204-205。

杜普瑞所舉的例子如下：

> 這一點在「出谷記」第三章敍述上帝透露他的名字時，最為鮮明
> 可見。當時的處境有一些熟悉的要素：沙漠、草叢、一個聲音、
> 一個顯示的名字。但是，熟悉之物與不熟悉之物深相混融，以致
> 沒有人可能誤認那是一個日常事件。草叢在燃燒，但絲毫無損。
> 聲音並不屬於一個身體。名字根本不是名字，只是一個宣示：說
> 着宣佈他超越一切名字之上❷。

這種以修飾語對日常處境或日常語言「先肯定再否定」、「先接受再超
越」的作法，似乎是宗教語言的根本特色。

道家莊子是一位悟道之人，他一方面坦承自己的用語是「謬悠之
說、荒唐之言、無端崖之詞」，但是另一方面則不乏以修飾法表現「道」
的說法，如：

> 齏萬物而不為戾，澤及萬世而不為仁，長於上古而不為老，覆載
> 天地刻雕眾形而不為巧。（「大宗師」）功蓋天下而似不自己，
> 化貸萬物而民弗恃。（「應帝王」）

這種方法的積極作用是相當清楚的。前節提過的藍西（Ramsey）在《宗
教語言》一書也談到「修飾法」。他的意見是：為了表達全盤付託與普
遍指涉，必須「修飾」日常的客觀語言到無限的程度。譬如，當宗教人
說「上帝是無限慈愛的」，他是指向自己曾經愛過與被愛過的一種經驗

● 同前書，p. 203。

處境，然後提醒我們：對上帝的全盤付託，要求我們修飾這種愛，表達這種愛與其他任何愛（如愛朋友、愛國家、愛教會等）都有所不同，因此需要使用像「上帝是無限慈愛的」這種奇特的語言[30]。然而，我們不得不承認，宗教語言若表現越積極的內涵，則越可能引起誤解。

四、宗教語言的實在界指涉

以上簡單介紹了宗教語言的四種用法與脈絡，我們可以看出它的意義所在。就它需要主體投入這一點，沒有什麼困難；但是就它能否突破主體圈限，指涉一個實在界，則仍須說明。

由於主體投入，宗教語言具備符號的或象徵的（symbolic）性格。譬如，大家都同意：詩與小說要比論文更適於承載主體的感受。宗教語言的主體投入，又遠甚於詩與小說。但是宗教符號的主體性正好意指其反面，如杜普瑞所說：「宗教語言之所以是符號的，並非由於缺乏所指之物，而是由於它指涉了一個超乎客觀的實在界。」[31]更好說是，它指涉了一個超乎主觀客觀並且含括主體客體的絕對實在界。這種絕對實在界難以描述，與其說它的存在有問題，不如說人的語言有限制。「不可說」與「不存在」絕不是同樣的。

雖然「不可說」，但宗教人還是不停在說、不停在寫，而聽者與讀者也有越來越多的跡象。沒有信仰之接引，當然不易領會宗教語言的符號性與辯證性所蘊涵的實在界。有了信仰之接引，也須記得宗教語言的特性，以免陷於偶像崇拜，把絕對實在界化約為客觀事物，把絕對真理

---

[30] 藍西，pp. 75-101。

[31] 杜普瑞，p. 213。

化約爲相對眞理。

　　如果堅持追問：這種實在界的所謂「存在」是什麼意思？我想，希克（J. Hick）所說的「製造差異」是最好的答覆❸。我們說「桌子存在」，因爲桌子使我們繞它而行，不能直走過去；這就是它所製造的差異。我們說「勇敢存在」，或者「這個人是勇敢的」，因爲當大家看到小孩掉在水中時，只有他躍入水中救人；這就是勇敢或其他不可見的德行所製造的差異。勇敢平時不呈現，但不呈現並非不存在，否則一切勇敢的事蹟無由而生。那麼，宗教語言所謂的「上帝存在」、「上帝是愛」之類的話，是否也製造了差異呢？答案是肯定的。上帝、天、道、佛之類的名稱，在人類過去的、現在的、與可以想見之未來的經驗中，不斷製造差異，因而其所指也是存在的。

　　宗教語言使一個人激起情感，付諸行動，對於所信之規範堅持到底；使一羣人結爲團體，合作無間，獻身具體的社會事業；使這個團體分享共同的經驗與見證，增益生活的品質；同時還可以使人由世界與人生中看出超越界的光輝與昭示，再回過頭來充實及提升日常境界，奠下一切意義與價值的基礎❸。我們如果同意上述差異是由宗教語言及其指涉的實在界所造成的，就必須也承認這種實在界是存在的。換言之，宗教語言是有意義的，只是我們在使用時，不能忽略種種附帶的條件。本文卽係爲此而作的簡單討論。

---

❸　希克（John Hick），《宗教哲學》（*Englewood Cliffs*, N. J.：Prentice Hall, 1963），p. 106。

❸　藍道，pp. 115-128。

論道德推理

·楊 樹 同·

一

　　一般說來，快樂、幸福、健康及財富等是人們認為有價值的事物，這些事物我們都會盡力去追求的；至於像孝順父母、効忠國家、增進人類和諧、以及維護生態平衡等則是我們應該要表現的行為，此等行為不僅是每一個人的責任，同時也是義務。然而人們認為有價值的事物與應該表現的行為不僅只是上面所提到的那一些，實際上人們所追求的價值與所表現的行為可以說是與日俱增的。固然有某些價值是人類（至少大部份）共同的價值，也有一些行為大家都認為應該做的，然而人們對何種事物才是有價值的，以及何種行為才是應該表現的畢竟有不同的意見與看法。此即所謂道德見解與觀點的衝突。道德觀相左的各方人士，為了辯護自己的觀點，或是改變對方的信念，所採用的手段儘管不同，但最主要的還是擺事實，講道理，因為我們是「理性的動物」。理性動物是會思惟的，思惟要以理性為基礎，即是要有證據、要合理，對任何爭辯都是一樣的，由於我們貴的是「以理服人」，不是「以力壓人」。是以道德論辯仍是以理性為依據的一種思惟活動，這就是本文探討的重點所在──「道德推理」（moral reasoning）。

　　能滿足慾望的事物以及應該表現的行為，這些事物與行為本身都是一種價值──道德價值。道德價值問題的討論，其目的不僅只在獲得知識，知道那些事物是有價值，那些行為是我們非做不可的，更重要的是，一旦我們有了這方面的知識，我們就要去實行，付諸行動才是最緊要的，所以道德問題是實踐的問題。然則我們究竟要實踐什麼呢？透過推理我們就有答案了。

亞里斯多德（Aristotle）告訴我們，「三段論」（syllogism）是一種演繹法（deduction），這是一種思惟方法，即從所述說的部份必然推得另一述說做為結論的方法❶。他把從事實陳述的前提推得事實陳述的結論的三段論叫作「理論三段論」（theoretical syllogism），此種三段論的結論是一個陳述句（statement），由此我們可以獲得有關經驗世界的科學知識。另有一種三段論他稱之為「實踐三段論」（practical syllogism），此種三段論與前一種不同在於：(1) 大前提是一「價值判斷」（value judgment）或是一個有關「應該」（should）的語句；(2) 由大前提加上有關事實陳述的小前提直接導出結論——是一個「行動」（action）❷。實踐三段論的結論是我們要實踐的行動，何以要有此一行動，其主要理由在於大前提，它是價值判斷，不是純事實的描述，於此我們得知，亞里斯多德主張，只從經驗前提是得不到有關行動的結論的。

除了行動之外，仍有許多有關價值的判斷可以做為道德推理的結論。當今許多學者認為，一些語詞如「善」（good）、「惡」（evil）、「應該」（ought）、「對」（right）、「錯」（wrong）以及「值得欲求的」（desirable）等等是所謂的「倫理語詞」（ethical term），具有此等語詞的陳述是為「倫理陳述（句）」（ethical statement），它是「倫理意見」（ethical opinion）得以外顯的「語文表式」（verbal expr-

---

❶　參看 Aristotle, *Sophistical Refutations.* *161ª1. Topics. 100ª25. Prior Analytics. 24ᵇ19.*

❷　參看 Aristotle, *Movement of Animals. VII. Nicomachean Ethics. Bk. VI*, Chap. XII. Aristotle Ethics. (*Tr. by J. A. K. Thomson, revised with notes and appendices by Hugh Tredennick.* First published by Allen & Unwin 1953, published in Penguin Classics 1955, revised ed. 1976) Appendix G. G. E. M. Anscombe, *'On Practical Reasoning', in Practical Reasoning, ed.* by Joseph Raz. (Oxford University Press, 1978) pp. 33–45。

ession)，而倫理意見則是對「倫理問題」(ethical problem) 所提出來的看法或是見解❸。對於倫理問題的討論，各人的主張容有不同，但究竟我們要用什麼樣的推理形式，根據什麼樣性質的前提，比如只用事實的前提，或是前提之一至少要是倫理的陳述，我們所得到的倫理結論始得謂合法？伯廉特 (Richard B. Brandt) 認爲，只要結論是倫理陳述（即含有倫理語詞的陳述句），則用以推衍出倫理陳述做爲結論的推理就是倫理推理 (ethical reasoning)，不論它是演繹的 (deductive) 還是歸納的 (inductive)。他說，不論我們用的是演繹推理還是歸納推理，假如前提不出現倫理語詞，那麼結論必不會出現倫理語詞。科學陳述是事實陳述，不出現倫理語詞，而倫理陳述一定有倫理語詞，所以從科學前提（即事實前提）得不到倫理結論❹。此種論斷背後有一個極爲重要而且引起廣泛爭論的「假定」(presumption)，這個假定演變成爲本世紀六十年代以後道德哲學的一個首要課題。

　　一般說來這個課題的源頭可以上溯到休姆 (David Hume)。休姆在其名著《人性論》中有一段出名的文字，咸被認爲是這個不休論爭的濫觴。休姆道：

---

❸　這裏採用的是伯廉特 (Richard B. Brandt) 的用語，請參看 Richard B. Brandt, *Ethical Theory*. (Englewood Cliffs, New Jersey: Prentice-Hall, Inc. 1959). Chap. One. 其他參看 Fred Feldman, *Introductory Ethics*. (Englewood Cliffs. New Jersey: Prentice-Hall, Inc. 1978) Chap. 1. Paul W. Taylor, *Normative Discourse*. (Englewood Cliffs, New Jersey: Prentice-Hall, Inc. 1961. First Greenwood reprinting 1973. Paperback edition 1976) Chaps. 1, 2, and 12。

❹　同❸，伯廉特同書，第 3 章。又凡本文中「倫理的」(ethical) 一詞其意同於「道德的」(moral)。

我實在抑制不住要對這些推理加以考察，這項考察本身或許會被認為具有相當的重要性。至今就我所接觸到的每一個道德系統來說，我一直留意到那些作者乃以一般的推理方式進行了好一段時間，並且確證了上帝的存在，或是對有關人事方面的問題也提出了某些看法；突然間我驚奇地發現到，在我所見到的命題沒有一個不是用「應該」(ought) 或「不應該」(ought not)來連結，以代替通常的繫詞「是」(is) 或「不是」(is not)。這種改變是不知不覺的；但無論如何卻是極為重要的。因為，這個「應該」或「不應該」表達了某種新關係或是新斷言，因而對其加以研究並且給予解釋是必要的；同時就其似乎全然是不可思議的來說——意即那新關係如何能夠從與它完全不同的東西推衍出來，就這件事應該要有一個理由確實也是必要的。但由於作者們事先通常沒有防備，我膽敢提醒讀者早作防範；並且我也相信，對此稍加注意將會推翻一切世俗的道德系統，同時讓我們瞭解到，善惡的區別不祇是建立在事物的關係上，也不單由理性就可分辨出來 ❺ 。

　　休姆這段文字是前面提到的那個「假定」的由來。那個假定是：在自然事實的陳述與道德價值的判斷之間，存在有一個邏輯的鴻溝，此種分別即是一般所謂的「實然——應然鴻溝」(the is—ought gap)。意思是說，有關事實的報導或描述，語言上我們用的是「繫動詞」(linking verb) 以「是——實然」(is) 為代表，但不必然用的都是「be 動詞」(verb to be)。對於經驗事態、事件、或現象的描述或報導所形成的陳

---

❺ 參看 D. Hume, *A Treatise of Human Nature.* Bk. III, pt. I, sect. I, 最後一段文字。

述句都可做「眞」(true) 或「假」(false) 的判斷，此類語句在文法上的分類是爲「直述句」(declarative sentense)。至於價值的判斷，以「應該——應然」(ought) 爲代表，卽是說任何道德價值的判斷，在語句形式上不是有「應該」(ought) 字眼的出現，就是會有其他倫理語詞的出現，此種語句的作用不在描述事實，它或是下達命令，或是宣泄情緒，或是形成態度，或是提出忠告，不一而足，總之都不能做眞假的判斷，今以「應該」爲代表，稱此類語句爲「應然語句」(ought sentence)，文法的分類是爲「命令句」(imperative sentence)。實然——應然鴻溝是說，以實然的前提推衍不出應然的結論，也就是說，事實的前提邏輯上推不出道德的結論。

然而休姆在上引文字中所要表達的眞是這個意思嗎? 時至今日，學者對休姆的了解有着顯著的紛歧。赫德森 (W. D. Hudson) 把學者們對休姆上引文字的解釋分作不同的兩類:

(一) 旣成解釋 (accepted interpretation)

此種解釋認爲，休姆在那段文字中主張 (1)「是」(is) 推不出「應該」(ought)，(2) 論證只有兩類，不是演繹的 (deductive) 就是有缺點的 (defective)，是以休姆意在揭示實然——應然的邏輯鴻溝。做這樣解釋的哲學家有穆爾 (G. E. Moore)、史蒂文生 (C. L. Stevenson) 以及赫爾 (R. M. Hare) 等。

(二) 新解釋 (new interpretation)

對休姆的文字做新解釋的哲學家們認爲，休姆不但不主張實然與應然之間有鴻溝存在，反而強調實然與應然可以有邏輯的關聯性。至於如何關聯，採取新解釋的哲學家之間意見又有不同。亨脫 (G. Hunter) 將

休姆了解成主觀主義者 (subjectivist)，認爲道德判斷乃是感情的報導。
福祿 (A. G. N. Flew) 卻認爲休姆比較接近情緒主義 (emotivism)，
將道德判斷解釋成讚美或譴責之類感情的表達或宣洩。而麥金泰爾 (A.
C. MacIntyre) 不接受旣成解釋裏面的第二論點，認爲休姆在上引文字
中所用到的 'deduction' 一詞只是推論 (inference) 的意思，旣是推
論，則自然就不應該只是演繹推論，歸納推論也是推論。有了這個了
解，再加上「公眾利益」(common interest) 的概念，麥金泰爾設想
休姆可以彌縫那道實然──應然的鴻溝，卽從大眾利益的考慮可以推論
出究竟我們該怎麼做了❻。

　　這些爭論，尤其是對休姆文字做新的解釋的學者，其用心所在只是
圍繞着休姆的用字與文句在那推敲打轉，企圖探尋休姆的眞正用意，或
是替休姆的觀點加以潤飾以圓其學說，他們似乎忘了一件更有意義的工
作，到底只從事實的前提邏輯上是否可以推衍出道德的結論，這才是一
個眞正重要而又亟待解決的哲學問題，新舊解釋的爭論畢竟沒能衝破這
個歷史興趣的瓶頸。到了 1964 年，瑟爾 (John R. Searle) 提出了一
篇重要的論文❼，這個局面才有了改觀。瑟爾在論文中宣稱，對那個向
來被認爲從「是」(is) 導不出「應該」(ought) 的論題 (thesis)，他能
夠提出反例 (counter-example) 加以反駁。此文一出果然得到了熱烈
的反應，他的反例立卽成爲大家競相討論的焦點問題。之所以如此，主

---

❻　參看 W. D. Hudson, *Modern Moral Philosophy*. (Garden City,
　　New York: Doubleday & Company, 1970. Second edition 1983.
　　Published by The Macmillan Press Ltd.)pp. 249–265。

❼　John R. Searle, "*How to derive 'ought' from 'is'* ". (Philosophical
　　Review, LXXlll, 1964.) 此文收集在 *The Is–Ought Question*, ed. by
　　W. D. Hudson. (The Macmillan Press Ltd. First ed. 1969, repr-
　　inted 1972, 1973.) pp. 120–134。

要是因爲這個反例要是成立，那麼從實然到應然的鴻溝卽不復存在，二十世紀的道德哲學就要改寫了。然則他的反例成功了嗎？其中有無商榷之餘地？這就是我們現在要做的工作。如今筆者要集中篇幅，深入探討這篇論文，整理、對比、分析文中各主要論點，反覆思索其要旨，最後給予批評並且提出我們的看法。

二

　　瑟爾在文中所要處理的不是休姆的文字問題，而是眞正要解決一個哲學問題。爲證明「從實然導不出應然」的論題不成立，他努力尋找一個反例，只要確實有反例的存在，自然就可以用來推翻那個論題了。文中他主要的工作與目的有：

　　（1）提出一個可行的反例，

　　（2）就所提反例，要能說明何以它是一個反例，

　　（3）如能提供理論以支持所得的反例（由於此理論的關係，可以產生無數的新反例），則我們對原先那個論題就會有更多的瞭解，

　　（4）以上三件事要都辦到了，那麼原先那論題要眞有用的話，其功用也就微乎其微了❽。

　　上面要點我們將稱其爲「瑟爾模型」（Searle's Model，簡稱 S-M）。瑟爾的用意是要證明原先論題不成立或爲假，至少也要證明卽使那論題成立也無多大功用。要達到這個目的，瑟爾就要努力使得 S-M 中（1）、（2）及（3）三者都得到滿足，這樣才能構成使（4）的後件（consequent）

---

❽　同❼，p. 120。

爲眞的充足條件 (sufficient condition)，只要 (1)、(2)、(3) 中有一
不成立，則惡爾的證明工作就徒勞而無功了，因爲條件句的前件 (an-
tecedent)若爲假，那麼根本就沒有結論可得。

　　惡爾設計的反例由一組陳述句構成，其中每個陳述都是純粹事實或
是「描述句」(descriptive sentence)，但不必然要出現「是」(is) 這個
字，並且還要顯示這組陳述句如何邏輯地與一個「評價」(evaluative)
語句關連起來（此處這個評價語句將包含「應該」(ought) 在內）。在
他的例子裏，其目的是要從事實陳述推論出價值判斷的結論。他的例子
是這樣的：

(1) 鍾斯說出了底下的話：「我特此答應給你，史密斯，五塊
　　錢。」
　　Jones uttered the words "I hereby promise to pay
　　you, Smith, five dollars."

(2) 鍾斯答應給史密斯五塊錢。
　　Jones promised to pay Smith five dollars.

(3) 鍾斯使自己有（承擔）義務要給史密斯五塊錢。
　　Jones placed himself under (undertook) an obligation
　　to pay Smith five dollars.

(4) 鍾斯有義務要給史密斯五塊錢。
　　Jones is under an obligation to pay Smith five dollars.

(5) 鍾斯應該給史密斯五塊錢。
　　Jones ought to pay Smith five dollars[9].

---

❾　同❼，p. 121。

　　瑟爾辯稱雖然上列陳述句組裏的前一句與後一句不具有「推衍」(entailment) 關係，可是它們的關係卻也不是偶然的，增添一些陳述句就必然會使上列關係變成推衍關係，所增加的語句也不需要是評價陳述或是道德原理。

(1) 如何關聯到 (2)?

　　瑟爾要我們考量 (1) 及 (2) 這種語文活動的種種狀況。什麼人會說這種話，在什麼情況與場合一個人會說這種話，說話者知道自己在做什麼樣的一件事，他知道說這種話的後果嗎，聽話者又是怎麼想呢，他會有什麼反應呢等等，這一連串的問句所呈顯的問題，是每一個想了解像 (1) 及 (2) 等這種語句意義的人所要面對的問題，這問題背後所呈現的經驗狀況，現實條件以及語言意義與用法都有了掌握之後，(1) 與 (2) 之間的邏輯關係的建立自然就是一件非常明顯的事了。瑟爾說，在某種情況之下或是在某種場合裏面，說出 (1) 中引號的話就是做了一個承諾，做承諾本身即是一種行為，這是承諾的行為。語言告訴我們，在適當場合裏，說出 (1) 中引號的話，則從這話語的意義就顯示它是一種承諾。「我特此承諾」(I hereby promise) 一表式是語文的一種特別設計，這種設計是為了履行 (2) 中所說的那個行為，即承諾。由這種語言用法的事實考察，我們即可為從 (1) 到 (2) 的推論增加一個額外的前提，表之如下：

　　(1a) 在諸多條件 C 之下，任何人說出了底下的話（語句）「我特此答應給你，史密斯，五塊錢」，那個人就答應要給史密斯五塊錢[10]。
　　那麼 C 到底是什麼樣的條件呢？此條件又包含那一些事情呢？我們

---

[10]　同[7]，p. 121。

可以設想一些條件，這些條件若滿足了，那麼在那條件之下的人，若說了 (1) 中引號的話，這條件就構成他要履行一個承諾行為的充足而又必要的條件，只要他說了那話，他就要履行諾言。這條件可能很多，也許列舉不完，比如說話者要面對着受話者，他們意識狀態都是清醒的，都說並且都懂同一種語言，他們都是認眞的，不是開玩笑，都懂自己的行為到底是怎麼回事，都有自由意志，沒有受藥物控制，不在演戲等等。現在我們再加一前提，即說明這些條件獲得了滿足：

(1b) 條件C成立❶。

如是從 (1)，(1a) 以及 (1b) 這些前提，邏輯上即可推得 (2) 做為結論，這樣我們就建立了 (1) 與 (2) 之間的推衍關係了。其中我們只用到有關語言用法以及其他經驗的條件，絲毫未引進任何價值判斷或是道德原理什麼的。

(2) 如何關連到 (3)？

瑟爾認為，從邏輯觀點看來，(2) 直接可以推出 (3) 做為結論，因為根據定義，承諾本身就是使人受到義務的約束。訂定諾言的人 (promiser) 本來就有義務要對接受諾言的人 (promisee) 做承諾所要做的事情，通常這種事情都是對受諾者有益處的。現在為了形式上的整齊性，我們可以增加一個恒眞 (tautological) 前提，使得 (2) 到 (3) 的推衍關係更可一目了然：

(2a) 所有承諾都是行為，此種行為使得自己要有義務去做已答應的事情❷。

---

❶ 同❼, p. 122。
❷ 同❼, p. 122。

(3) 如何關連到 (4)?

這裏瑟爾說，我們要增加一個限制以排除其他情況，另外就是需要一個分析的前提，分別是：

(3a) 其他情形相同 (Other things are equal.)。

(3b) 其他情形相同的話，所有那些使自己有義務的人都是有義務的人⓭。

之所以需要有「其他情形相同」這個條件的限制，乃是為了預防某種情況的發生而設定的。因為照一般情形看來，一個做了承諾的人，就有義務去做他所答應要做的事情。可是，如果受諾者 (promisee) 不接受那個承諾，或是受諾者解除了訂諾者 (promiser) 的義務，此時我們能說一個做了承諾的人，一定要去做他已承諾的事情？比如說，前些天我向你借了五塊錢，說好今天要還你，現在見到了你，我就說要還你錢，可是你卻說不要還了，那我到底該怎麼辦？還你你不要，不還的話，我是否就是個背信的人呢？瑟爾為了避免這種困難，所以增加上那個限制可免引起爭議。如是從 (3)、(3a) 以及 (3b) 很容易就可推出 (4) 的結論。問題是在「其他情形相同」這條件本身是否會隱含有評價的前提在內呢？瑟爾說，表面看來似有可能，但並非邏輯的必然，此點留待下文再討論。

(4) 到 (5) 的情況又如何呢?

瑟爾說我們只要增加一個限制即可，其他情形跟前面的一樣，像是分析前提的增設可以不必重述了。此處推論是，若其他情形相同，有義

⓭　同❼，p. 123。

務在身的人， 應該做義務所要求的事。 因此我們要增加一個條件， 卽是：

　　(4a) 其他情形相同❶。

　　不過瑟爾提醒我們注意，他說 (4a) 所要排除的情況不同於 (3a)。(3a) 要排除的是義務可能會被解除的情況，而 (4a) 排除的是義務可能會被其他優先義務所凌駕的情形。比如你答應今天上午十點陪我打球，若無其他特別的事，你就要赴約，否則就是背信。但要是臨時你家裏有重大的事發生，像是小孩突然發高燒，一時家裏又沒有其他的人手，你非送小孩去醫院急診不可，自然你就無法陪我打球，因爲救小孩的性命比打球重要，這時候我們能否說，由於你答應過我，因此你有義務，你應該陪我打球？瑟爾的考慮就是要避免類似的這種情況❺。

三

　　爲了保證 (3) 可推論 (4)，(4) 可推論 (5)，瑟爾增加了兩個條件，卽 (3a) 及 (4a)，這是爲了避免義務有可能會落空以及義務會被凌駕的緣故。然而「其他情形相同」(Other things are equal.) 難道不會是一個隱藏的評價前提嗎？瑟爾指出，我們如果對這個條件有懷疑，我們就要提出正面的理由，說出到底是在什麼情況下，某承諾者的義務被解除了，或是有其他優先義務存在，所以該承諾者無需履行義務所要求的行爲， 否則所承諾的義務就應該存在， 承諾者就該做義務所規定的事情。(3a) 及 (4a) 並不意謂我們要去建立一個全稱否定命題 (universal

──────────

❶　同❼，p. 123。

❺　同❼，p. 123，❺。

negative proposition)，該命題的意思是，沒有人可能會提出任何理由去設想承諾者的義務會落空或承諾者不應該去做義務所規定的事情。這是辦不到的事情，抑且也使得「其他情形相同」一語式成爲贅文⓰。瑟爾的意思是說，如果我們有了確切的理由可以設想那個義務確實是落空的，或者承諾者不應該信守諾言，那麼情狀就是不同了而非「其他情形相同」。這個時候，那個承諾該不該信守呢，也就是該義務所規定的事還要不要去履行呢，這就牽涉到評價的問題了。只要不是這種情況，瑟爾相信「其他情形相同」就不會是評價的前提。

瑟爾的證明過程總結如下：

(1) 鍾斯說了底下的話：「我特此答應給你，史密斯，五塊錢。」(1a) 任何人在C條件下說了這樣的話，那個人就答應要給史密斯五塊錢，而 (1b) 鍾斯確實說了那話，所以 (2) 鍾斯答應給史密斯五塊錢。由 (2) 得知鍾斯做了承諾，(2a) 所有承諾都是使自己要有義務去做已答應的事情，所以 (3) 鍾斯使自己有（承擔）義務要給史密斯五塊錢。由 (3) 我們知道鍾斯使得自己有了一項義務，加上 (3a) 其他情形相同，並且 (3b) 其他情形相同的話，所有那些使自己有義務的人都是有義務在身的人，因此 (4) 鍾斯有義務要給史密斯五塊錢。由 (4) 得知鍾斯是個有義務在身的人，同時 (4a) 其他情形相同，而且若其他情形相同的話，有義務在身的人應該做義務規定之事（分析語句），所以，最後我們證得 (5) 鍾斯應該給史密斯五塊錢。

上面是瑟爾從「是」(is) 到「應該」(ought) 的證明，這個證明構成前面提到的那個「論題」的反例。瑟爾說他的證明完全無需要任何道德原理或是評價語句，所增加的一些額外前提只是經驗假設，恒眞句以

⓰ 同❼，p. 124。

及語言習慣用法的說明。瑟爾特別指出經由此種方式證明得到的「應該」(ought)是「絕對的」(categorical)，並非「條件的」(hypothetical)，意思是說，從 (5) 來看，鍾斯就是應該給史密斯五塊錢，這是一種絕對的義務，毫無條件的，也沒有任何可商量的餘地。同時他又指出，在他的證明裏是以「第三人稱」(third person) 的方式加以進行，我們不是從「我說『我答應』」("I said 'I promise'") 推論到「我應該」("I ought")，而是從「他說『我答應』」("he said 'I promise'") 到「他應該」("he ought")❶。

上面我們已經詳細地介紹了瑟爾反例的證明過程。雖然瑟爾宣稱他已完成這件工作，然而仍有很多人對於他的證明感到不安，總覺得有什麼不妥當的地方。瑟爾認為人們的不安起因於由來已久的一種「二分法」(dichotomy)──區分「是」與「不應該」，「描述的」與「評價的」以及「事實」與「價值」的不同。

(一) 「是」，描述的與事實

傳統的觀點，有關世界各種現象以及事物的性質、關係與作用的了解是為事實問題。各種事象的報導形諸語言文字的就成為直述句，其功用是描述的，其動詞是「是」(is) 以及類似功能的字詞。直述句有「真」「假」的性質，真的直述句被認為是報導、描述了世界的實在性，而構成我們對世界了解的知識體系，假的句子則正好相反。語句真假的判斷有客觀的標準，是以真假認定亦即事實與否不受主觀意願的左右。像

---

❶ 同❼，p. 125。

　　　　張三每天早上跳舞。

　　　　李四一百七十公分高。

　　　　王五有白頭髮。

這些都是描述語句。

（二）「應該」、評價的與價值

　　我們對事物所表現的好惡，對各種問題所形成的態度，以及對不同的人所提出來的忠告或勸戒，這些都是價值問題。價值的採取或認定是爲評價作用，各種評價形諸於語言文字的即爲價值判斷，其功能或爲表情的（expressive）或爲導引的（directive），其動詞（組）通常有「應該」（ought）以及類似功能的字詞。一般說來價值判斷不像描述語句有眞假值，其是否爲人們接受認可較難有客觀標準以爲借助，因此價值問題常引起爭議，而表現強烈的主觀性。像

　　　　張三的舞跳得很好。

　　　　李四是個小人。

　　　　王五應該孝順他的寡母。

這些都是價值判斷。

　　惡爾認爲這種二分法的理由來自人們對語言不同功能的認定。描述語句的功能是爲報導的（reportive），有眞假值；評價語句不是用來描述世界的眞象，而是用來宣洩情緒，表明態度、讚美、譴責、評論，推薦等等。一旦我們明白了這兩種語言的不同功能，我們就知道它們之間存在有一道不可跨越的鴻溝。我們說價值不存在於世界裏面，評價語詞

不可以描述語詞來界定，「是」推論不出「應該」等等，這些是根深蒂固的想法，動搖不得的。可是瑟爾卻認為這種想法是錯誤的，其最大錯誤在於解釋力的貧乏。我們生活中有一些概念是很重要的，像是承諾、責任以及義務等，我們需要有所了解，然而事實——價值二分的想法卻不能給那些概念提供前後融貫的解釋，因而瑟爾揚棄了那種不切實際的想法，提出他自己認為滿意的理論，以糾正過去錯誤的想法⓲。

瑟爾告訴我們說，「描述語句」有多種類型，不是只有一種。「玉山是臺灣最高的山」，「人是哺乳動物」等這些固然是典型的描述語句，它報導有關世界的眞象，這是事實，瑟爾把這些語句所記述的事實叫做「赤裸事實」（brute fact）。「雷根是美國第四十位總統」，「康德終其一生沒有結婚」等也是描述語句，它同樣報導有關世界的眞象，這也是事實。不過具有像「總統」以及「結婚」等字詞的語句所描述的事實不是赤裸事實，這種新的事實須要預設制度（institution）才能存在，也就是說，由於制度的關係，此種新事實才會誕生，瑟爾稱這種事實為「規制事實」（institutional fact）。

規制事實因制度的存在而存在，那麼什麼是「制度」呢？為了說明這一點，瑟爾要我們分別兩種不同的規則（rule）或「約定」（convention），一是「限制規則」（regulative rule），另一是「構成規則」（constitutive rule）。人類很多行為自古有之，像是吃東西以及走路等。可是很多人吃相實在難看，走起路來前後左右橫行霸道，現在為了禮儀以及秩序，於是訂定餐桌禮貌以及交通規則來約束人們的行為，這種規則就是限制規則。另外像棋橋遊戲以及球類運動等遊戲行為，要事前先制定好規則，然後才能進行各種活動。這些行為或活動的方式是由

⓲ 同❼，pp. 129-130。

規則來界定的，沒有規則就沒有那些行為，這種規則是所謂的構成規則，規制事實是因構成規則而產生，它不能脫離構成規則而獨立存在。

有了構成規則的概念，我們就可以利用它來說明制度的概念。所謂「制度」就是一套構成規則的體系，像婚姻、貨幣、許諾、棒球、圍棋甚至麻將等都是制度，各自由不同的構成規則所形成，每一個自成一個系統。比如婚姻。如果沒有構成婚姻關係的規則，那麼男人是男人，女人是女人，一個男的與另外一個女的之間不管有什麼關係，比如走在一起，同桌吃飯等，但我們就不能說男的是女的丈夫，女的是男的妻子，夫妻概念無由產生。我們要先訂婚姻規則，而後才有夫妻關係，此時我們才能說男婚女嫁，結婚生子，同享權利，共盡義務。其中要有一方有越軌的行為，另一方即可依據規則要求處置，或終止關係或要求賠償。有否結婚是一種事實，這是一種要預設制度的事實，離開了制度就沒有了結婚的事實[19]。

這個理論是瑟爾反例的奠定基礎。他為何能夠從事實語句推論到評價結論，其合理性完全由這個理論來保證。由於瑟爾了解到「承諾」是一種規制事實，離開制度就無所謂承諾的行為，那麼「我特此承諾」(I hereby promise) 不過只是赤裸的事實，某一個人發出了一些聲音，或說出了一些字詞，沒有什麼特別的意義，因此也就不能責成他應該履行什麼義務的行為了。就因為我們有構成規則的存在，加上語言的習慣用法，所以才能從「是」的語句推論出「應該」的結論，理由在構成規則要求我們，做承諾就是要承擔義務。瑟爾說，從他的理論看來，不僅可保證他反例的成立，還可形成無數個新的反例。他又指出何以他的理論可以解釋承諾、義務以及責任等概念，而舊二分法的說法卻不能，這

---

⑲　同⑦，pp. 130–131。

是由於「制度」、「規制事實」以及「構成規則」等概念正確的掌握所導至的結果。

就以上的討論，瑟爾自己下了四個結論：

1. 古典的描繪不能解說規制事實。

2. 規制事實內存於構成規則的體系。

3. 有些構成規則的體系包含有義務、承諾與責任。

4. 在這些體系內，我們能夠以文章開頭的那個導衍爲模型從「是」導出「應該」[20]。

四

瑟爾的反例是否成功，他的理論比傳統的二分法更具有說服力嗎，那一個比較合理，他整篇論文的意義何在等等，我們能夠提出許許多多的問題，當然包括已經提到的那一些，這些問題都值得我們深思，其目的是希望對道德推理有更深一層的認識，瑟爾的論文可以是我們的借端，以做爲思想引發的引子。無疑的，瑟爾文中的論點極具原創性，無怪乎能引起廣泛的注意與熱烈的討論。他將事實分爲赤裸的與規制的，這是他的見地，又他對「言語行爲」（speech act）的考察是他文章裏面分析的起點，再加上邏輯的推衍，這些都使得其文章變得嚴謹，可讀性高，不過他的論點也頗引起很大的爭議。筆者將提出某些問題加以分析討論，借由討論而表達筆者個人的觀點與看法。

（一）從邏輯形式觀點看來，文章似乎沒有瑕疵。今就從這一點開

---

[20] 同[7]，p. 133。

始討論吧。試看

> 凡人都是植物。
>
> 阿嬌是人。
>
> ∴阿嬌是植物。

這是一個形式正確的論證，雖然它的結論爲假，不過這點並不妨礙其論證的正確性（有效性）。因爲邏輯告訴我們，形式正確的論證，其結論不必然是眞的，之所以如此，乃由於有假前提的緣故，而事實上根據我們經驗知識（生物學知識），我們知道大前提是假的。你可以不接受它的結論（卽從我們知識知道，做爲結論的那一語句是一句假話），但你不得不承認它是有效的論證。今撇開前提以及結論的個別語句的眞假，只就形式看，

> $(x)(Hx \rightarrow Px)$
>
> Ha
> _____
>
> ∴Pa

從所給前提，$(x)(Hx \rightarrow Px)$ 以及 Ha，你必得要接受它的結論，Pa 不可。現在我們來考察瑟爾的反例。

(1) 鍾斯說出了底下的話：「我特此答應給你，史密斯，五塊錢。」

> (1a)
>
> (1b)
>
> （2）
>
> (2a)
>
> （3）
>
> (3a)

(3b)

(4)

(4a)

∴（ 5 ）鍾斯應該給史密斯五塊錢。

（有關 （1a)⋯⋯(4a) 等符號意義請參看前列相關文字）

根據文中瑟爾的證明，他當然認爲，在形式上這是有效的導衍，所以結論成立。亦卽，從 (1) 開始，其間每一推衍步驟我們亦都認可的話，我們就要接受「鍾斯應該給史密斯五塊錢」做爲結論，意思是說，我們同意鍾斯有付錢的義務，他應該給錢，不給就不對（道德意義）。爲什麼我們會認定鍾斯有付錢的義務呢？ 這可分兩點來說明：

1. 原因的說明

原因是 (1)，卽有一個人鍾斯，他說了一句話，那句話是「我（鍾斯）特此答應給你，史密斯，五塊錢。」 "Jones uttered the words 'I hereby promise to pay you, Smith, five dollars.'" 此是一描述語句，報導了一個事實，卽一個人說出了有內容的語句，它是以第三人稱，過去式的方式表達出來，它描述一件過去所發生的事情，整個雙引號本身所提指 (mention) 的是個事實，它是「赤裸的事實」 (brute fact)， 它是事實就像「雷根是人」，「地球是圓的」一樣都是事實。而雙引號中單引號所提指的是一言語行爲 (speech act)， 此是正在做一件事的行爲， 它不是在報導事實。"I hereby⋯⋯" 的語言功能是奧斯丁 (J. L. Austin) 所謂的「履行功能」(performative function)，語言本身卽是行爲， 此行爲就是語言所履行的「承諾」(promising)。而承諾（許諾，諾言）本身也是一個事實，不過它是一個「規制事實」(institutional fact)。根據「構成規則」(constitutive rule)，承諾是

使自己承擔義務的意思，原因是鍾斯做了承諾，鍾斯使自己有付錢的義

務，所以鍾斯要付錢。

　　2. 理由的說明

　　　　何以鍾斯說了一句話，他就應該付錢呢？理由是：

　　　　　　（1）

　　　　　　（1a）

　　　　　　⋮

　　　　∴（5）

　　上面是一列衍推的過程，從（1），一步步推出結論，即（5）。這是
邏輯的理由，根據瑟爾，從（1）到（5），其間的關係是「衍推」（en-
tailment）關係，這是邏輯的保證。從 1 及 2 的說明，我們知道鍾斯是
一定要付錢的，這結論就是瑟爾的證明所要得到的結果。

　　（二）現在我們順着瑟爾的思路，舉一些例子，看看會有什麼結
果。我們所舉的例子，在邏輯形式上與瑟爾的例子相同，實質上是同樣
的言語行為。因此在瑟爾的例子裏，是要從事實到價值，從描述到評
價，從「是」到「應該」，同樣的我們的例子也要求這樣。我們的策略
是：如果瑟爾認為他的證明是成功的，即他的反例成立，那瑟爾對我們
的例子會有什麼看法呢？如果瑟爾是一致的（consistent），即所持的原
因與理由都是相同的，那麼他能主張他的結論而反對我們的結論嗎？這
似乎是不可能的事。但我們的主旨不在這裏，不論瑟爾對我們的觀點是
什麼，我們想知道的是：如果瑟爾同意我們的結論，那將會有什麼樣的
結果；如果他不接受我們的結論，則又將會有什麼樣的結果呢？現在就
讓我們來試試看吧。

　　（1）阿蘭說出了底下的話：「我特此答應替你，老大，把老二殺了。」
　　（2）阿蘭答應替老大把老二殺了。

(3) 阿蘭使自己有（承擔）義務要替老大把老二殺了。

(4) 阿蘭有義務要替老大把老二殺了。

(5) 阿蘭應該替老大把老二殺了。

這個例子除了人物及承諾的內容與瑟爾的反例不同之外，其他地方不論是語句型態，語氣，語句數目以及邏輯都是相同的。現在請教瑟爾先生，您對這個例子有何高見？您會同意那個結論嗎？亦即您是否認為，只因一個人做了那個承諾（難道不是承諾嗎？），您就堅持說那個人有替人殺人的義務，所以他應該去殺那個人。

1. 不同意我們的結論

不同意我們的結論，這又是什麼意思呢？

a. 難道是邏輯形式有瑕疵嗎？不會的。只要我們增加的額外前提以及條件跟瑟爾的一樣，即多了 (1a), (1b), (2a), (3a), (3b), (4a), 就可證明從 (1) 到 (5) 的關係是衍推關係，因此這個例子在邏輯形式上是絕無問題的，如果瑟爾的證明是成功的，同樣的我們也照樣能夠證得出來。

b. 不接受形式正確的論證結論，唯一可能是指出其前提有問題，那麼究竟是那個前提有問題呢？

(i) 也許是 (3a), (4a) 有問題吧?! 這兩個都是說在其他方面別無不同的情況發生，那麼到底是什麼情況呢。瑟爾已明白告訴我們，誰要是對這個有意見，就要明確指出究竟是那裏不妥當，沒能指出可能設想到的不同的情況的話，我們就等於承認這點是沒有問題的，無須再深究了。

(ii) 也許有人會說問題出在 (1)，就是底下那句話：

(1) 阿蘭說出了底下的話：「我特此答應替你，老大，把老二殺了。」

也許有人會說，沒有人可以說像 (1) 這種話，那麼理由是什麼？我們要知道 (1) 是描述語句，它是對世界真象的報導，事實只有存在的問題，即有無的問題，是事實或不是事實，事實沒有應該的問題，可不可以的問題。只要有人說了那麼一句話，那就是事實，誰也改變不了的。實際上嘴巴是長在人家的身上，除非啞吧，誰也預防不了那個人會說那種話，那根本是枉然。

問題可能出在 (1) 中引號內的文字。那是做出一個承諾，承諾是規制事實，它依存於構成規則。可能有人會說，根據我們社會生活體制的構成規則，那種承諾是無效的、落空的，不具有義務的約束力。可是能有那一個人能夠說出那一個社會有這麼樣明細的一套構成規則？恐怕沒人吧 ?! 我們須要區別道德體制與法律或政治體制的不同 。 明文法的社會，其政治或是法律上的權利以及義務的概念比較明確，人們比較知道什麼該做， 什麼不該做， 我們到底享有那些權利， 同時又要盡那些義務，一般來說會是相當的清楚的。舉個例子來說，比如所有權吧。即使不是唸法律的人也都可能知道，只要我們循規蹈矩，用我們辛苦賺來的錢去買東西，那東西即屬我所有，我對它有所有權。若有人搶了我的東西，即是侵犯我的權利，我就可以求助於國家的法律，以保護我應有的權益。但這是有例外的，比如你不能買贓物，這可是會吃上官司的，小心賠了夫人又折兵。

然而道德上的義務概念就不是那麼清楚了，什麼樣的承諾須受義務的約束，什麼樣的承諾沒有義務的約束力，意即此承諾會是空的諾言，用構成規則是無法保證的，因此承諾不能只把它看做是規制事實，承諾什麼，會否落空，有無義務的約束，這不能用規制事實的概念來闡釋，這基本上是要訴諸人們所信守的道德律來加以解釋，因此承諾也是價值的概念，不能只以規制事實來加以解釋就可使人信服的。如是我們的結

論要不被接受的話，同樣的惡爾的結論也是不能被接受的。

然而惡爾卻認為他可以證明其結論成立，那麼只要他是前後一致的，我們可以推斷惡爾唯一的理由就是，為何鍾斯有義務要付錢，只因他說了那話，承諾就是使自己有義務，那應他的理由就是語言的意義與用法的問題。即根據「承諾」一詞的意義規則，做承諾就表示有義務，那麼我們就可證明阿蘭有義務應該替老大把老二殺了。如是從不接受我們的結論就得到要接受我們的結論，符號如下：

　　　—A ／ ∴A

　2. 同意我們的結論

由於同意我們的結論，這表示惡爾的證明除了邏輯推衍的語法問題之外，其語意規則就是承認「承諾」就是「使自己有義務的約束」的意思。因為他要證明從描述前提推出評價結論，而所用到的額外前提不是經驗的假設就是分析語句，絕對不能用到道德原理或是評價的語句。為了表示一致性，從語言觀點來看，如果語意規則告訴我們，承諾就是要有義務的約束，那麼我們判斷一個人是否了解某一語言系統，其判斷方法就是看他對語言的用法是否合於規則以定，而不能以非語言的因素來加以左右。像是，你怎麼知道一個人對「承諾」一詞的用法是否正確，完全看他在做了承諾之後，是否讓自己受義務的約定來決定。如果我們告訴人家，承諾就是要受約束，那麼他學習到這個字的語意。假如你又告訴他，固然承諾在一般情況下是要受義務約束的意思，可是要不要受約束還要看承諾的內容以定。比如說你答應還人家錢，那麼你就一定要還，可是你不能答應替人殺人，因為殺人是不對的。這個時候你不是在教人語言，而是教人道德。要知道語言知識的有無是一件事，其他的知識，比如政治的，法律的，道德的或是科學的又是另一件事。從語言觀點來講，要能接受惡爾的結論，就一定要能接受我們的結論。你不能說

因為殺人是不對的，所以這種承諾可不受義務的約束，那你不是在教人家語言，而是在教人家道德。由上所述，我們要表達的觀點就是要求理由的一致性。

瑟爾同意我們的結論，這表示瑟爾所根據的理由是語意規則，即是說任何人做了承諾，就要受承諾所約束的事。那麼我們再舉一例：

(1) 阿香說出了底下的話：「我特此答應把月亮摘下來送給你，阿丁，做為定情物。」

⋮

(5) 阿香應該把月亮摘下來送給阿丁做定情物。

如果瑟爾是一致的，那麼他一定要接受這個結論，這表示阿香該去摘月亮。

現在問題來了。誰能有能力把月亮摘下來呢？沒人能夠。可是根據前面的討論得知，阿香有義務要去把月亮摘下來，這是強人所難，不合理的事情。道德哲學上大概都接受一個說法，就是「應該」要涵蘊「能力」（"ought" implies "can"）。那麼既然沒人有能力把月亮摘下來，因此阿香也就沒有義務去做那件事情。這表示瑟爾不能接受我們的結論，符號如下：

A ／ ∴ －A

如是從 1 節及 2 節的討論，我們得到了矛盾的結論，這表示瑟爾的理論是不一致的，不一致在於，他堅稱其證明只有事實語句，沒有評價語句，但在我們的討論裏顯示，他同時用到兩種不同的前提，這就是他的不一致。由此證明他的理論不成功，所以他的模型不成立。

論杜威的經驗方法與
自然主義形上學

·郭博文·

　　一般學者將杜威（John Dewey, 1859-1952）一生的哲學發展劃分爲三個時期，第一是受黑格爾式唯心論和絕對主義影響的時期，第二是二十世紀初年以後倡導實驗邏輯和工具主義的時期，第三是晚年建立完整哲學系統的時期。在這三期之中，第二期的論點最爲人所熟知，影響也最大，但是從內容的深度和廣度看，顯然第三期的思想才是杜威在哲學上最具有長遠價值的貢獻。

　　杜威晚期哲學系統的奠立以 1925 年出版的《經驗與自然》❶ 一書爲里程碑， 此後他相繼發表《確定性之追求》 ❷ 、《藝術作爲經驗》❸ 、《邏輯——探究理論》❹ 、《評價理論》❺ 、《一個共同信仰》❻ 等書，將《經驗與自然》中的理論應用於不同的領域，作更進一步的開展和發揮，其中包括方法論、知識論、形上學、美學、道德哲學和宗教哲學各方面的探討，乃是二十世紀最可觀的哲學系統之一。杜威晚年成熟期的系統我們可以用他自己的名詞稱之爲經驗自然主義 (Empirical Naturalism) 或自然主義經驗論(Naturalistic Empiricism)❼ 。

---

❶ John Dewey, *Experience and Nature*, 2nd ed. (1929; Repr. New York: Dover Publications Co., 1958) （以下簡稱 *EN*).

❷ John Dewey, *The Quest for Certainty*, (1929; Repr. New York: G. P. Putnam's Sons, 1958).

❸ John Dewey, *Art as Experience*, (1934; Repr. New York: G. P. Putnam's Sons, 1958).

❹ John Dewey, *Logic, The Theory of Inquiry*, (New York: Henry Holt and Co., 1938).

❺ John Dewey, *Theory of Valuation*, (Chicago: University of Chicago Press, 1939).

❻ John Dewey, *A Common Faith*, (New Haven: Yale University Press, 1934).

❼ *EN*, p. la.

本文並不準備對杜威晚期的哲學系統作全面的討論，只打算就形上學的部分提出一些考察和反省。《經驗與自然》一書通常被認爲是杜威在形上學方面的代表作，但是杜威的形上學和傳統哲學中有關實在或存有的學說在性質上並不完全相同，杜威本人對傳統形上學體系也常作嚴厲的批評。到底杜威所構想的形上學有那些內容？探討什麼問題？對實在世界有什麼具體看法？這些具體看法是經由何種方法得到的？這種方法有什麼特點？這些都是本文試圖解答的問題。

一、形上學的性質

早在 1915 年杜威就曾發表一篇論文：「形上學探究的題材」❽，在這篇論文中，杜威指出形上學與科學的區別在於前者所探討的是各個科學研究題材都具有的一些不可化約的特性❾。科學所研究的是某一類事物的性質和變化，形上學則探討所有事物的共通特徵。例如科學所研究生物演化的條件和過程，形上學則要問有演化現象出現的世界具有什麼特性。但是杜威隨卽指出，所謂不可化約的共通特徵並不是指時間上的終極原因或根源。形上學者不能問，有什麼終極原因使得這個世界出現演化的現象❿。

從這篇較早期的論文已可看出， 杜威所構想的形上學具有兩個特

---

❽ John Dewey, "The Subject Matter of Metaphysical Inquiry, " in Richard Bernstein (ed.), *On Experience, Nature and Freedom*, (Indianapolis: The Bobbs-Merril Co., 1960) (以下簡稱 *OENF*), pp, 221–223.

❾ *Ibid.*, p. 213.

❿ *Ibid.*

點：第一，形上學的題材具有普遍性，而不是特定的事物或現象。第二，形上學所探討的對象是自然世界和經驗的事實，而不是超自然或經驗以外的終極根源或存在。杜威晚期的形上學被稱爲自然主義形上學或經驗形上學，在「形上學探究的題材」一文中已有迹象可尋。

　杜威在《經驗與自然》一書的最後一章對形上學的特性和對象重作說明。他說形上學是要陳述「各種存在物，不分物理性或心理性，都表現出的共通特徵」⓫，也就是要指出「在所有的論域中都一定會出現的特徵和性質」⓬。

　以「存在的共通特徵」（generic traits of existence）作爲形上學探究的對象是杜威在《經驗與自然》一書中一再提出的主張，但是到底什麼是存在的共通特徵？是不是有這種所有一切存在的事物都具有的共通特徵？胡克（Sidney Hook）曾經對這一點提出質疑，他認爲根本沒有這種共通特徵，一般所謂普遍範疇或共通特徵並不是在所有的存在事物或論域（universe of discourse）都會表現出來。例如「時間性」也許會被當作是所有存在事物共通的特徵，但是它並不是數（number）的一個特徵，也不會在數學的討論中出現。（如數字 3 並無時間性，3 的性質並不是在某一時間才具有）。又如「空間性」並不是意識的特性，我們可以意識到空間，卻不能說意識本身佔有多少空間。此外如「因果」、「法則」、「必然性」等是否爲一切事物所共有，胡克以爲並無確定答案⓭。

⓫ "generic traits manifested by existences of all kinds without regard to their differentiation into physical and mental," *EN*, p. 412.
⓬ "the traits and characters that are sure to turn up in every universe of discourse", *Ibid.*, p. 413.
⓭ Sidney Hook, *The Quest for Being*, (New York: Dell Pub. Co., 1963), pp. 164-165.

針對胡克的質疑，首先要辨明的是，杜威所說的「存在」(existe-nce) 或「存在物」(existences) 顯然是指現實存在的事物 (actual existences)⓮。「數」或邏輯法則雖然也可視爲一種存有，但是這種存有並不是現實存在，因此不在杜威形上學探究的範圍內。胡克以「數」不具有時間性來證明時間不是一切存在的共通特徵，似乎是出於誤解。由此也可看出，杜威所說形上學探究一切「論域」中都會出現的性質，應該是指有關現實存在事物的研究，也就是各種所謂經驗科學或事實科學普遍使用的概念。至於數學與邏輯等非經驗性的科學則不包括在杜威所說的「一切論域」之中⓯。

「空間性」、「因果」、「法則」、「必然性」等是否爲存在事物的共通性質，確實還有爭論，不過有一點值得注意，杜威雖然沒有明白舉出存在的所有共通特徵，但是在「形上學探究的題材」中，他舉出的三個例子是歧異(diverse existence)、互動(interaction)與變化(change)⓰，在《經驗與自然》一書中，除了這三個特徵外，還可找到杜威所認定或暗示的共通特徵有「性質」(quality)、「連續」(continuity) 等。這裏面都未包括前述「空間」「因果」「法則」「必然」等特性。

把胡克所提到的「時間性、空間性、因果、法則、必然性」和杜威自己所提到的「變化、性質、歧異、互動、連續」兩組特徵加以對照比較，可以發現胡克似乎並沒有把握到杜威的本意。杜威論及存在的特徵，都是就存在的動態和過程而言，「互動、變化、連續」等乃是動態

⓮ 參看 John H. Randall, *Nature and Historical Experience*, (New York: Columbia University Press, 1958), pp. 124-125.

⓯ 杜威關於邏輯與數學基礎的理論見於 *Logic, The Theory of Inquiry.* 一書中，參看❹。

⓰ *OENF, op. cit.*, p. 215.

的自然過程所展現的特徵， 具有這些特徵的是自然的事件 (events)。
胡克所舉的可作為存在共通特徵的例子，除了時間性以外，都是把存在
視為由個別的事物 (things) 所構成，然後設法找出各個分離獨立的存
在事物可能都具有什麼性質， 在不經意之間， 已經扭曲杜威的論點。
胡克以靜態的事物取代動態的事件作為自然存在的基本單位，然後說空
間、因果、法則、必然性等並不是所有存在事物都具有的特性，這並不
能否定動態的自然事件具有變化、歧異、互動、連續等共通的特徵。至
於時間性，顯然可以視為自然存在的一個共通特徵，只要不把非現實性
的存在當作自然存在的一部分就可以。杜威本人也曾明白主張時間性是
自然事件的普遍特徵之一❶。

　　從杜威對形上學的定義可以看出，形上學所探求的不是與現象相對
立的實在 (Reality)，也不是作為事物根源或基礎的存有 (Being)，而
是一切現象和事件表現的共通特徵。這裏所說的一切現象和事件，也就
是杜威所了解的世界或自然的全部內容，因此杜威的形上學也可以說是
要探討自然的本性 (the nature of nature)。

　　杜威雖然以探討自然的本性為形上學的目標，但是他特別強調，要
了解自然的本性必須從人與自然的關係和交涉入手。杜威認為人與自然
並不是兩個分離對立的實體，人生活在自然之中，是自然的一部分，而
人的特性和創造，也是自然的延伸和發展，自然的本性與特徵，實際表
現在人在自然中的作為和經歷之上。胡克認為杜威的形上學其實是一種
哲學人類學，目的在找出世界中影響到人生活動的明顯特性❶，主要理

---

❶　參看 John Dewey, "Time and Individuality", in *OENF*, pp. 224–243.

❶　參看 Sidney Hook, "Reflections on the Metaphysics of John Dewey: Experience and Nature", in Peter Caws (ed.), *Two*

由在此。

另一方面我們也不能忽略一個事實：杜威並沒有把自然和人的經驗內容視為等同。人的作為與經歷是了解自然本性唯一而不可避免的入手處，但這並不是說前者等於後者。杜威的目的不只是要知道人是什麼，他也想要知道自然具有那些特性。杜威確曾說過，哲學所處理的是人的問題[19]，但是自然是人的經驗所在地，了解自然的本性如何，才能使人在自然中更順利幸福地生活。就這一點看，杜威的形上學不僅是一種人的理論，也是一種有關自然的理論。

杜威處理形上學問題時，經常檢討傳統以及同時代各種與他不同的理論和學說，他自己的正面主張往往在對相異或敵對學說的批評中逐步展露。在《經驗與自然》一書中，這種反面批評的言論佔有很大的份量。因此羅蒂 (Richard Rorty) 認為該書的目的不是要建立杜威自己的形上學系統，而是對傳統形上學做歷史學和社會學式的考察，闡明這些形上學理論產生的歷史社會背景，分析傳統形上學所問的問題和所提供的答案發生錯誤的原因[20]。然而羅蒂並不能否認，杜威在書中處理傳統形上學中的心靈與物質、目的論與機械論、永恒與變化等問題時，除了批評過去哲學家的錯誤之外，也提出他自己對這些問題的答案。只是羅蒂認為杜威這些用以取代舊有學說的正面理論並不是他的主要成就[21]。姑

(續) *Centuries of Philosophy in America* (Totowa, New Jersey: Rowman and Littlefield, 1980), p. 152.

[19] 參看 John Dewey, *Problems of Men* (New York: Philosophical Library, 1946), *Introduction*, pp. 3-20.

[20] Richard Rorty, "Dewey's Metaphysics", in Steven M. Cahn (ed.), *New Studies in the Philosophy of John Dewey* (Vermont: University Press of New England, 1977), pp. 46-49.

[21] *Ibid.*

且不論這種評斷是否公允，我們必須先對杜威形上學理論的具體內容加以說明。

二、經驗方法

　　杜威的形上學目的在探討自然存在的共通特徵，這種形上探究和傳統形上學最大的不同點在於它使用的方法。杜威在《經驗與自然》第一章首先就處理方法問題，他所提出的方法稱爲經驗方法（empirical method）。經驗方法的基本前提是：「經驗」與「自然」兩者之間有密切關係，要了解自己必須透過經驗，以經驗爲工具才能展示自然的眞實狀況❷。但是把經驗和自然連結在一起似乎很不容易爲人所接受。一般認爲自然是一個客觀存在的領域。經驗則是指人的活動和主觀心理內容，兩者互不相涉。杜威提倡經驗方法：第一步工作就是先要消除這種把經驗與自然對立，認爲兩者各自分隔的成見。

　　首先要指出，杜威所說的經驗和傳統上的經驗概念並不相同。他在1917 年所發表的一篇文章「哲學復興的需要」❸ 中說傳統的經驗概念和能夠配合現代情況的經驗概念（也就是杜威所接受的經驗概念）有五大不同點：①傳統上主要把經驗當作是一種知識活動，杜威則認爲經驗包含：生物體與它的自然和社會環境的一切交涉和互動。②傳統上認爲經驗主要是心理過程，完全是主觀性和私有性的，杜威則認爲在經驗中，也就是在人的行動和經歷中，含有客觀世界的性質。主體和客體是

---

❷　*EN,* p. x.

❸　John Dewey, "The Need for a Recovery in Philosophy", in *OENF,* pp. 19-69.

經驗內的區分。③傳統的經驗概念只包括過去到現在已有事實，杜威則認爲，經驗往往帶有實驗性質，試圖改變已有狀況，因此連結於未來。④傳統上把經驗當作是由個別的、互不相連的單位構成的，杜威則認爲經驗中具有眞正的連續性和連結性。⑤傳統上把經驗和理性或思惟相對立，杜威則指出經驗中本就帶有推理和反省的成份❷。

在《經驗與自然》中，杜威把上述新經驗概念的各個特點綜合起來做比較清楚的說明。大體說來，杜威把經驗當作有機體（主要是指人）在他的環境中（包括自然環境與社會環境）一切活動和反應的總稱，因此經驗並不限於感覺作用和認識活動。在杜威看來，生物需要的滿足、情感的表達、目的的追求、社會組織的建立……等等都屬於經驗的範圍。由於經驗是人在環境中的活動和反應，經驗的性質和內容要受環境條件的影響。又由於人有主動改變環境的意向和能力，未來的經驗內容將與過去和現在有所不同。在經驗之中可以看出人所在世界的情況，以及人與世界的相互作用，所以經驗不是個人私有的心理內容而已。根據杜威的觀點，思惟和推理都是生物體爲適應環境、解決它所遭遇的問題而逐漸發展出來的能力，因此也屬於經驗的一部分，而不是與經驗相對立。

在杜威的經驗概念中，比較值得注意的是他強調經驗並不限於主觀的心理過程。杜威採取詹姆斯（William James）的說法：經驗是一種「雙管字」（double-barrelled word），一方面它是指經驗的活動和過程（the experiencing），另一方面它也指所經驗到的對象和事物（the experienced）❷。就經驗本身來看，它是一個整體，並沒有劃分活動和材料或主體與對象。活動和材料、主體和對象的劃分是有了經驗之後再

❷ *Ibid*, p. 23, 參看 Bernstein 在文前按語，p. 19.
❷ *EN*, p. 8, pp. 16–18.

加 以反省，分析所得到的結果。

認爲經驗和自然完全分離，乃是由於把經驗限制在經驗活動這一面所造成的結果。杜威指出，經驗含有所經驗的對象，也就是說，經驗是對於自然中的事物與情況的經驗，因此它並非只是經驗者主觀私有的心理狀態而已。杜威說，如果把經驗活動從它的對象孤立出來，結果就會認爲經驗活動只能經驗到這個活動本身，而不能經驗到自然中的事物，那是荒謬的❷。

旣然杜威認爲經驗包括思惟和反省在內，兩者不相對立，而他指出，把經驗劃分爲活動和對象或主體與客體乃是思惟反省的結果，爲什麼他又認爲主客的劃分違反經驗的事實？我們要經由經驗去了解自然，是否不可以借助於思惟的反省和分析？關於這一點，杜威有進一步的說明。

杜威把經驗再分爲兩個不同的層次，一種稱爲原初的經驗(primary experience) 或粗糙的經驗 (gross experience)，一種稱爲反省的或純化的經驗 (reflective, refined experience)❷。原初經驗是指直接呈現的、未經反省區分的全體經驗內容，純化的經驗則是對於原初經驗加以反省，使用有系統的思考形成概念和理論，將原初經驗的內容作分辨和歸類。杜威經驗方法的一個中心論點是：原初經驗是一切對自然探究活動的起點和終點。思惟反省和概念分辨等純化的經驗其對象和材料來自原初經驗，這種思惟與反省所得到的結果最後也要由原初經驗來檢驗其妥當性。

杜威認爲使用經驗方法最典型的例子就是自然科學。科學家從原初經驗中的對象和事物出發，爲了說明這些現象而建立假設和理論，以這

---

❷　*Ibid*, p. 9.

❷　*Ibid.*, pp. 3-4.

種理論和假設為指導，再回頭觀察原初經驗的事物，決定假設和理論是否獲得證實。就科學家的工作本身而言，抽象思考和演算佔很大的成份。這些推理演算的工作乃是純化的經驗或次級的經驗。但是科學家並不把推理演算等純化經驗的內容當作自足的封閉系統，也沒有把通過反省與概念化過程所得到的對象當作是與原初經驗中事物隔離的一種更眞實、更高級的存在。對科學家而言，概念化和理論建構所把握的對象只是使我們更能了解、控制日常經驗事物的一種工具而已❷。

採取經驗方法並非否定推理和概念思考的重要性。杜威認為從原初經驗的內容可以發現自然的特徵，但是這種看法和其他哲學理論一樣，本身就是一種思考和反省的結果。杜威指出原初經驗是粗糙、雜亂而未經分析的，因此才會有科學和哲學對它作反省和理論化概念化的工作。杜威只是強調，哲學的反省和理論建構必須跟科學一樣，從原初經驗出發，最後也要回到原初經驗來檢驗其有效性和妥當性❷。

根據杜威的觀點，一切推理和理論化工作都是針對經驗中某些特定的情況和問題而產生的。如果我們把概念化和理論化的對象從它的特定經驗系絡脫離，把特定分析所得的結論當作普遍有效的原理，這就犯了杜威所說的「選擇性強調」（selective emphasis）的謬誤，也違反了經驗的方法。

杜威指出哲學史上許多大的系統往往是接受當時某種主導科學的成果而作無限制的推廣。例如柏拉圖借用畢達哥拉斯派的概念，笛卡兒、斯賓諾莎採取幾何學的預設，洛克把近代物理學的粒子概念應用於心理領域而成為「簡單觀念」……等。當哲學家把科學中純化的反省的結論當作終極性的事物時，這些理論不僅不能幫助我們了解原初、粗糙經驗

---

❷ *Ibid.*, p. 7.
❷ *Ibid.*, p. 33.

的內容，反而對原初經驗的其他事實致疑，甚至否定其眞實性，例如把心理學的成果從它的經驗系絡隔離之後，就會否定心靈以外的事物和性質；把物理學的成果突顯之後，就認爲質量、空間、運動才是眞實的，而具體經驗中的感情、愛惡、意志、目的等現象就被認爲不是實在世界的一部分；把數學的對象孤立起來，就會強調本質的優先性而忽略個別的存在，這些都是違反經驗方法的實例❸。

　　杜威的經驗方法強調原初經驗的完整性，帶有明顯的非化約式(non-reductive)的特性。次級或純化的經驗乃是對原初經驗反省和分析，將其中某一部分內容和性質分離出來所得到的結果。杜威認爲任何一種純化的經驗都不應被視爲最根本的，甚至是唯一的經驗內容，這一點也是杜威的經驗論和傳統經驗論最大的不同點。在杜威看來，傳統經驗論者所說的經驗是指主觀的意識作用和心理內容，這種純屬主觀私有的意識狀態是將原初完整經驗的一個成份抽離孤立的結果。傳統經驗論以這種抽離純化的經驗當作唯一的經驗內容，因此無法解釋如何由主觀私有的心理內容去認識客觀的實在世界，陷入主觀主義的困境，甚至懷疑有主觀心理內容以外的實在世界之存在。杜威的原初經驗並沒有主客的劃分，它含有經驗活動和所經驗事物兩種成分在內，原初經驗本來就是生物體和環境的遭遇與互動所產生的，從原初經驗之中可以看出環境與自然存在的特徵，也就成爲順理成章的結論。

　　杜威的經驗論也和傳統理性論的立場有顯著的差異。傳統的理性論者和經驗者雖然在許多問題上處於對立地位，但是兩者有一共同點，就是把經驗局限於感官知覺和主觀心理內容。由於理性論者認爲感官知覺和心理狀態是偶發、任意、多變而無規律的，不能作爲認識自然與實在

---

❸　*Ibid.,* pp. 34-35.

世界的憑藉，因此他們提出一種與經驗對立的理性作為了解自然的工具。前面提到，杜威的經驗方法並不排斥推理與抽象思考，在他看來，理性是生物體在環境中為求生存和解決問題而發展出來的能力，理性活動乃是經驗的一部分，而不是與經驗相對立。杜威所反對的是把理性所把握的內容當作自然唯一真實的本質，而不把它放回原初經驗去檢驗其真實性和有效性。同時理性論者以為自然是一種與經驗無關的固定不變的世界，這也是杜威所無法接受的。杜威強調自然與經驗不可分，自然的特徵就是經由經驗的特徵展露出來的。以經驗方法所發現的自然的性質和特徵就是他的自然主義形上學的主要內容。

三、自然主義形上學

杜威形上學的中心論旨是經驗與自然的相關性或連續性。他所說的經驗是指人（他常用「有機體」來代表）在環境中的一切作為和感受，因此我們可以說，杜威所主張的是人與自然的連續性與相關性。由於杜威認為人與自然之間並無不可跨越的鴻溝，人的性質與特徵也就是自然的性質與特徵的表現，這是一種自然主義的立場，所以杜威的形上學可以稱為自然主義的形上學。又由於這種形上學對於自然的描述乃是基於經驗的分析，所以也稱為經驗的形上學。

前面說明經驗方法時已指出，杜威認為經驗不是自我封閉的主觀心理內容，而包括自然中的事物和對象，用他自己的話說就是「經驗不只是在自然中出現，也是針對自然而發」(experience is *of* as well as *in* nature)[31]。這是從經驗這一面看經驗與自然的相關性。再從自然這

---

[31] *Ibid.,* p. 4a.

一面考察，也可看出自然與經驗並不是兩個完全分離的領域。

　　主張自然與經驗無關的人，通常是把自然等同於物質性的，由機械法則控制的物理世界。根據杜威的分析，這種唯物的、機械的自然觀是由「理智主義」（intellectualism）所造成的。理智主義把經驗完全當作是認知性的，認爲由知識活動所把握的事物和性質才是自然的眞實內容。知識活動最具體的產物爲科學，對自然現象的研究而言即是物理學。而物理學所把握的自然就是一個物質性的和機械性的世界，因此理智主義者就把物理學中的自然當作是唯一、實在的自然，這是唯物與機械自然觀的由來㉜。

　　杜威不接受理智主義者的唯物和機械的自然觀。他並不反對科學，相反的，他認爲他所倡導的經驗方法就是科學中使用的方法。但是科學或物理學所把握的自然是一種純化的經驗內容，而杜威反對把任何純化的經驗內容當作是唯一的實在。杜威指出自然中的事物，除了作爲認知的對象之外，也可以作爲喜愛、欣賞、使用和行動的對象。因此自然除了認知活動所把握的性質之外，還具有人的情感、意志活動所把握的性質。人對自然事物喜愛、厭惡、尊崇、畏懼、讚美、哀傷，也就表示自然有使人喜愛、厭惡、尊崇、畏懼、讚美、哀傷的性質。這些性質甚至優先於認知活動所把握的性質，因爲前者在原初經驗出現，而後者則是對原初經驗反省和概念化所得的結果。杜威指出：事物先被擁有再被認知（(Things) are things had, before they are things known）㉝，把認知的對象孤立起來當作唯一的實在，違反原初經驗的事實。

　　杜威反對主觀主義把經驗當作主觀私有的意識內容，也反對主智主義把自然當作機械，唯物的世界，因此他也無法接受傳統形上學中心物

㉜　*Ibid.*, p. 21.
㉝　*Ibid.*

對立的二元論。在原初經驗中並沒有「物質實體」或「心靈實體」兩種完全分隔的事物。也沒有獨立存在的物質領域或精神領域。由於有的哲學家把「心靈」和「物質」這種對原初經驗加以分析、純化所得到的結果，當作是原先就存在的兩種實體，因而產生心與物如何可能相互作用的問題。杜威認為這個問題是矯飾的 (artificial)，在直接的經驗事實中並不存在。

依杜威看來，在原初經驗中沒有「心靈」和「物質」的區分也就表示心靈或物質並不是自然的基本性質。但是杜威所反對的是把物質或心靈當作固定不變的實體，他並不否認自然的事件在一定的情境和條件下會出現物理或心理的特性。杜威一方面指出以物質或心靈作為自然存在的根源或基礎的錯誤，另一方面則試圖說明物理和心理的特性如何發生，並進而處理傳統形上學中的心物或心身關係問題。

杜威認為自然存在的基本單位不是事物 (things) 或物項 (entities) 而是事件 (events)，有時也稱為事態 (affairs)。事物與事件的分別在於前者是靜態的項目，後者則是動態的過程。事件或事態都不是孤立、固定的。每一事件與周圍和前後的事件都有互動和聯繫，不過杜威並不認為這種互動與聯繫是全盤性，也就是說他並不把自然中的所有事件統合為同質的整體。杜威認為自然事件之間的互動聯繫有強弱鬆緊之分，有些事件彼此間聯繫較緊密，自然形成一個明顯的領域，與其他的領域劃分開來，各自構成一個有比較明確範圍的系統。這些不同的系統也就是自然存在的各個重要層次或種類❸❹。

杜威大體採取一般的分法，把自然存在劃分為三個不同的層次：物質、生命和心靈。不過這三個層次在杜威是指自然事件所呈現的三類不

---

❸❹ *Ibid.,* pp. 271–272.

同特性，而不是說有三種分隔獨立的實體。可以用數學和物理的機械系統展示的性質是物理的（physical）層次，植物與動物等有機體所具有的特性是生理心理的（psycho-physical）層次，具有智力、可以思考、感受、判斷的特性，則是心理的（mental）層次。

物理、生理心理、心理都是自然事件的性質，他們的區別在於越到後面，自然事件間的互動越複雜也越緊密。換言之，物質、生命和心靈是自然事件在三個不同互動階段所表現的特性，如果把它們當作三種不同的存有，乃是把事件最後表現的功能實體化（substantiation of eventual functions）的結果。這一來，「物質」或「心靈」本來是自然事件的後果，卻反而被當作是造成這些事件的原因❸❺。傳統形上學中的唯物論和唯心論都犯了這種錯誤。

以唯物論為例，其主張包括兩個要點：（1）物質是生命和心靈的原因。（2）「原因」比「結果」在實在界佔有更高地位。杜威認為這兩點都不符事實。第一，造成生命和心靈的原因不是物質而是具有物理性質的自然事件。其次，說原因比結果更實在並不正確，由於「結果」是把自然中還未出現的性質展示出來，其內容比只從原因所看到的更為豐富，因此更能適切表現自然的本性❸❻。

如果一定要說物質是生命和心靈的原因，杜威認為唯有把它了解為：自然事件在早先的組合和互動情況下只具有物質的（物理、化學的）特性，後來這些事件有了更複雜密切的聯繫後就產生生命的（生理、心理的）特性。將任何生命體加以分析都可看出是由物質性的元素所組成，生命體並不是在物理化學性事物之上附加了某種叫做「生命」的東西，動植物和無生物的差別，不在於前者在後者的物理化學成分之外添加什

---

❸❺　*Ibid.,* p. 272.
❸❻　*Ibid.* pp. 261-262.

麼東西，而在兩者物理化學成分的結合與互動方式不同，結果就有生物與無生物的不同❸。

心靈和生命的關係與此相同。生物體與無生物的差別在前者有感受和反應的能力，能夠利用或變更環境的狀況使它的需要得到滿足。當生物體的感受與辨識力更加分化而且增強時，它所感受的不再是模糊籠統的聲音、顏色、氣味、喜愛、愉悅、厭惡等性質，而是具有指涉外在事物的意義之觀念，並能對於觀念所指涉的事物情況有認識、選擇、判斷和欣賞的能力，這時它就具有心靈的特性。所以杜威認為心靈是生物體或具有生命的自然存在與環境互動過程中逐漸發展出來的特性，並不是在生理心理結構之上附加了「心靈」這個東西❸。

從物質到生命到心靈是一個連續的自然變化和發展系列，如果我們問為什麼物質可以產生生命，或者為什麼生物體可以擁有心靈，那是先把本來連續的變化過程割裂為兩個分離的部份，而又不得不設法把兩者重新結合❸。傳統的機械論和目的論者都不能免於這種錯誤。機械論者的看法是有了物質之後才有心靈，沒有先前的物質結構，後來的心靈性質就不能發生。另一方面，有了先前的物質結構，心靈性質必然隨之出現。目的論者則認為物質中本來就含藏着生命和精神的潛能和趨勢，早先的物質現象和變化是為後起的生命、心靈現象作準備，物質的存在，就是為了達成實現生命和心靈的目的。兩者都先把物質和心靈當作兩個分離的實體，然後在這兩個實體之間追問那一個是造成另一個的原因，只是機械論者以物質為原因，目的論者以心靈為原因而已❹。

---

❸ *Ibid.*, pp. 253–254.

❸ *Ibid.*, p. 258.

❸ *Ibid.*, p. 275.

❹ *Ibid.*, pp. 273–274, 參看 pp. 99–100.

　　杜威認爲自然本來就是事件的互動和連續變化過程，眞實的存在就是自然歷史的整體，而不是其中某一個階段或部分。在這整體過程中，沒有先前的階段就不會有後起的階段（這是機械論者所看到的一面），而由於後起階段都是利用先前階段種種成果累積變化而成，先前階段似乎都在爲後起階段作準備（這是目的論者所看到的一面）。但是我們不能說，某一階段（如物質）是整體過程的原因，所有後來的階段都是這個最初的原因所造成的；我們也不能說，全體過程從頭就有一個最終的目的（例如心靈的出現），先前的階段都是爲了這個目的而產生的。

　　再以一個人的成長爲例，從幼年到成年是一個連續的過程，把成長過程較早階段的一些特性單獨提出來，然後說後來到成年期一切性格、氣質都是幼年期所造成，顯然無法爲人所接受。另一方面，把成年期當作目的，以爲先前自幼年期以來的一切發展，都是爲了達到成年的目的，也是不合理的說法。杜威指出幼年到成年的過程是自然的一個事實，這個過程包含有幼年、成年等不同階段，要了解這個過程，只要把成長的各個階段及其特性作完整的描述，不必說幼年期是成年期的原因，也不必說成年期是幼年期的目的。❹

　　從物質到心靈的演變過程也應如此看待。在杜威看來，身體與心靈的關係並不是神秘不可解的難題，某種具有特殊組織結構的物體（人的身體），表現出生命以及思考、認識、欣賞、判斷的能力（心靈的特性），就像有些物體具有顏色、氣味、形狀、硬度等性質一樣。人的身體表現出心靈的特性，是有關人的身體這種物體的一個事實，就像石頭具有硬度、或植物能夠成長，是有關那兩種物體的事實。另一方面，心靈的特性和活動必須經由身體表現出來，也是自然的一個事實。如果我們問爲

---

❹　*Ibid.,* pp. 275–276.

什麼身體有心靈的特性，或者問為什麼心靈特性要經由身體而表現，就等於問為什麼有這樣一個自然？為什麼有種種存在的事件？為什麼這些事件是像它們發生時那個樣子？杜威以為這種問題是無法回答的❷。

我們也不能問「心靈」存在於身體的什麼地方。杜威認為各種性質都是自然事件互動變化的過程的表現，並不附屬於某一事物。嚴格的說，生物體並不具有感覺的性質：紅色、香味、痛苦、興奮等感覺，乃是生物體與四周環境互動時，對於某一種對象產生相關的反應，這整個情境所表現的特性。這些性質既不在生物體身上，也不在所指涉的對象中。同樣的道理，具有特定組織結構的生物體，在自然的互動過程中，做出思考、認識、欣賞、判斷等活動，並能把握意義，與其他生物體溝通，這整個情境所表現的特性就稱為心靈，所以心靈是對某一類自然情境的描述，而不是存在於生物體上面的一個事物。問「心靈」存在什麼地方並無意義。

四、自然存在的共通特徵

杜威對心物關係問題的分析是他自然主義形上學理論的一個重要實例。他的處理方式背後含有對自然本性的看法。杜威雖然並未明白列舉，自然存在到底具有那些共通的特徵，但是從《經驗與自然》以及其他相關著作中，我們至少可以舉出下列幾點：

（一）變化（change）

上面提到，在杜威哲學中，自然存在的基本單位不是靜態的事物而

---

❷　*Ibid.*, pp. 276–277, p. 293.

是動態的事件或事態，這表示杜威認爲自然是一個不斷變化的過程。在這一點上，他與二十世紀幾個重視變化的哲學家如柏格森（H. Bergson）、懷德海（A. N. Whitehead）等人有共通之處。不過在《經驗與自然》一書中，杜威主要是從人的經驗來證明變化是自然最明顯的特徵。

杜威指出，人在世界上隨時都要面對種種不安全、不確定、不可預料的情況，例如天災、疾病、危險、失敗、死亡等。我們往往不知道下一瞬間會發生什麼事，也不知道會遭遇什麼新的情況。根據杜威經驗與自然相關聯的論點，經驗中的不確定與不安全表示自然並不是一個完成的、固定的領域，其中含有不穩定與難以控制的成分，時時處在發展變化的過程中。❸

杜威和柏格森等強調變化的哲學家略有不同，他並不以爲變化是自然唯一或主導的特徵。他認爲在自然中，雜多與統一、混亂與秩序、不安與確定、變化與永恒兩種因素混合在一起。他並不否認固定性與規律的存在，但是他指出，有許多哲學家把變化與固定、分歧與規律兩種因素加以對立，並且作截然劃分，由於變化與不定往往帶來恐懼與不安，因此認定眞正的實在是永恒、統一而固定不變的，杜威認爲這是哲學上的一大謬誤。❹

杜威指出，以固定、永恒與完備作爲知識上和價值上追求的目標乃是人類自然的傾向，但是把這種理想上的目標轉化爲存有上的眞正實在，而把變化、不確定、未完成當作是虛幻不實在的，那就是一種錯誤。其實正因爲實在界有不完備、不確定、分歧、變化的成分，我們才會去追求完備、統一和穩固的目標。❺

---

❸　*Ibid.*, pp. 40–42.

❹　*Ibid.*, pp. 53–54, 參看 *The Quest for Certainty, op. cit.*, pp. 3–8.

❺　*EN.* pp. 51–53.

柏格森等注重變化的哲學家其實也是在追求確定性。他們把變化神聖化了，當作是普遍永恒的東西，杜威則強調變化與固定，分歧與統一的並存與相互關聯。然而事實上杜威所說的確定與完備或穩固與統一，乃是一個變化發展過程的終結階段和目標的完成，並不是事先已存在的實有狀況，而且這些完備、固定的狀況也只是暫時和相對性的，達成之後又會繼續發展變化，走向下一個完備、穩定的目標。因此整體看來，杜威所強調的還是自然存在的歧異與變化。

（二）性質（quality）

前面說到在人類經驗中，未經反省和概念化的活動而直接把握到的內容，杜威稱為原初經驗。根據杜威的看法，這些直接呈現在原初經驗中的性質是自然存在最基本的特徵，因為一切有關自然的理論和概念化，都以原初經驗為最初的起點和最後檢證的依據。這種在經驗中直接呈現的性質就它本身而言，乃是自足而終極的，也就是說它們並不依賴其他因素而出現，也不是為其他任何目的而存在。每一個直接呈現的性質，都是自然中的一個目的。

在杜威看來，直接呈現的性質是原始而無條件的當下存在 (isness)，它們不能界定、無法化約，而且是無限眾多的。這不是說它們具有神秘性，只是說人直接去把握、享有這些性質，而不是經過概念思考去認識這些性質。一旦我們把直接呈現的性質當作思考與認識的對象，那就是問它是在什麼條件下出現，位於什麼樣的情境、系絡，與其他事件、性質有什麼關係。但我們所要問的是直接呈現的性質本身，那是無法用語言來描述或界定的。❹

杜威強調每一性質本身都是自足的，每一性質本身就是目的。當我

---

❹ *Ibid.*, pp. 85–86.

們說自然具有無數個不同的目的，其實就是說自然充滿無數種不同的性質。這種多元的自然目的論，和古典希臘哲學的自然觀以及近代科學中的自然觀都有所不同。希臘哲學認為自然具有終極的目的，這種目的也是存在與價值的最高性質和原理。自然中的一切現象和變化，都為了要達到這種最後的目的。在未達成最後目的之前，自然中的事物都是不圓滿、有欠缺的，而最後的目的則是自然存在最圓滿最實在的形式。十七世紀以後的近代科學則把目的因從自然中剔除，認為目的只能存於個人意識之中，也就是變成杜威所說的「目中之標的」（ends-in-view），科學處理自然事件的規律和法則，並不認為自然現象具有什麼終極的目的❹ 。

　　杜威指出希臘哲學以為自然一定朝向圓滿理想的目的發展，乃是誤把價值的標準當作自然存在的特性，如果了解到自然中每一性質都是自足的目的，彼此之間沒有高低上下之分，我們還是可以說自然充滿目的性。另一方面近代科學注重自然的規律和法則，排除目的因，可以使我們達到控制自然、利用自然的目標。但對杜威而言，科學只是為某一特定目的所作的反省經驗，科學所了解的自然是規律性、同質的自然，並不表示自然本身沒有目的性和性質的差異。強調自然中具有普遍的性質差異（cosmic qualitative differences），每一種性質都是自然的一個目的，這是杜威形上學的一個重要論點。

（三）互動（interaction）

　　杜威認為每一性質（quality）都是獨立自足的，這種性質直接呈現在原初經驗中，無法加以界定或說明。當我們要對自然事件作描述時，就進入反省經驗的階段，把自然當作思考和認識的對象。在這一層次，

---

❹　*Ibid.*, pp. 94-95.

杜威強調由於自然在不斷變化中，自然事件的特性（characteristics）是在它與環境和前後事件間的相互作用和關係中表現出來。每一事件都受其他事件影響，每一事件也影響到其他事件。自然存在並沒有固定不變的特性，其特性是由它所在的情境與關係網絡決定的。

例如主體（subject）與對象（object）的區別，並不是說有一種東西叫做主體，另外一種東西叫做對象。本來在自然之中出現的是未分化的事件，我們把其中的一個面向分離出來，相對於其餘的部分而言，前者被稱爲主體，後者則被稱爲對象。假設一個人在挖土，挖的行爲可以說是主體，土被挖開則是對象。推廣來說，在一個經驗事態中，人的作爲與活動（doing, acting）可稱爲主體，在活動時的經歷與遭遇（undergoing, suffering）則成爲對象。作爲與經歷本是同一個經驗，只因爲着眼的角度不同，才把它分爲兩面❹ 。而且主體與對象的劃分並非固定不變，某一情境中的主體，在另一情境中可能成爲對象。例如挖土時有另一人在旁觀察，此時挖土的行爲成爲對象，而人的觀察則是其主體。

再以結構（structure）和過程（process）的區分爲例。 這個區分也是在相對的關係和互動中才可看出。在自然中，每一事件就其比較固定、持久的特性看是一個結構，就其比較急速變化的特性看則是一個過程。例如蓋房子就是一種過程，房子蓋好之後則表現出一種結構。但是房子並不可能永久存在，它也會逐漸敗壞、傾頹，所以房子的結構也包含許多緩慢的變化過程。另一方面，蓋房子的過程中，圖樣的設計，材料的安排，施工的程序……等等也都表現出不同程度的結構，因此我們不能單獨說，某一事物是結構，某一現象是過程❹ 。

---

❹ 參看 *Art as Experience, op. cit.,* p. 44.

❹ *EN*, pp. 72–73, 參看 Robert E. Dewey, *The Philosophy of John Dewey.* (The Hague: Martinus Nijhaff, 1977), pp. 102–105.

杜威主張自然存在的特性，只能從彼此的互動和關係中去界定，這種看法帶有他早年所受黑格爾哲學影響的明顯痕跡。不過杜威又認爲自然中有許許多多不同的互動和關係網絡，每一個互動關係有一定的範圍，並且隨時在調整改變，並不像黑格爾把存在全體聯結在一個統一的關係中，把實在界當作一個有機的整體，這是兩者最大的不同點❺。

（四）連續 (continuity)

在自然的變化和互動關係中，各個事件間並沒有明確的分界線，我們也不能指出一事件什麼時候開始，什麼時候終結。從前面對物質、生命、心靈三個自然存在層次的描述可以看出，這三個層次在同一連續發展的系列上，劃分爲三個層次並不表示它們是三種各自獨立的實體，只是說有三個比較清楚的互動範圍而已。杜威顯然認爲在物質與生命、生命與心靈之間並沒有明確的界線。

自然事件的連續性在人的經驗活動中也表現得很清楚。個別經驗有其時空範圍，聽完一支歌，解出一道數學題目，可以說是一個經驗完成和終了。但是聽歌或解題之後隨即有其他經驗接連而起，例如聽完歌去散步，解完題去休息，前後經驗不只是時間上相續而已，更重要的是先前經驗爲後起經驗所吸收，成爲其中的一部份：散步時還在回味歌聲的美妙，休息時猶有解出題目的滿足感。這種先前經驗的內容與後起經驗整合的情形可以說是人類經驗普遍具有的特性，也是自然存在的一個特徵。

以連續性爲存在的特徵在杜威哲學中有另一層涵義。杜威強調自然現象與人的經驗之間並沒有鴻溝，自然事物爲人所接觸、利用、欣賞、

---

❺　參看 Richard Bernstein, *John Dewey* (New York: Washington Square Press, 1967), pp. 11–21.

認識，成爲經驗的一部份，而自然的性質和特徵也就在人的接觸、利用、欣賞、認識中逐漸展露出來。人與自然不是兩種對立的實體，而是一個不可分割的連續體（continuum）上的兩個部份。這是杜威的自然主義的一個重要結論。

五、餘　論

對杜威形上學最爲人所熟悉的批評是說那是一種人類中心論（anthropocentricism）的立場，與杜威同輩的幾個美國哲學家如桑達雅納（George Santayana）和柯亨（Morris Cohen）都持這種看法[51]。他們認爲杜威的形上學號稱要探討存在或自然的共通特徵，實際上所處理的卻是人的有限的、變動的經驗事實。所謂存在的特徵在杜威哲學中變成只是人類經驗的特徵而已。對於這種批評，杜威的答覆[52]大致可分爲兩點：

[51] Morris Cohen, "Some Difficulties in Dewey's Anthro-pocentric Naturalism", *The Philosophical Review*, Vol. XLIX, No. 2, (1940), pp. 196-228. George Santayana, "Dewey's Naturalistic Metaphysics". *The Journal of Philosophy*, Vol. XXII, No, 25, (1925), pp. 643-658, 此文收入 Sidney Morgenbesser (ed.), *Dewey and His Critics* (New York: The Journal of Philosophy Inc, 1977), pp. 343-358.

[52] 杜威對柯亨的答覆見 John Dewey, "Experience in Nature", *The Philosophical Review*, Vol. XLIX, No. 2, (1940) pp. 224-258, 此文收入 *OENF*, pp. 244-260. 對桑達雅納的答覆見 John Dewey, "Half-Hearted Naturalism", *The Journal of Philosophy*, Vol. XXIV, No. 3, (1927), pp. 57-64. 此文收入 Sidney Morgenbesser (ed.), *Dewey and His Critics, op. cit.*, pp. 359-366.

　　第一，批評者認為人類經驗的特徵不能作為自然的特徵，主要是因為他們把經驗局限於個人私有的心理內容。如果採取杜威的看法，認為經驗是指人這個有機體在環境中的一切作為和經歷，則經驗中本來就帶有所經驗的對象——也就是自然——的性質，不能把它與自然隔離。在杜威看來，人的一切作為、經歷都是自然的性質與特徵的投射與延伸。因此，不但顏色、形狀、聲音、氣味是自然的性質，人在自然中的感受如喜、惡、美、醜、尊敬、恐懼……等也是自然的性質，因為人有這些感受正表示自然具有令人喜歡、厭惡、讚美、恐懼的特徵。就這一點看來，我們不只是可以由經驗去了解自然，而且也必須由經驗去了解自然，因為如果在探究自然時把人的經驗摒除，也就摒除了自然原有的一部份性質（那些使人喜歡、恐懼……等等的性質）。即使我們有經驗以外其他認識自然特徵的方法（杜威不認為如此），這種認識也不是完整的。

　　第二，杜威強調他的經驗論只是以經驗為探究自然的憑藉，並不是說經驗與自然等同。杜威並不否認，在有人類經驗之前，自然早就存在了。例如地質學上的遠古年代，或地球上生命開始時的情況等，並不在人類經驗所及的範圍內。不過杜威指出，這些在經驗以外的自然面向，還是要由已為經驗所把握的自然性質去拓展、深入。杜威的批評者如桑達雅納所顧慮的是人以為自己所經驗到的就已涵蓋自然的全部性質和內容，因此他一再強調自然的廣大無際，倡導人對自然的謙卑、虔敬。杜威也以為人的經驗還沒有把握到自然的全體，但是他提出的對策是去擴大經驗的範圍，使人更能深入自然的內部，了解更多的自然的特徵。

　　另一種對杜威的批評是說他的形上學並不能增加我們對世界的了解。杜威主張從經驗去考察自然的特徵，其結果只是告訴我們世界就是我們日常生活經驗所見到的那個樣子。以經驗方法建立的自然主義形上

學，其具體內容不過是把我們在未作形上探究之前早已熟悉的經驗事實重述一次而已❸。這種批評背後有一個預設是：任何有關存在或自然的理論都應該包含有區分原理 (differentiating principle)，告訴我們世界上雜多的現象與性質之中，那些是基本的，那些具有重要性。杜威要求我們在說明世界時避免對經驗中直接呈現的性質作選擇性的強調，尤其反對把某一部份性質突顯出來，當作是唯一實在的事物。因此他的形上學只告訴我們一個常理 (truism)：一切存在的都存在 (Whatever is, is)。

這種批評並不完全正確。杜威實際上並不反對選擇性的強調，他也指出，一切反省思考和認知活動都是把直接經驗中呈現的性質加以分析和區別。只是杜威認為對經驗所作的選擇性強調都有特定的目的和系絡 (context)，我們不能將從一個觀點 (vantage point) 所把握的特性當作可適用於一切系絡和目的。對於某種目的具有重要性，對於另一種目的並不重要；在一系絡中是基本的，在另一系絡中可能是次要或導出的特性。杜威的工作是將為不同目的而產生的種種反省經驗如科學、道德、審美等活動給予適當的定位。透過杜威的分析，我們知道傳統形上學中的唯物論、二元論以及其他類似的化約式理論都不是妥當了解世界的方式，因此我們不能說杜威的形上學沒有增加我們對世界的認識。

杜威主張一切對世界的分析和反省，都必須回到直接呈現的原初經驗來檢驗其妥當性。但是他所說的原初經驗似乎帶有歧義。一方面，原初經驗是指我們日常生活中聞見經歷的一切現象和事物，例如桌子、椅

---

❸ 參看 John E. Smith, *Reason and God* (New Haven: Yale University Press, 1961), pp. 111–114. 並參看 Richard Bernstein, "Dewey's Naturalism", *The Review of Metaphysics*, Vol. XIII, No. 2, (1959), pp. 340–353.

子、石頭、星星、喜愛、懷疑、讚美、悲傷等等。在這個日常生活的經驗世界裏，主體與對象、心理與物質，都已經劃分開了。以這種日常生活經驗的內容作爲判斷的標準，顯然不足以推翻杜威所反對的種種二元對立的理論。而且，杜威如果只是要我們回到這個日常生活經驗的世界，那麼批評者所說，他的形上學只是一堆人人熟知的常理，就不是沒有根據了。另一方面，原初經驗又似乎是杜威的一個專門術語，所指的是一種還沒有主體與對象，心靈與物質劃分的基始狀態❺。如果以這種主客未分的基始狀態作爲自然的本來面目，當然可以否定各種二元對立的世界觀。但是爲什麼這個沒有主體和對象、心靈和物質劃分的原初經驗具有存有論上的優先地位，杜威並沒有提出論證。分析到最後，這也許只是他從頭就接受的一個信念而已。

　　杜威所提到有關自然存在的特徵都是從動態的、功能的角度去看自然事件的變化和關係。他不否認自然中有一些比較固定的形式和法則，但是一方面他認爲這些形式與法則是對原初經驗反省抽象得來的，不是經驗直接呈現的性質，只是用以安排、處理經驗內容的工具；另一方面他認爲固定性和規律性只是暫時和相對的，並非永恒不可改變。由杜威這個觀點去了解自然的本性，使人有片面而不周全之感。自然存在除了變化和互動關係之外，似乎也具有基本架構和固定法則。這些形式與法則並不依賴人的經驗而形成。以建築房屋爲例，人所設計的形式和結構雖是因設計者的目的和意圖而決定，但設計者必須遵循基本的建築原理和力學法則，否則無法蓋出房屋。這些原理和法則顯然並非爲因應人的需要才訂立的，也不會隨人的經驗而改變。

　　杜威所擔心的是把這種形式的原理和法則當作更高級的存有，並被

---

❺　參看 Robert E. Dewey, *The Philosophy of John Dewey, op. cit.*, pp. 34–39.

據以否定經驗內容的眞實性。但是我們只需把形式與法則當作使經驗事實可能成立的條件和基本架構，當做自然存在不可或缺的一個環節，並不一定要放在另一個更高的存有領域。由於杜威強調自然的本性必須經由人的經驗去了解，使他完全排除固定不變的形式法則，也使他的形上學無法對自然作完整的說明。

本文經李常井教授審閱並提供寶貴意見，特此誌謝。

兩種方法學及其產生的邏輯

·洪 成 完·

引　言

　　現代方法學給經驗科學之研究在其開展與結構方面提供了兩種不同、並具有互補的兩種觀點。第一種觀點認爲科學的發展（在結構方面）是擴大（擴展，extend, enlarge）經驗定理（empirical theorem）的集合，即，在原始的研究階段以基本語句與基本對象爲依據，在後來的每一研究階段逐漸擴展這些對象的訊息（資訊，information），增加斷言的語句；在前一階段所斷言過的語句在後來的階段仍然給予接受（肯定），但在每一階段不接受假語句，不以假語句爲定理。第二種觀點是在原始的研究階段確定研究的對象，然後接受一些基本語句作爲假設，與事實不相容的語句或假設在後來的研究階段給予放棄，並且時時保持「暫時接受的假設（tentative hypotheses）應有被反證的機會」這種態度。在一階段已被反證的語句或假設在後來的階段不予接受，但可接受此語句或此假設之否定。第一種觀點的方法學可稱爲「實徵論觀點的方法學」（'positivistic methodology'），第二種觀點的方法學可稱爲「波柏觀點的方法學」（'Popperian methodology'）。對每一種觀點都有一類特殊種類的規則，我們遵循這些規則得到特殊種類的斷言。依據「實徵論之觀點」，我們得到「在一科學研究的某階段 t，我們不得不接受陳述 φ（或斷言 φ）」這種概念；依據波柏觀點，我們得到「在一科學研究之某階段 t，我們可接受陳述 φ」這種概念。如果視邏輯是一種理論，這理論允許我們在適當的境況下可對確地斷言語句（validly assert, correctly assert）❶，或者把邏輯演算看做「對確斷言」的語

---

　❶　爲了後面討論的方便，我們製訂「理論」（'theory'）概念如下。一個理論

('correctly asserted' sentences) 句抽象化後的形式系統，則在上述
兩種概念下我們可產生不同的邏輯或邏輯演算。

我們在第一、三節 (§1, 3) 闡釋上述兩種觀點的方法學之結構，在
第二節 (§2) 導出第一種觀點的邏輯演算；在第四、五節 (§4, 5) 導出
第二種觀點的邏輯。我們的課題如下：

　　1. 實徵論觀點的方法學；

　　2. 直觀論的述詞演算 J Q 是實徵論觀點的邏輯；

　　3. 波柏觀點的方法學是「藉經驗觀察以反證」的方法學；

　　4. （藉經驗觀察）反證所產生的邏輯 C 與 R；

　　5. 一般方法學之邏輯 J, S4sob 與 C.

為了使讀者能比較方法學上的、邏輯上的「歸結」概念，筆者提供
附錄 1, 2, 3。

一、實徵論觀點的方法學

在傳統上，經驗科學之任何科學研究以事實與觀察為出發點，以原
子語句 (atomic sentences) 為基本的概念單元，原子語句指涉這一研
究過程中所觀察到的對象 (observed objects) 之間的性質與關係。科
學知識之堅固基礎是可藉原子語句表示的（直接）經驗。從擴展研究的

是由可導性關係 (deducibility relation, 也稱為「導衍關係」) ⊦與此
關係所涉及的，安排的所有直敍語句 (decralative sentences) 之聚合 S
所成的抽象集合，記作 ⟨S, ⊦⟩。S 之元素就是此理論內的語句，⊦是此
理論內的有限多個語句 $\varphi_1, \varphi_2, \cdots\cdots, \varphi_n$ 與某單一語句 ψ 之間的多對 1 關
係；'$\varphi_1, \varphi_2, \cdots\cdots, \varphi_n \vdash \psi$' 表示「由（當做前提的）假設 (assumptions)
$\varphi_1, \varphi_2, \cdots\cdots, \varphi_n$ 可導出結論 (conclusion) ψ」。

成果這一角度來看，在科學研究之一階段所獲得的觀察到的對象與斷言了的語句（陳述）在後一階段予以擴大。我們藉「簡化」以求得「統一的知識」。邏輯實徵論者於 30 年代至 50 年代間提出「意義之檢證原理」以徵別科學知識與非科學知識，「強化了」這種傳統式的方法學。參見〔5〕〔6〕。這種方法學可稱為「實徵論觀點的方法學」。

　　波柏（K. Popper）於 1934 年提出另一種觀點的方法學〔11〕。他以問題為科學研究之出發點，以暫時接受的假設為基本的概念單元，他認為科學知識沒有堅固的基礎，他藉「可反證性」（'falsifiability'）陳示一個原理（即 principle of demarcation）以徵別經驗知識與非經驗知識，經驗科學與非經驗科學。經驗知識可有（應有）被反證的可能機會，任何一個理論敏銳地恐懼被當做反證對象，則不可能成為科學理論（scientific theory）。經驗科學之方法可說是企圖反證（或反駁）的一種方法；反證（反駁）可藉經驗觀察或藉理論來反證。強調經驗觀察的反證方法，這種方法學可稱為波柏觀點的方法學❷。

---

❷　波柏在〔11〕強調：要一個理論成為可反證的理論，單獨要求這理論與其基本陳述間有一些邏輯關係是不充足的，我們必須對這理論採取批評的方法與政策。針對波柏所提出的 "principle of demarcation"「其解決的問題是否正確？」這個問題是科學方法論的內部問題，對初學者而言，這是另一高層次的問題。所有持波柏觀點的方法論者，大部分會同意：對此 principle 與解決 demarcation 問題，必須重新調整其根本前提。經驗科學不僅藉其特有的「邏輯方式」，並藉其「特有的方法」來表徵〔參見〔11〕, pp. 49-50〕。為了防衛一個可能被反證的理論，這理論可能「被系統地調整為」一個不可反證的理論。忽視這個事實，有關 demarcation 的邏輯判準將失去徵別力，在經驗科學中將無法徵別「缺乏經驗內容或不可接受的陳述」與「其有經驗內容或可接受的陳述」。因此，波柏在〔11〕§21，在論述「可反證性的邏輯研究」之前，討論了各種約定論之策略。
　　　　一個理論被公認為一個科學理論（或經驗理論）之前，這理論必須先滿足「可反證性之要求」，即，這理論可分為方法論的部分與邏輯部分（見〔11〕p. 54, p. 88）。許多人誤解或誤釋這兩部分為純邏輯之要求，而誤用方法論，甚至不能活用方法論。

我們在此不追究這兩種不同的方法學在科學史上印證的實例或實際運用上的優點與缺點。我們在此要闡釋實徵論觀點的方法在其結構方面之重點。

D1. 以離散的全序集 〈T, ≤〉 表現時間 (time)。≤是非空集 T 上的反身的，傳遞的，反對稱的，連通關係。T 之元素就是時刻 (moment)，我們以 s, t……為時刻的 (限制) 變元 (restricted variable)，以 0, 1, 2, ……, n, n+1, …… 為時刻之值。 s<t 表示 s≤t, s≠t。

我們用時刻指示 (indicate) 科學研究之階段 (stage)❸。

任何一個科學研究 R 需用一個語言來表示其成果。我們以 L_R 指這個語言中之語構部分。我們需要一組 (有限多個或可數的無限多個) 述詞，一組可觀察對象(observable objects)之名(name) (即 individual constant)，與一組可指任何對象之變元。

D2. 若 R 為一科學研究， 令 $L_R = Pred_R \cup O_R \cup V_R$，在此 $Pred_R$, O_R, V_R 都是兩兩不相交的集合。

(i) $Pred_R = \bigcup_{n \in \omega \setminus \{0\}} Pred^n_R$, $Pred^n_R$ 之元素稱為「n 元述詞」。

(ii) O_R 之元素為可觀察對象之名，以 a, b, c, …… 表示。

(iii) V_R 之元素為變元 x, y, z, ……。

(iv) 若 $P \in Pred^n_R$, $a_1, a_2, ……, a_n \in O_R$ 稱 $Pa_1 a_2 …… a_n$ 為一個

---

❸ 科學研究是一種認知活動，這種活動至少涉及二個不同的層面： 第一層面是研究者 (研究羣) 內部的各種無形活動 (包括對「論題的爭論」、「如何解題」、「概念形成」、「修正錯誤」、「進行檢驗」、「整理成果」等等互相扣緊的環節或因素。第二層面是把認知的成果呈現於公共建制之前。 第二層面的認知活動是在一階段一階段進行的， 階段有前後之別，成果之公共呈現不會在第一層面之認知活動頻繁之際呈現出來。本文所指「科學研究」是針對第二層面的認知活動而言。我們用離散的時刻指示科學研究之階段，其故在此。

原子語句 (atomic sentence)❹ 。

科學研究可當做一種結構來看。

D3. $S_0(R) = S_0 = \{\varphi: \varphi$ 爲一科學研究 R 要考慮的或可能考慮的原
子語句$\}$

D4. $S(R) = S = \{\varphi: \varphi$ 爲一科學研究 R 要考慮的或可能考慮的語
句$\}$

R 是一個（實徵論觀點的）科學研究 $\Leftrightarrow: R = \langle A_R, B_R \rangle$，在此 A_R, B_R 都是映射。

(i)　　$A_R: T \to \mathscr{P}(S_0)$

$t \mapsto A_R(t) = \{\varphi \in S_0:$ 我們（研究者）在階段 t 斷言 $\varphi\}$

(ii)　　$B_R: T \to \mathscr{P}(O_R)$

$t \mapsto B_R(t) = \{a \in O_R:$ 我們在階段 φ 觀察到（研究）一對象，
此對象之名爲 a$\}$

(iii)　　對所有 $s, t \in T$,

$s \leq t \Longrightarrow: A_R(s) \subseteq A_R(t), B_R(s) \subseteq B_R(t)$

實徵論觀點的方法學，最理想化的情形是「理想數學家」(ideal mathematician) 的認知活動，或直觀論數學家 (intuitionistic mathematicians) 之認知活動。他在每一個認知活動的每一時刻（每一階段）t 獲得或創造一些資訊，這些資訊包括他所斷言的語句（或他所建立的或證明的定理）以及有關這些語句所指涉的數學對象之名（或 parameters）間之種種性質或關係。理想數學家從未斷言假語句，他具有完整的記憶力。他所創獲的資訊會因時間之延伸而增加（他在階段 $t+1$ 所創獲的資訊比在階段 t 所創獲的不會少）。現在視 $\to, \wedge, \vee, \ell, \neg,$

---

❹　邏輯實徵論者所說的 protocol statement，在「邏輯的處理」上可化爲 atomic sentences.

∀, ∃ 為邏輯符號，ι 指一固定的假語句，'¬φ' 為 'φ→ι' 之縮寫。在階段 t，他斷言 φ∧ψ，則在此階段他斷言 φ，也斷言 ψ；反之也是。在階段 φ，他斷言 φ∨ψ，則在此階段他斷言 φ 或斷言 φ；反之也是。在階段 t，他斷言 φ→ψ，則在後來的階段 s(s＞t)，若斷言 φ 則必斷言 ψ；反之也是。在階段 t，他斷言 ¬φ，則在後來的階段 s(s＞t)，他必不斷言 φ。在階段 t，他斷言語句 ∀xφ(x)，則不僅要先知道在此階段，對所有數學對象（之名），他斷言 φ(a)，並且在未來他要知這些名 a 所指的對象是如何可依據構作的程序（可行程序）造出來的，反之也然。在階段 t，他斷言語句 ∃xφ(x)，卽表示在此階段他總可依據構作的程序（可行程序）造出一個數學對象，其名為 b 使他斷言 φ(b)，反之也然❺。

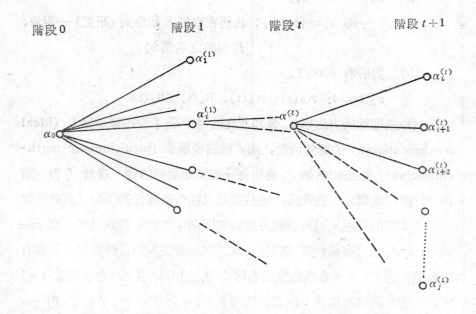

<hr />

❺ 數學的直觀論 (mathematical intuitionism) 最強調數學陳述所現的 Constructivity (構作性)，這方面最簡潔的闡釋，參見〔7〕。

　　這位理想數學家的認知活動之過程可用樹狀結構或樹（tree）來表示。這棵樹之每一結點代表他在一階段的部分資訊或一境況（Situation），在同一時刻 t，他可有二個或二個以上的結點。這棵樹之原點就是他在原始階段 0 的資訊或境況。

　　在每一結點 $\alpha^{(t)}$，對應一對集合 $A^{(t)}$，$B^{(t)}$，$A^{(t)}$ 是他在境況 $\alpha^{(t)}$ 所斷言的所有語句，$B^{(t)}$ 是他在境況 $\alpha^{(t)}$ 所創複的數學對象（之名）所成的集合。我們在這結點 $\alpha^{(t)}$ 之下方註明 $A^{(t)}$，$B^{(t)}$

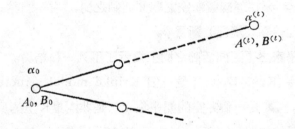

　　在此，$s < t \Longrightarrow$：$\alpha_s < \alpha_t$，$A^{(s)} \subseteq A^{(t)}$，$B^{(s)} \subseteq B^{(t)}$。

二、直觀論邏輯是實徵論觀點的邏輯

　　D5. 以 '$R \Vvdash_t \varphi$' 表示「在一科學研究 R 之階段 t，我們（研究者）斷言 φ」。依據前面的討論，我們可製訂 $\Vvdash$ 之規則。

　　D6. 如果 R 是一個科學研究，$R = \langle A_R, B_R \rangle$。

　　(i)　$\varphi \in S_0 \Longrightarrow [R \Vvdash_t \varphi \Longleftrightarrow \varphi \in A_R(t)]$

　　(ii)　$R \Vvdash_t \varphi \wedge \phi \Longleftrightarrow (R \Vvdash_t \varphi) \bigwedge (R \Vvdash_t \phi)$

　　(iii)　$R \Vvdash_t \varphi \vee \phi \Longleftrightarrow (R \Vvdash_t \varphi) \bigvee (R \Vvdash_t \phi)$

　　(iv)　$R \Vvdash_t \neg \varphi \Longleftrightarrow (\forall s > t) \ominus (R \Vvdash_s \varphi)$

(v)　$R \Vdash_t \varphi \to \psi \Longleftrightarrow (\forall s > t)(R \Vdash_s \varphi \Longrightarrow R \Vdash_s \psi)$

(vi)　$R \Vdash_t \forall x \varphi_{(x)} \Longleftrightarrow (\forall s > t)(\forall a \in B_R(s))(R \Vdash_s \varphi(a))$

(vii)　$R \Vdash_t \exists x \varphi_{(x)} \Longleftrightarrow (\exists a \in B_R(s))(R \Vdash_s \varphi(a))$ ❻

在此 $\Longrightarrow, \wedge, \vee, \ominus$ 各爲古典邏輯之眞值蘊涵、聯言、選言、否定之符號，並且均在後設語言內。

由前面的討論，一時刻（階段）t 可對應於（理想數學家之）認知活動之樹之有很多個結點。這個結果提示我們：

$R \Vdash_t \varphi \Longrightarrow$ 在理想數學家之認知活動之樹，有一結點 α（一個境況 α）他在此結點（境況）斷言 φ。

理想數學家之「認知活動之樹」提示了下列一種結構。

D7. $K = \langle K, \leq, D, \Vdash \rangle$ 是一個 Kripke model structure $\Longleftrightarrow$：

(1) $\langle K, \leq \rangle$ 是一個非空的偏序集（$\leq$ 是非空集 K 上的反身的，反對稱的，傳遞的的雙元關係），K 之元素稱爲「境況」（'Situation'）或「可能世界」（'possible world'），K 記作 $|K|$，K 有一個原點 α_0（卽：對所有其他元素 $\alpha, \alpha_0 \leq \alpha$）。

(2) D 是一個映射，其定義域爲 K，對每個 $\alpha \in K$，D_α 是一個非空集，$\alpha \leq \beta \Longrightarrow D_\alpha \subseteq D_\beta$。

(3) $\Vdash$ 是 K 之元素與語句之間的雙元關係，並且對 K 之任何元素，對任何語句 φ, ψ，下列恒成立：

(i)　若 $Pa_1a_2 \cdots a_n$ 爲原子語句，則

(a) $\alpha \Vdash Pa_1a_2 \cdots a_n \Longleftrightarrow Pa_1a_2 \cdots a_n$ 在 D_α 爲眞

(b) $(\forall \beta \geq \alpha)(\alpha \Vdash Pa_1a_2 \cdots a_n \Longrightarrow \beta \Vdash Pa_1a_2 \cdots a_n)$

---

❻　在後設語言內，'$\forall$', '$\exists$' 各讀作「對任何」，「存在」。'$\forall s < t$' 讀作「對任何 s, s<t」，'$\forall a \in X$' 可讀作「對任何 a, a∈X」或「對 X 之任何元素」其他依此類推；$\wedge, \vee, \ominus$ 各讀作「與」（「且」），「或」，「非」。

(ii)　$\alpha \mathrel{\Vdash} \varphi \wedge \psi \Longleftrightarrow (\alpha \mathrel{\Vdash} \varphi) \textcircled{\wedge} (\alpha \mathrel{\Vdash} \psi)$

(iii)　$\alpha \mathrel{\Vdash} \varphi \vee \psi \Longleftrightarrow (\alpha \mathrel{\Vdash} \varphi) \textcircled{\vee} (\alpha \mathrel{\Vdash} \psi)$

(iv)　$\alpha \mathrel{\Vdash} \varphi \rightarrow \psi \Longleftrightarrow (\forall \beta \geq \alpha)(\beta \mathrel{\Vdash} \varphi \Longrightarrow \beta \vDash \psi)$

(v)　$\alpha \mathrel{\Vdash} \neg \varphi \Longleftrightarrow (\forall \beta \geq \alpha) \ominus (\beta \mathrel{\Vdash} \varphi)$

(vi)　$\alpha \mathrel{\Vdash} \forall x \varphi(x) \Longleftrightarrow (\forall \beta \geq \alpha)(\forall b \in D_\beta)(\beta \mathrel{\Vdash} \varphi(b))$

(vii)　$\alpha \mathrel{\Vdash} \exists x \varphi(x) \Longleftrightarrow (\exists b \in D_\beta)(\beta \mathrel{\Vdash} \varphi(b))$

假定 R 是一個科學研究，則下列引理 2.1—2.4 均成立：

引理 2.1　$s < t \Longrightarrow (R \mathrel{\Vdash_s} \varphi \Longrightarrow R \vDash_t \varphi)$

引理 2.1 之證明：使用歸納法於 φ 之形成度 (complexity)❼。歸納基礎：φ 為原子語句 ($\varphi \in S_0$)，使用 D6(i) 與 D4(iii)，引理 2.1 此時成立。歸納步驟：若 φ 為 $\neg \varphi_i$ 或 $\varphi_1 \circ \varphi_2$ 或 $Q x \psi x$，$\circ$ 為 $\wedge, \vee, \neg$ 中之任何一個，Q 為 $\forall$ 或 $\exists$，假定引理 2.1 對 $\varphi_i, \psi x (i = 1, 2)$ 均成立（這是歸納假設）。

1. 若 φ 為 $\neg \varphi_i$，$R \mathrel{\Vdash_s} \neg \varphi_i$，$s < t$，我們斷言 $R \mathrel{\Vdash_t} \neg \varphi_i$；不然，非 $(R \mathrel{\Vdash_t} \neg \varphi_i)$，依 D6(iv)，得到非 $(\forall t' > t)$ 非 $(R \mathrel{\Vdash_{t'}} \varphi_i)$，故（古典地得到）$(\exists t' > t)(R \mathrel{\Vdash_{t'}} \varphi_i)$；但由假設與 D6(iv)，得到 $(\forall t > s)$ 非 $(R \mathrel{\Vdash_t} \varphi_i)$。現在 $t' > s$，得到不相容的結果 $R \mathrel{\Vdash_{t'}} \varphi_i$，又非 $(R \mathrel{\Vdash_{t'}} \varphi_i)$。依（後設語言內的）導謬法，引理對 $\neg \varphi_i$ 成立。

2-3. 若 φ 為 $\varphi_1 \circ \varphi_2$，$\circ$ 為 $\wedge$ 或 $\vee$，此時引理 2.1 顯然成立（使用

---

❼ 一個句式之形成度表示其「長度」，也表示其在何階段形成。「形成度」也稱「階」('rank')。對初階語言 (first-order language) 而言，任何句式 φ 之形成度或階之定義如下：(i) 若 φ 為原子句式或命題常元，$\mathrm{rank}(\varphi) = 0$；(ii) $\mathrm{rank}(\varphi \circ \psi) = \max(\mathrm{rank}(\varphi), \mathrm{rank}(\psi)) + 1$，在此 $\circ$ 為 $\wedge, \vee, \rightarrow$ 中之任何一個；(iii) $\mathrm{rank}(\neg \varphi) = \mathrm{rank}(\varphi) + 1$；(iv) $\mathrm{rank}(Q_x \varphi) = \mathrm{rank}(\varphi) + 1$，在此 Q 為 $\forall$ 或 $\exists$。若 $\mathrm{rank}(\varphi) = r$，則表示句式 φ 在階段 r 形成。

歸納假設）。

4. 若 φ 爲 $\varphi_1 \to \varphi_2$，假定 $R \Vdash_s \varphi_1 \to \varphi_2$，任取 t', t 使 $t' > t > s$，假定 $R \Vdash_{t'} \varphi$，由 D6(v)，得到 $R \Vdash_{t'} \varphi_2$，於是，$(\forall t > s)(\forall t' > t)(R \Vdash_{t'} \varphi_1 \Longrightarrow R \Vdash_{t'} \varphi_2)$，卽 $(\forall t > s)(R \Vdash_t \varphi_1 \to \varphi_2)$。引理 2.1 對 $\varphi_1 \to \varphi_2$ 成立。

5-6. 若 φ 爲 $Qx\psi x$，Q 爲 $\forall$ 或 $\exists$，由 D6(vi),(vii)，得到

$R \Vdash_s Qx\psi x \Longleftrightarrow (Qs > t)(Qa \in B_R(t))(R \Vdash_t \psi a)$

任取 $t' > t$，利用 D4(iii)，得到 $B_R(t) \subseteq B_R(t')$；利用歸納假設，得到 $R \Vdash_{t'} \psi a$，於是，$R \Vdash_s Qx\psi x \Longrightarrow (Qt' > t)(Qa \in B_R(t'))(R \Vdash_{t'} \psi a)$，$R \Vdash_s Qx\psi x \Longrightarrow R \Vdash_t Qx\psi x$，引理 2.1 證畢。

引理 2.2 對任何 $t > 0$，$\varphi \in S \backslash S_0$，$R \Vdash_t \varphi$ 與 $R \Vdash_t \neg\varphi$ 不能同時成立

引理 2.2 之證明：假定 $t > 0$，$\varphi \in S \backslash S_0$，$R \Vdash_t \varphi$, $R \Vdash_t \neg\varphi$；由 D6(iv),$(\forall s > t)$ 非 $(R \Vdash_s \varphi)$；由引理2.1，由 $R \Vdash_t \varphi$ 得到 $R \Vdash_s \varphi$，我們得到不相容的結果。

引理 2.3 $t > 0$，$R \Vdash_t \varphi$, $R \vDash_t \varphi \to \psi \Longrightarrow R \vDash_t \psi$

引理 2.3 之證明：假定 $t > 0$，$R \Vdash_t \varphi$, $R \Vdash_t \varphi \to 4$。由 D6(v) 與引理 2.1，對任何 $t' > t$，$R \Vdash_{t'} \varphi$；$R \Vdash_{t'} \varphi \Longrightarrow R \Vdash_{t'} \psi$；於是 $R \Vdash_{t'} \psi$。我們斷言非 $(R \Vdash_t \neg\psi)$，不然，$R \Vdash_t \neg\psi$；於是，由 D6(iv)，$(\forall t'' > t' > t)$ (非 $R \Vdash_{t''} \psi$)，$t'' > t$，由引理 2.1，由 $R \Vdash_t \psi$ 得到 $R \Vdash_{t''} \psi$。於是，由假定 $R \Vdash_t \neg\psi$ 得到不相容的結果，$R \Vdash_{t''} \psi$，非 $R \Vdash_{t''} \psi$。故，非 $(R \Vdash_t \neg\psi)$。由引理 2.2，得到 $R \vDash_t \psi$。

引理 2.4 若 φ 不含自由變元 x，$\psi(x)$ 含自由變元 x，則

(a) $R \Vdash_t \varphi \to \psi(x) \Longrightarrow R \Vdash_t \varphi \to \forall x \psi(x)$

(b) $R \Vdash_t \psi(x) \to \varphi \Longrightarrow R \Vdash_t \exists x \psi(x) \to \varphi$

引理 2.4 之證明： 假定 φ 不含自由變元 x，ψ_x 含自由變元。（b）之證明類似 (a) 之證明， 我們只證 (a)。 假定 $R \Vdash_t \varphi \to \psi_x$，但非 $(R \Vdash_t \varphi \to \forall_x \psi_x)$ 由 D6(v)，非 $(\forall t' {>} t)(R \Vdash_{t'} \varphi \Longrightarrow R \Vdash_{t'} \forall_x \psi_x)$，故（古典地得到）$(\exists t' {>} t)[R \Vdash_{t'} \varphi$，但非 $(R \Vdash_{t'} \forall_x \psi_x)]$；於是，由 D6(vi)，

$$(\exists t' {>} t)[R \Vdash_{t'} \varphi, (\exists t'' {>} t')(\exists a \in B_R(t'')) \text{非} (R \Vdash_{t''} \psi_a)]$$

但若 $t'' {>} t' {>} t$，由假設 $R \Vdash_t \varphi \to \psi_x$ 得到 $R \Vdash_{t''} \varphi$，但對任何 $a' \in B_R(t'')$，$R \Vdash_{t''} \psi_{a'}$；令 a' 為 a，得到不相容的結果：

$$(\exists t'' {>} t)(R \Vdash_{t''} \psi_a, \text{又非} (R \Vdash_{t''} \psi_a))$$

（在後設語言內）由導謬法得證 (a)。

JQ 指直觀論的述詞演算❽。

定理 2.5　$\vdash_{JQ} \varphi$（φ 是 JQ 的形式定理）$\Longrightarrow$ 在每個科學研究 R 之每一階段 t，$R \Vdash_t \varphi$

證明之策略： 要驗證 $(1°)$ 對 JQ 每一個公設 φ，對任何科學研究 R 之每一階段 t，$R \Vdash_t \varphi$；$(2°)$ 任何科學研究 R 在每一階段 t 保持 JQ 之推演規則之「對確性」（這是引理 2.3, 2.4 之結果）。

$(1°)$ 之驗證不難，我們略去這些驗證。

對任何 Kripke model structure K 而言， 引理 2.1—2.4 之類似情形也成立（證明省略）。

例如：

引理 2.1′　$\alpha {<} \beta \Longrightarrow (\alpha \Vdash \varphi \Longrightarrow \beta \Vdash \varphi)$

由〔1〕或〔15〕或〔9〕所建立的直觀論述詞演算的完備定理，我們知道下列成立：

定理 2.6　在每一個科學研究 R 之每一階段 t，$R \Vdash_t \varphi$

---

❽　直觀論述詞演 JQ 之系統，參見附錄 1。

$\Longrightarrow$ 在每一個 Kripke model structure **K**，對每個 $\alpha \in K$, $\alpha \Vvdash \varphi$

$\Longrightarrow \vdash_{JQ} \varphi$

因此，由定理 2.6 與定理 2.5，得到下列結果：

定理 2.7　$\vdash_{JQ} \varphi \Longleftrightarrow$ 在每一個科學研究 R 之每一階段 t, R $\Vvdash_t \varphi$

這個結果告訴我們：直觀論的述詞演算 JQ 是實徵論觀點的方法學的邏輯。

在邏輯史上及與哲學史上留下一個有趣問題：為什麼在 30 年代至 50 年代之間，邏輯經驗論者（邏輯實徵論者）在倡導「意義之檢證學說」時，為什麼不採用這期間被邏輯界所重視的直觀論邏輯 JQ 而採用二值邏輯（古典邏輯）來建造這個學說？

三、波柏觀點的方法學是「藉經驗觀察以反證」的方法學

波柏〔11〕曾提出經驗陳述（empirical statement）與非經驗陳述之徵別在於前者可與各種可能觀察（observation）不合而被反證。徵別經驗科學與非經驗科學的唯一判準是可反證性（falsifiability）。反證（falsification）有兩種基本類型：'falsification by empirical observation' 與 'falsification by theory'。

在本節我們先釐訂一些基本定義，然後引介並且補充波柏觀點的方法學或 'falsification by empirical observation' 在其結構方面的重要規則，這些常是被國內人士所忽視或被誤解的。

為了避免「接受」（'acceptance'）一詞所衍生的含混（vagueness）與歧義（ambiguities），我們不得不引介後面所提出的定義（界說）

D1—D15。當科學中 logical construction 的方法已成為許多「科學之哲學家」所習用的一種（或一個）標準方法時，在經驗科學之方法學之語言中引介「接受」概念，才可避免這概念所衍生的含混與歧義。這概念是形式科學「數學與邏輯」中「定理」這概念在非演繹的語用方面的類比式的概念——但「接受」與「定理」不同；「定理」可藉基本前提（卽 axioms 或 postulates）與推演規則來界定；由於「假設之可接受性」缺乏共同的瞭解與同意，我們不能採取類似「定理」之定義來界定「接受」或「可接受」這概念。但「定理」與「接受」可有一些共同的要求：一個演繹理論或演繹科學之所有定理所成的集合必須具有「一致性」（或「無矛盾性」）（'consistency'）我們在一科學研究中不可永遠接受互相不一致（互相矛盾）的陳述。

「接受」可有下列三種意義：（1°）接受一個陳述，卽將其歸入經檢驗後的經驗假設之集合中，視此集合為一個一致集；（2°）接受一個陳述，卽將其歸入另一組（互不相容，但）未經檢驗的假設之集合中，這些假設值得檢試，並可能給我們提供經驗批評（empirical criticism）之題材。我們期望這些假設中之某一個可替換我們所接受的這個陳述；（3°）接受一個陳述，卽將其歸入非經驗陳述之集合中，這些非經驗陳述可視為經驗理論（empirical theory）的具潛力的第三可能的假設。

對於(1°)、(2°)兩種「接受」概念，陳述之可檢驗性(testability)、或可檢試程度、或可印證程度可提供我們如何選定陳述、評估陳述的意義。波柏所強調的「可接受」的陳述是指（1°）、（2°）所指的這兩種陳述。這種陳述與（3°）所說者不同，前兩種必須有可反證的機會，而第三種缺乏反證的機會。

D8.「在地點 p、時刻 t、有一對象」這種形式的陳述就是第一種基本陳述（第一種基本語句，basic statement of first kind）。

D9. 「在地點 p、時刻 t、有一可觀察對象」這種形式的陳述就是一個觀察陳述 (observation statement) 或觀察語句。

D10. 任何一個原子語句為第二種基本語句。

D11. φ 是一個基本陳述 $\Longleftrightarrow \varphi$ 是第一種或 φ 是第二種基本陳述或兩者❾。

D12. 「在地點 p、時刻 t 我（觀察者）觀察到一個對象」這種形式的陳述是我（觀察者）之一個「觀察報告」('observation report')。

D13. $O=\{\varphi: \varphi$ 是一個觀察陳述$\}$，Γ，$\triangle$指 O 之子集。T 指我們在科學研究之過程中一向堅持不疑的 background knowledge 或 background theory （我們所預設的理論）或我們所必須遵循的規則與規約（包括邏輯規則與實驗規則）❿。

D14. 一個（經驗）陳述 φ 是可反證的 (falsifiable)$\Longleftrightarrow$O 有一個一致的，有限的子集「使得 Γ 之聯言 $\bigwedge \Gamma$ 蘊涵 φ 之否定⓫ $((\bigwedge \Gamma) \Longrightarrow \neg \varphi)$。

---

❾ 波柏為舉例方便，在其著作〔11〕的前半部 (pp. 46-104) 所說的基本陳述 (basic statement) 都是限於 $\exists x \varphi (x)$ 這種形式的語句。他的基本陳述就是我們的第一類基本陳述。從邏輯觀點來看，任何科學研究必須假定或接受一些研究的基本對象，並考慮一些基本的原子語句 $Pa_1, a_2, \cdots\cdots a_n$，這種語句指涉對象之間的關係（若 $n \geqslant 2$）或性質（若 $n=1$），在此每個 a_i 指謂一基本對象，a 為此對象之名。

❿ 我們如何知道一個陳述 φ（甚至一組陳述Γ）面臨嚴格的檢驗（檢證, test)？一個嚴格的、經驗的檢驗是在於尋求 φ（或 Γ）的反駁 (refutation) 或求得一個反例 (counter-example)〔使 φ（或 Γ）為假的實例〕。於是，在尋求反例時，我們自然依據 background theory （或 background knowledge) 之已知結果來反駁最冒險的預測與最「不像樣」的結論。background theory 之一主要用處在此。參見〔11〕p. 240, p. 390。

⓫ 在陳述定義 D14., D15. 時，我們在後設語言內假定了 intuitive logic，而這種邏輯並非全部來自古典邏輯（二值邏輯）。「否定」與「蘊涵」未必是二值邏輯的「否定」與「真值蘊涵」('truth-functional implication')。綜觀 K. Popper〔11〕與〔12〕中所顯現的推理，他默然採用的邏輯極可能是介於模態邏輯 S 4 與直觀論邏輯 JQ 之間的邏輯。

D 15. 依據 background theory T，一個陳述 φ 是可反證的 (falsifiable on the ground of background theory T)$\Longleftrightarrow$O 有一個一致的、有限的非空子集「使得 $\Gamma \cup T$ 的聯言 $\bigwedge(\Gamma \cup T)$ 蘊涵 φ 之否定 $(\bigwedge(\Gamma \cup T) \Longrightarrow \neg\varphi)$[12]。

| 放棄之規則 **1** | (Rejection Rule **1**)：

（1）可反證的任何陳述，或依據 background theory T 可反證的任何陳述在科學研究中應予放棄 (rejected)。

（2）在研究階段 t 所放棄的（基本）陳述在後來的階段也予放棄（即不接受）。

| 接受之規則 **1** | (Acceptance Rule **1**)：

若 $\varphi \in T$ （φ 爲來自 background theory 的陳述），則我們接受 φ。

D 16. 若 $\Gamma \subseteq O$，Γ 與陳述 φ 不相容 (incompatible with φ)$\Longrightarrow$ (i) Γ 之聯言 $\bigwedge\Gamma$ 蘊涵 φ 之否定或 (ii) $\bigwedge(\Gamma \cup T)$ 蘊涵 φ 爲假。滿足條件 (i) 或 (ii) 的集合稱爲「反駁 φ 的判準」（「放棄 φ 的判準」）。

D 17. 一個陳述之「經驗內容」('empirical content') 指 φ 將O 劃分而成的二個互不相交的集合。

$$\{\phi \in O: \ \phi \text{ 與 } \varphi \text{ 相容}\}, \ \{\phi \in O: \ \phi \text{ 與 } \varphi \text{ 不相容}\}$$

注意：反駁 φ 的判準一旦改變，則 φ 的經驗內容也隨之改變。

| 接受之規則 **2** | (Acceptance Rule **2**)：

---

[12] 爲了敍述方便，我們把 background theory 當做一個集合（即 a set of statement），並且在可導性關 (deducibility relation)⊢之下閉合。

若 φ 不是可反證的，我們不能只依據 φ 與所知事實相容，φ 可能為真而接受 φ。

D18. 一個陳述 φ 之真假之指示值 γ 是一個變數 γ，其所取之值是依據 background theory T 之某些要求（或規則或規約）後，賦予的數值（正值或負值），依據此值顯示 φ 可能為真或假，而在科學研究之過程中接受或反棄 φ[13]。

D19. 在下列所有情形 (i)－(iii)，如果 φ 之指示值取同一個值，則 φ 之指示值是不可信的：(i) φ 為真；(ii) φ 之否定為假；(iii) φ 沒有經驗內容。

D20. 若 φ 的指示值是不可信的，則稱 background theory T 中有些部分或全部（規則或規約或要求）是不合理的[14]。

經驗科學在理論上有一個目標，是將經驗陳述（經驗語句）分成真的和假的兩類。經驗陳述有基本陳述，這些陳述是在研究開始的階段或在後來的階段，參與研究者同意或決定的、並且與研究題材相干，（暫時）接受的陳述。基本陳述仍賦予可被反證的機會。

D21. 以基本陳述為基礎，因可能為真而被接受的陳述 φ，成為後

---

[13] 我們在此不討論「如何製訂 φ 之指示值」這個問題。這是需要科學研究之參與者之深厚經驗與洞察力來提供，再配合統計推測（或假設推定）之方法工具來追究的問題。

[14] 當我們發現我們所遵循的一些規則與／或規約與／或預設的假設是不合理時，我們就面臨一次「理論之調整」：重新改造 background theory T（消除不合理的陳述或規則或規約或假設），或更換 T 之全部假設。這種調整可能涉及一些更基本的哲學觀點，研究羣內部之共識或者涉及重新建造新理論的問題。調整 T，比依據 T 來發展科學研究，至少高一層。「理論之調整」或 theory change 之後設邏輯的理論已超越一般方法學，近五年來這種後設邏輯的理論已有多人作深入的研究，並引起邏輯家與科學哲學家之注意。

來階段 t 中做研究推論之「出發點」或做為支持這研究之重要陳述，稱 φ 為在階段 t 的一個假設 (hypothesis)。

我們實際上不可能有一個「永無謬誤的方法」，使用這方法一次就可永久建立一假設之真。我們接受假設 φ 可為真之必要條件是：φ 與所知事實相容，這個條件也可提示我們給 φ 之指示值。

如果接受「與已知事實相容為 φ 之指示值之必要條件」；則必須接受下列二個規則。

放棄之規則 2

若發現了與假設 φ 不相容的事實（或者，接受了與 φ 不相容的基本陳述），則 φ 應予放棄。

接受之規則 3

若 φ 滿足下列二個條件，則 φ 因可能為真而被接受為一假設：

(i) 　與 φ 相容之所有基本陳述都接受了。

(ii) 　與 φ 不相容的事實從未發現或獲得（或者，我們所接受的基本陳述無一不與 φ 相容）。

接受之規則 4

(i) 　對科學研究之任何二個階段 t_1, t_2, $t_1 < t_2$，我們在階段 t_2 接受基本陳述 φ，則必在早先的階段 t_1，已接受了這個基本陳述。

(ii) 　我們不在科學研究之同一階段，同時接受，也放棄同一個陳述。

(iii) 　在科學研究之某一階段 t，在 t 之前的另一階段 t'，我們可

考慮一個基本陳述 φ 及其否定 $\neg\varphi$（然後在 t 之後的某一階段，視 φ，$\neg\varphi$ 為兩個「假設」而個別發展理論，然後試加反證其中之任何一個）。

(iv) 若 φ 是可反證的，或者，依據 background theory T，φ 是可反證的，若 $\neg\varphi$ 為眞，則可接受 $\neg\varphi$。

檢證與「接受之規則 3」可配合使用：檢證過的假設若為眞，我們就接受；若為假，我們就反棄。

任何經驗程序均有產生差誤的可能，所以，我們必須減少這些差誤可能出現的境況，也必須減少濫用這程序之境況。我們必須對產生這種差誤與濫用的情況加以注意。於是，我們自然面臨下列問題：對一個要檢驗（檢證）的陳述 φ 而言，印證 φ 的憑據（或 φ 缺乏否證的憑據）何時提供 φ 的可信的指示度？

若不用經驗或「接受之規則 3」來建立 φ 之眞，則 φ 不是經驗陳述。

若印證 φ 的憑據不能提供可信的指示度，並且（在邏輯上）我們不能獲得或發現這指示度，則有二種情形：「接受規則 3」有其不合理之處或者 φ 不可能以經驗來辯說（not empirically justified）。

「接受之規則 3」之應用可否產生誤導？要解答此問題，我們必須澄清我們所期望的 φ 的指示度指示了什麼？在應用這規則時，Γ 與所有已知事實相容」指示了下列任何一種情形：

(c1) 與 φ 不相容的事實不存在（與 φ 不相容的，眞的觀察陳述不存在）。

(c2) 與 φ 不相容的觀察陳述不存在，但這些陳述指涉邏輯上所有可能的觀察。

(c3) 存在與 φ 不相容的觀察陳述，但這些陳述指涉邏輯上所有可

能的觀察，並且這些陳述都是假的。

　　由 (c2) 與 (c3) 可導出 (c1)。 (c2) 所提的觀察陳述可以是定義式的陳述（用定義形式寫出或用定義條件表示的陳述）與一些眞的經驗陳述。(c3) 所提的觀察陳述完全是經驗陳述。 因此， 在運用「接受之規則 3」於 φ 之前， 在未確定 φ 是否含有任何經驗資訊（empirical information）之前， 就冒然說 φ 是一個眞語句（眞陳述）， 將是一個錯誤。

　　「接受之規則 3」之條件 (i) 對所有眞的經驗陳述都成立。我們旣然知道檢驗（檢證）程序外，實際上沒有「永無謬誤的方法」以徵別眞的經驗陳述， 因此條件 (ii) 對下列各種陳述有實際的效果，這些陳述是：

　　(a)「解析語句」（其否定爲一矛盾語句）；

　　(b) 指涉不可能觀察的現象，並且缺乏觀察方面的結論的陳述；

　　(c) 涉及下列四種常見的情況的陳述：

　　(1°) φ 之經驗內容因境況之遞變而致無法反駁，例如，針對某些經驗基礎， 調整了 φ 之可反證性或放棄之判準。在這種情形，φ 不能以所接受的基本陳述爲基礎來反駁。

　　(2°) φ 之反駁之判準是「假定爲極不可信的事實」，「極不可信」又沒有可行的判準。因此，「放棄」之判準也模糊。

　　(3°) φ 是被一些能力不夠或不可信任的人所檢驗（檢證）的，這些人可以是事實的觀察者，檢驗（檢證）過程之設計者與／或執行者。

　　(4°) φ 是在一個無言論自由或無研究自由的境況中進行檢驗的，以致於研究者不准顯示與 φ 不相容的事實。

　　所謂「缺乏否證的憑據」，可解釋爲：不但假定所要檢驗（檢證）的陳述 φ 是眞的經驗語句，並且指涉 (1°)—(4°) 中任何一種情形的各

種「理由」。對於漠視 (1°)—(4°) 的人，或者誤認「缺乏經驗內容」就是表示「理論之為真」的人，波柏的名言 "Irrefutability is not a virtue but a vice" 是一種激勵。在應用「接受之規則 3」時，我們必須盡力消除 (1°)—(4°) 中任何一種「堅持的理由」。上述情況 (1°)—(4°) 未必窮盡「缺乏否證 φ 的憑據」的所有情況，但都是常見的。因此，為了波柏觀點的方法學在理論上之健全，我們必須製訂另一個「後設規則」以增強「接受之規則 3」。

後設規則

接受之規則 3 不可使用於

(1) 屬於集合 F 的任何陳述 φ，在此

$\psi \in F \Longleftrightarrow$ (i) 依「接受之規則 3」接受 ψ，並且 (ii) 未經檢驗程序，我們就事先知道（可證實）$\psi \in F$。

(2) 境況 S，在此

S 不是用 φ 的檢驗程序之結果來表示的境況，並且在境況 S 運用「接受之規則」則蘊涵這規則允許我們接受 φ。

我們在前面闡釋了波柏的 "refutation by empirical observation"。更高層次的 refutation 還有 "refutation by theory"。J. O. Wisdom 曾舉例說明科學中有些陳述是難於、或不可能使用經驗觀察法來反駁的（或反證的）〔參見 J. O. Wisdom: The refutability of "irrefutable law", *British Journal for the Philosophy of Science*, 1963, pp. 303-306〕。例如，「能量有連續值」('there are continuous values for energy') 這個陳述。這是古典物理學的一個結論，如果您不能得到能量的 continuous levels，你可能認為我們未有良好的儀器裝置成功地找出這些 levels；因此，您不可能以經驗的觀察方法來反

駁這個陳述。但我們可藉量子力學之一些結論來反駁〔這需要考慮波動方程式，並由此導出能量之固有值〕。這個例子告訴我們：不能被經驗觀察所反駁的陳述，可被一個理論所反駁。依波柏的看法，empirical theories 都是可藉經驗觀察來反駁的（反證的）。但有一些其他理論是可用理論來反駁的 (refutable by theory)。

「科學研究」在第二層面的認知活動（見❸）之結果可看做「有系統化的」陳述所組成。這些陳述可分為三類：(i) 所有（一般的）經驗陳述，這些都可藉經驗觀察來反駁；(ii) 不能藉經驗觀察來反駁（反證）的陳述，這些陳述可能涉及形上學，是可藉理論來反駁的（反證的）。(i) 及 (ii) 這兩類陳述構成科學之主幹；(iii) 預先假設一個「有內容的陳述」並據之形成的陳述，這種陳述可稱為「預設」('presupposition')。這種陳述（如牛頓力學之「絕對空間」概念的陳述）也不是可藉經驗觀察來反駁的，必須藉另一個理論來反駁，例如，一般相對論之反駁「絕對空間」概念。

對任何一個非經驗理論 (non-empirical theory)，例如，心理學中的佛洛依德的心理分析，我們不能先驗地 (a priori) 斷言這種理論是不可檢驗或不可反駁的。不可檢驗的，或不可反證的理論可能刺激你，甚至激勵人們發展出一個可檢驗的或可反證的理論。這是不可檢證的或不可反證的理論之一個功用。

四、（藉經驗觀察）反證所產生的邏輯 C 與 R

採取波柏觀點的方法學所行的科學研究 R 可當做一個結構。

D22. 'R $\vDash_t \varphi$' 表示「在科學研究 R 的階段 t，我們（研究者）接

受 φ」

D23. **R** 是（波柏觀點的）科學研究 $\Longleftrightarrow$

R $= \langle \text{Accept}_R, \text{Refute}_R, \text{T}_R \rangle$

在此

(i) T_R 是這個研究 **R** 所必須預設的 background theory, $\lambda \notin \text{T}_R$（人為一固定的假語句）。

(ii) Accept_R, Refute_R 都由 S（所有陳述所成的集合）映入 T（時間）的映射（S 與 S_0 如定義 D3 所提）。對任何 $\varphi \in S$,

$\text{Accept}_R(\varphi) = \{t \in T : R \models_t \varphi\}$

$\text{Refute}_R(\varphi) = \{t \in T : R \models_t \neg\varphi\}$

(iii) $\models$ 之基本規則如下（以 s, t, s′, t′, s″, t″, …… 為階段變元）：

(1) $\forall t \forall \varphi \in \text{T}_R (R \models_t \varphi)$

(2) $\forall \varphi \in \text{S}_0 \forall s < t \lceil (R \models_t \varphi \Longrightarrow R \models_s \varphi) \wedge (R \models_t \neg\varphi \Longrightarrow R \models_s \neg\varphi) \rfloor$

(3) $\forall \varphi \in S (T = \text{Accept}_R(\varphi) \cup \text{Refute}_R(\varphi))$

(4) $\forall \varphi \in \text{S}_0 \backslash \text{T}_R \forall t (\exists s > t)(\forall s' < s)(R \models_s \varphi \wedge R \models_s \neg\varphi)$

(5) $\forall \varphi \in \text{S}_0 \forall t \lceil (R \models_t \varphi \Longleftrightarrow t \in \text{Accept}_R(\varphi)) \wedge (R \models_t \neg\varphi \Longleftrightarrow t \in \text{Refute}_R(\varphi)) \rfloor$

(6) $\ominus (R \models_t \lambda)$ (t 為任何階段) (即 $R \models_t \lambda$ 不成立)

(7) 對任何 $t \in T$, O 有一個有限的一致的子集 Γ 使得

$R \models_t (\wedge \Gamma)$。

由 D23. (iii) 之 (6)，在直覺上可得到：若在階段 t, φ 是可反證的，或者，依據 background theory T_R, φ 是可反證者，則 $R \models_t \neg\varphi$。因此，'$R \models_t \neg\varphi$' 可讀作「在階段 t, 反證 φ」。

D24. (繼續 D23.)⑮

→，∧，∨，↙ 都是邏輯連號，前三者未必是二值邏輯的連號。

(8) $R \vDash_t \varphi \lor \psi \Longleftrightarrow (R \vDash_t \varphi) \ovee (R \vDash_t \psi)$

(9) $R \vDash_t \varphi \land \psi \Longleftrightarrow (R \vDash_t \varphi) \owedge (R \vDash_t \psi) \land \neg (\varphi \land \psi) \notin T_R$

(10) $R \vDash_t \varphi \to \psi \Longleftrightarrow \forall s < t (R \vDash_s \varphi \Longrightarrow R \vDash_s \psi)$

(11) $R \vDash_t \neg\neg\varphi \Longleftrightarrow R \vDash_t \varphi$

引理 **4.1** 非 $(R \vDash_s \varphi) \Longrightarrow R \vDash_s \neg\varphi$

證明：假定 $R \vDash_s \varphi$ 不成立，則 $s \notin \text{Accept}_R(\varphi)$，由 D23(iii)(3)，$s \in \text{Refute}_R(\varphi)$，故 $R \vDash_s \neg\varphi$。

引理 **4.2** 對任何語句 φ，$\forall s < t [R \vDash_t \varphi \Longrightarrow R \vDash_s \varphi]$

證明：使用歸納法於 φ 之形成度。證明省略。

引理 **4.3** $R \vDash_t \varphi$，$R \vDash_t \varphi \to \psi \Longrightarrow R \vDash_t \psi$

證明：假定 $R \vDash_t \varphi$，$R \vDash_t \varphi \to \psi$。任取 $s < t$，由引理 4.2，得到 $R \vDash_s \varphi$；由 D24(10)，$R \vDash_s \varphi \Longrightarrow R \vDash_s \psi$；故 $R \vDash_s \psi$。我們斷言 $R \vDash_t \psi$。不然，非 $(R \vDash_t \psi)$，依引理 4.1，$R \vDash_t \neg\psi$；即 $R \vDash_t \psi \to \downarrow$；因 $s < t$，由 D24(10)，$R \vDash_s \psi \Longrightarrow R \vDash_s \downarrow$；但 $R \vDash_s \psi$，故 $R \vDash_s \downarrow$，這與 D23(6) 衝突。至此，依導謬法，非非 $(R \vDash_t \psi)$；由引理 4.1，$R \vDash_t \neg\neg\psi$；由 D24(11)，$R \vDash_t \psi$ 證畢。

引理 **4.4** $R \vDash_t \varphi$，$R \vDash_t \psi \Longrightarrow R \vDash_t \varphi \land \psi$

證明：假定 $R \vDash_t \varphi$，$R \vDash_t \psi$

case 1 　$\neg(\varphi \land \psi) \notin T_R$。由 D24(9)，得到 $R \vDash_t \varphi \land \psi$

---

⑮　D23. 之 (9) 是考慮「與 background theory T_R 是否相容」而制訂的；(10) 表示「φ 蘊涵 ψ」是「接受」之一種推廣。(11) 只是為方便陳述於此，(11) 表示多數科學研究者所願接受的「雙重肯定律」。

case 2 $\neg(\varphi \wedge \psi) \in T_R$。因 $\neg(\varphi \wedge \psi) \rightarrow (\varphi \rightarrow \neg \psi)$ 是直觀論邏輯 JQ 之定理，而 JQ $\subseteq$ T$_R$，故 $\neg(\varphi \wedge \psi) \rightarrow (\varphi \rightarrow \neg \psi)$；由 D23(1)，得到：對任何 t′

$R \models_{t'} \neg(\varphi \wedge \psi)$, $R \models_{t'} (\neg(\varphi \wedge \psi) \rightarrow (\varphi \rightarrow \neg \psi))$；依引理 4.3，得到 $R \models_{t'} (\varphi \rightarrow \neg \psi)$；令 t′ 爲 t，因此 $R \models_t \varphi \rightarrow \neg \psi$，因假定 $R \models_t \varphi$，由引理 4.3，$R \models_t \neg \psi$ 即 $R \models_t (\psi \rightarrow \iota)$；由假定與引理 4.3，得到 $R \models_t \iota$，但這與 D23(6) 衝突。至此 case 2 不可能。於是證得引理 4.4。

定理 4.5 〔古典命題演算 C 之完備定理〕

$\vdash_C \varphi \Longleftrightarrow$ 對每一個科學研究 R，若 JQ $\subset$ T$_R$，則在每個階段 t，$R \models_t \varphi$

證明：（Ⅰ）$\Longrightarrow$部分：只要證明下列（C1），（C2）成立就可以：

（C1）φ 爲 C 之任何一個公設 $\Longrightarrow R \models_t \varphi$

（C2）肯定前項律之變形 "$R \models_t \varphi$, $R \models_t \varphi \rightarrow \psi \Longrightarrow R \models_t \psi$" 在 T$_R$ 內對確，由引理 4.3，（C2）成立。

注意：由附錄 1，C 與 J（直觀論命題演算）有共同的邏輯符號 $\rightarrow, \wedge, \vee, \iota$。除公設型 $\neg\neg\varphi_1 \rightarrow \varphi_1$ 外，C 之其他公設就是 J 之公設。令 '$(\forall s)_t$', '$(\exists s)_t$' 各表示閉束量號 '$\forall s < t$', '$\exists s < t$'。

（C1.1）若 φ 是 $\neg\neg\varphi_1 \rightarrow \varphi_1$，則在每個階段 t，$R \models_t \varphi$

（證明）$R \models_t \varphi \Longleftrightarrow R \models_t (\neg\neg\varphi_1 \rightarrow \varphi_1) \Longleftrightarrow (\forall s)_t (R \models_s \neg\neg\varphi_1 \Longrightarrow R \models_s \varphi_1)$，由 D24(11)，知右上式成立。故 $R \models_t \varphi$。

（C1.2）若 φ 是 J 之任何一個公設型，則在每一個階段 t，$R \models_t \varphi$

（證明）此 φ 不含 $\forall, \exists$，但依 D23, D24, $R \models_t \varphi$ 可表示爲 JQ 的命題是 $\varphi^*(t)$，這種命題含有（對階段變元的）閉束量號 $(\forall s)_t$, $(\forall s')_s$, $(\forall s'')_{s'}$, 等等。要證明（C1.2）就要證明：對 J 之每個公設型 φ，$\vdash_{JQ} \varphi^*(t)$。

例如：φ 為公設 $\varphi_1 \rightarrow (\phi_1 \rightarrow \varphi \wedge \phi_1)$，則

$$R \vDash_t \varphi \Longleftrightarrow R \vDash_t (\varphi_1 \rightarrow (\phi_1 \rightarrow \varphi \wedge \phi_1))$$

$$\Longleftrightarrow (\forall s)_t [R \vDash_s \varphi_1 \Longrightarrow R \vDash_s (\phi_1 \rightarrow \varphi_1 \wedge \phi_1)]$$

$$\Longleftrightarrow (\forall s)_t [R \vDash_s \varphi_1 \Longrightarrow (\forall s')_s (R \vDash_{s'} \phi_1 \Longrightarrow R \vDash_{s'} \varphi_1 \wedge \phi_1)]$$

我們不難驗證最後命題是 JQ 的定理：任取 $s < t$，假定 $R \vDash_s \varphi_1$，任取 $s' < s$，假定 $R \vDash_{s'} \phi_1$，由引理 4.2, $R \vDash_{s'} \varphi_1$；由引理 4.4, $R \vDash_{s'} \varphi_1 \wedge \phi_1$。因此，由 JQ 之 ($\rightarrow$-intro) 規則〔卽 Deduction Theorem〕，$R \vDash_{s'} \phi_1 \Longrightarrow R \vDash_{s'} \varphi_1 \wedge \phi_1$；由 ($\forall$-intro), $(\forall s')_s [R \vDash_{s'} \phi_1 \Longrightarrow R \vDash_{s'} \varphi_1 \wedge \phi_1]$，再由 ($\rightarrow$-intro) 與 ($\forall$-intro)，得到

$$(\forall s)_t [R \vDash_s \varphi_1 \Longrightarrow (\forall s')_s [R \vDash_{s'} \phi_1 \Longrightarrow R \vDash_{s'} \varphi_1 \wedge \phi_1]]$$

於是 $R \vDash_t (\varphi_1 \rightarrow (\phi_1 \rightarrow \varphi_1 \wedge \phi_1))$。

例如：φ 為 **J** 之公設 $\iota \rightarrow \varphi$,

$$R \vDash_t \varphi \Longleftrightarrow (\forall s)_t [R \vDash_s \iota \Longrightarrow R \vDash_s \varphi],$$

由 D23(6), $\neg [R \vDash_s \iota]$，由 JQ 之定理 $\neg p \Longrightarrow (p \Longrightarrow q)$，令 p 為 $[R \vDash_s \iota]$, q 為 $[R \vDash_s \varphi]$，由引理 4.3 與 ($\forall$-intro)，得到

$$(\forall s)_t [R \vDash_s \iota \Longrightarrow R \vDash_s \varphi]$$

因此，$R \vDash_t (\iota \rightarrow \varphi)$。

J 之其他公設之驗證，類似上面，是在 **JQ** 內進行的。注意，我們把邏輯符號 $\Longrightarrow, \wedge, \vee, \neg$ (或 'not') 當做直觀論邏輯的符號，並被其相關的邏輯規則之控制。

（Ⅱ）$\Longleftarrow$ 部分：我們要證明：在每一階段 t, $R \vDash_t \varphi \Longrightarrow \vdash_c \varphi$。

假定出現於句式 φ 內的，所有與命題常元 ι 相異的原子語句為 $\phi_i (1 \leq i \leq n)$，對每個階段 t，對每個原子語句 ϕ_i，令

$$\phi_i^{(t)} \text{ 為 } \begin{cases} \phi_i & \text{若 } R \vDash_t \phi_i \\ \phi_i \rightarrow \iota & \text{若 } \neg (R \vDash_t \phi_i) \end{cases}$$

同理，我們可定義 $\varphi^{(t)}$。

使用數學歸納法於 φ 之形成度，與命題演算C之各種邏輯規則，可證得 （C 1.3） 在任何階段 $t, \phi_1^{(t)}, \phi_2^{(t)}, \cdots\cdots, \phi_n^{(t)} \vdash_c \psi^{(t)}$

證明要使用歸納法於 φ 之形成度與 φ 之主要邏輯符號之（古典）規則。證明略去。

假定 $\psi_1, \psi_2, \cdots\cdots, \psi_n$ 都是出現於 φ 內的原子語句，並與 λ 相異。若在任何階段 $t, R \vDash_t \varphi$，由 （C 1.3） 得到 $\psi_1^{(t)}, \psi_2^{(t)}, \cdots\cdots, \psi_n^{(t)} \vdash_c \varphi$。先考慮 $\psi_1^{(t)}$，我們有下列兩種情形：

$$\phi_1, \phi_2^{(t)}, \cdots\cdots, \phi_n^{(t)} \vdash_c \varphi$$

$$\neg\phi_1, \phi_2^{(t)}, \cdots\cdots, \phi_n^{(t)} \vdash_c \varphi \ （注意 ‘\neg\phi_1’ 爲 ‘\phi_1 \to \lambda’）$$

由古典邏輯之規則 （v-elim），得到

$$\phi_1 \bigvee \neg\phi_1, \phi_2^{(t)}, \phi_3^{(t)}, \cdots\cdots, \phi_n^{(t)} \vdash_c \varphi$$

但已知 $\vdash_c \phi \bigvee \phi$，利用 $\vdash_c$ 之性質，得到

$$\phi_2^{(t)}, \phi_3^{(t)}, \cdots\cdots, \phi_n^{(t)} \vdash_c \varphi$$

經過有限次步驟後，獲得 $\vdash_c \varphi$。至此定理 4.5 證畢。

經驗科學之求眞，講究經驗命題間的相干性 （relevance）；但在前述邏輯之證明中，我們已引用了一些『似乎違背相干』，但在古典邏輯中合法的邏輯規則，例如 $\varphi \vdash_c \psi \to \varphi$，$\neg\varphi \vdash_c \varphi \to \psi$，$\cdots\cdots$，在此 φ 與 ψ 在形式上可無意義上的聯貫；在語構上，φ 與 ψ 是兩個獨立的，不相干的句式（即出現於 φ 內的命題可不出現於 ψ 內）。有否講究「相干」的邏輯？有。相干邏輯 （relevance logic） R 是爲強調邏輯推演過程中，前題與結論在語構上相干，並且避免下列古典恒眞式〔即『眞值涵蘊詭論』（"paradoxes of material implication"）之應用，排除這些恒眞式爲邏輯定理（並排除由這些恒眞式所導出的邏輯規則，$\varphi \vdash \psi \to \varphi$，$\neg\varphi \vdash \varphi \to \psi, \cdots\cdots$等等）〕而創設的。

$$(\mathcal{D}) \begin{cases} \varphi\to(\psi\to\varphi),\ \psi\to(\varphi\to\psi),\ \neg\varphi\to(\varphi\to\psi) \\ \varphi\to\psi\lor\neg\psi,\ \varphi\land\neg\varphi\to\psi,\ \neg\varphi\lor\psi\to(\varphi\to\psi) \\ \varphi\lor(\varphi\to\psi),\ (\varphi\to\psi)\lor(\psi\to\varphi) \end{cases}$$

相干邏輯源自 W. AcKermann，經 A. R. Anderson 與 N. D. Belnap, Jr. 及他們的學生而在 80 年代發展出來。詳見〔2〕。在〔2〕正式出版之前，筆者已對 R 之自然導衍系統(natural deduction system)作了一些探討。我們在此對 R 之導衍規則做一綜合性的報導。詳細的舖陳參見〔8〕。

（Ⅰ）R 之結構規則(涉及在 ⊢ 關係式中句式之出現之相對位置)：

（i）　$\varphi\vdash\varphi$

（ii）　若 $\varGamma\vdash\psi$，則 $\varphi,\varGamma\vdash\psi$（表示為：$\dfrac{\varGamma\vdash\psi}{\varphi,\varGamma\vdash\psi}$，以下的表式類推）。

（iii）　$\dfrac{\varphi,\varphi,\varGamma\vdash\psi}{\varphi,\varGamma\vdash\psi}$

（iv）　$\dfrac{\varGamma,\varphi_1,\varphi_2,\triangle\vdash\psi}{\varGamma,\varphi_2,\varphi_1,\triangle\vdash\psi}$

（v）　(cut) $\dfrac{\triangle\vdash\varphi\quad\varphi,\varGamma\vdash\psi}{\triangle,\varGamma\vdash\psi}$

在此，$\varGamma$，$\triangle$ 指假設句式 (assumption formulas) 所成的有限序列；若 $\varGamma_1,\varGamma_2$ 為有限序列，'$\varGamma_1,\varGamma_2$' 表示 $\varGamma_2$ 接在 $\varGamma_1$ 後所成的序列。'$\varGamma\vdash\varphi$' 讀作 '由 $\varGamma$ 可導出 φ'（或 '用 $\varGamma$ 產生 φ'）。

在敍述 R 之邏輯規則前，我們引介「語構上的相干」概念。

D25. 給定一個「初始導衍」$\varGamma,\varphi\vdash\psi$。$\varGamma,\varphi$ 在這初始導衍中對 φ 是相干的 $\Longleftrightarrow$ 下列條件 (D1),(D2),(D3) 均已滿足：

（D1）在 $\varGamma,\varphi$ 中未出現一對句式 $\eta,\neg\eta$，或出現句式 $\eta\land\neg\eta$（或

$\neg \eta \wedge \eta$），並且 ϕ 未出現於 η 內。

（D2）ϕ 只由 Γ, φ 藉邏輯規則〔（II）所列示者〕得到。

（D3）我們從未使用規則（$\wedge$-intro）與結構規則 $\dfrac{\Gamma \vdash \chi}{\varphi, \Gamma \vdash \chi}$ 得到

Γ, φ。

（II）R 之邏輯規則（由一個初始導衍得到終結導衍；　在終結導衍中我們引進或消除邏輯符號）。

（$\rightarrow$-intro）　　$\dfrac{\Gamma, \varphi \vdash \phi}{\Gamma \vdash \varphi \rightarrow \phi}$

限制條件（R-cond）：（1°）在初始導衍 $\Gamma, \varphi \vdash \phi$ 中，Γ, φ 對 ϕ 是相干的。（2°）Γ 可以是空序列；　若 Γ 是空序列，φ 不具有形式 $\eta \wedge \neg \eta$（或 $\neg \eta \wedge \eta$），φ 與 ϕ 必須有共同的命題變元或子句式。

（$\rightarrow$-elim）　　$\varphi, \varphi \rightarrow \phi \vdash \phi$

（$\wedge$-intro）　　$\varphi, \phi \vdash \varphi \wedge \phi$

（$\wedge$-elim）　　$\varphi \wedge \phi \vdash \varphi$; $\varphi \wedge \phi \vdash \phi$

（$\vee$-elim）　　$\dfrac{\Gamma, \varphi \vdash \eta \quad \Gamma, \phi \vdash \eta}{\Gamma, \varphi \vee \phi \vdash \eta}$，限制條件如（$\rightarrow$-intro）之

　　　　　　　　（R-cond）

（$\wedge \vee$ distr）　　$\varphi_1 \wedge (\varphi_2 \vee \varphi_3) \vdash (\varphi_1 \wedge \varphi_2) \vee \varphi_3$

（$\neg$-intro）　　$\dfrac{\Gamma, \varphi \vdash \phi \quad \Gamma, \varphi \vdash \phi}{\Gamma \vdash \neg \varphi}$，限制條件如（$\rightarrow$-intro）之

　　　　　　　　（R-cond）

（$\neg$-elim）　　$\varphi \rightarrow \phi, \neg \phi \vdash \neg \varphi$

（$\neg \neg$-intro）　　$\varphi \vdash \neg \neg \varphi$

（$\neg \neg$-elim）　　$\neg \neg \varphi \vdash \varphi$

D26. R^+ 指 R 之 positive subsystem ，即 R^+ 之句式均不含符號 $\neg$，R^+ 之所有公設中不具有 $\neg$ 之公設（或 R^+ 之規則不含（$\neg$-intro），（$\neg$-elim），（$\neg\neg$-intro），（$\neg\neg$-elim）這些規則）。

D27. J^+ 指 J （直觀論命題演算）之 positive subsystem.

我們有下列結果：

定理 4.6　若 φ 為 R^+ 之句式（φ 不含符號 $\neg$），則下列三個條件都是等值的：

(i)　$\vdash_{R^+} \varphi$

(ii)　$\vdash_{J^+} \varphi$

(iii)　對每個科學研究 R，若其 background theory 包含 JQ，則在每一個階段 t, $R \vDash_t \varphi$

證明：(i)$\Longleftrightarrow$(ii)，驗證 R^+ 與 J^+ 之邏輯規則可互相導出。

　　　(ii)$\Longleftrightarrow$(iii)，使用 §2 之定理 2.6（直觀論命題演算之完備定理）。

定理 4.7　給定科學研究 R，若其 background theory T_R 所含有的邏輯架構為 X, $RQ \subseteq X$（RQ 為相干邏輯再附加量化論之一些公設），並且 X 排除前面（ﾉ）所列的所有（古典恒眞式）定理，在 X 內我們強調推演過程中前提與結論之相干性，則

　　　（＊）　$\vdash_R \varphi \Longrightarrow$ 在科學研究 R 之每一個階段 t，$R \vDash_t \varphi$

證明策略：因已得引理 4.3 與 4.4，在 T_R 內利用 X（或 R）之公設與規則，可驗證 R 之每一個公設 φ 均合於條件 $R \vDash_t \varphi$（t 為任何一個階段）。

注意：由（7）知道 R 不是有限值邏輯（R 之眞理值至少有可數的無限多個），到目前爲止，R 尚未有較簡潔的，良好建立的語意學，所以定理 4.7 之結論（＊）之逆尚未能獲得簡潔而正確的證明。

五、一般方法學之邏輯 J, S4sob 與 C

給定一組原子語句，S_0，我們可製訂一些相關的數學概念。

D28. $I = S_0^\omega$（I 是（一科學研究中）所有原子語句所成的所有有限序列的集合），我們把 I 當做一個科學研究的資訊。 I 有一個原點 α_0，我們由 α_0 開始， 在研究之過程中， 我們擴大前一階段的資訊。這一擴展可用一個映射來定義。

D29. E: $I \to \mathcal{P}(I) \setminus \{\phi\}$

$$\alpha \mapsto E(\alpha), \quad \phi \neq E(\alpha) \subseteq I.$$

稱 $E(\alpha)$ 為 α 之擴大（enlargement）。

例如， 若 $\alpha \in I, \alpha = \langle \varphi_1, \varphi_2, \cdots, \varphi_n \rangle$， 每個 $\varphi_i \in S_0$， 則 $E(\alpha) = \{\alpha\}$，或者對任何 $\beta \in E(\alpha)$，有原子句式 $\varphi_j (n+1 \leq j \leq n+k, k \geq 1)$ 使得 $\beta = \langle \varphi_1, \varphi_2, \cdots, \varphi_n, \varphi_{n+1}, \cdots, \varphi_{n+p} \rangle$（即， 有 $\gamma \in I$ 使得 $\beta = \alpha \frown \gamma$，由 α 與 γ 連接而成序列 β，γ 接在 α 之後）。

D30. 對 I 之任何元素 α，β， 令

$$\alpha \rhd_0 \beta \Longleftrightarrow \alpha = \beta$$

$$\alpha \rhd_{n+1} \beta \Longleftrightarrow (\exists \gamma \in I)(\gamma <_n \beta \wedge \alpha \in E(\gamma)).$$

$$\alpha \rhd \beta \Longleftrightarrow (\exists n \in \omega)(\alpha \leq_n \beta). \text{ 又 } \beta \lhd \alpha \text{ 表示 } \alpha \rhd \beta.$$

注意：$\alpha \leq_1 \beta \Longleftrightarrow \alpha \in E(\beta) \Longleftrightarrow$ 有 $\gamma \in I$ 使 $\alpha = \beta \frown \gamma$。$\alpha \leq_1 \beta$ 可圖示如下：

$$\beta = \langle \varphi_1, \varphi_2, \cdots\cdots, \varphi_k \rangle, \quad \alpha = \langle \varphi_1, \varphi_2, \cdots\cdots, \varphi_k, \psi_1, \cdots\cdots, \psi_p \rangle$$

一般的情形是：　$\alpha \leq_{n+1} \beta \Longleftrightarrow (\exists \gamma_1, \gamma_2, \cdots\cdots, \gamma_n \in I)\ [\alpha \in E(\gamma_n) \wedge \gamma_n$
$\in E(\gamma_{n-1}) \wedge \cdots\cdots \wedge \gamma_2 \in E(\gamma_1) \wedge \gamma_1 \in E(\beta)] \Longleftrightarrow \exists \delta_1, \delta_2, \cdots\cdots, \delta_n \in I\ [\alpha =$
$\beta \frown \delta_1 \frown \delta_2 \frown \cdots\cdots \frown \delta_n]$

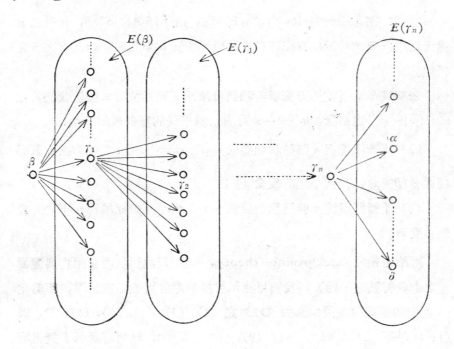

箭頭表示擴大 (enlargement)，$\overset{\beta}{\circ} \longrightarrow \overset{\gamma_1}{\circ}$ 表示由 β 擴大得到 γ_1，即有 $\delta_1 \in I$ 使得 $\gamma_1 = \beta \frown \delta_1$，其他依此類推。對每個 i，與 γ_{i+1} 同行的結點都是在集合 $E(\gamma_i)$ 內，每一結點表示原子語句的有限序列。上述圖形表示 '$\alpha \rhd \beta$'，即 α 是由 β，經過有很多次的擴大後得到的。

我們容易證得下列

引理 5.1　$\rhd$ 是 I 的反身的，反對稱的，傳遞關係，即對 I 之任何元素 α, β：　$\alpha \rhd \alpha$；$\alpha \rhd \beta$，$\beta \rhd \alpha \Longrightarrow \alpha = \beta$；$\alpha \rhd \beta$，$\beta \rhd \gamma \Longrightarrow \alpha \rhd \gamma$

注意: 在證明 $\rhd$ 之反對稱性時, 我們要用到下列事實, 若有 δ_1, δ_2 $\in I$ 使 $\beta = \alpha \frown \delta_1$, $\alpha = \beta \frown \delta_2$, 則 δ_1, δ_2 都是空序列。

D30. 若 $I, \rhd, E$ 如前, 結構 $\langle I, \rhd, E \rangle$ 當做一個科學研究, 記作 $R_{\rhd, E}$, 或簡記作 R。

注意: 在科學研究 $R = \langle I, \rhd, E \rangle$ 內, 若 $\alpha, \beta \in I$, $\alpha \rhd \beta$, α 是由 β 擴大而來; 我們可說: 資訊情況 β 比資訊情況 α 早先建立, 或 α 在 β 之後建立。

依據實徵論觀點的方法學, 我們可陳示「資訊境況 α 強迫我們接受 φ」($\alpha \Vdash \varphi$) 這概念。$\alpha \Vdash \neg \varphi$ 可有兩種不同的意義或陳示法:

(a) 「資訊境況 α 強迫我們接受 $\neg \varphi$」$\underset{def}{\Longleftrightarrow}$「在 α 之任何擴大資訊境況 β ($\beta \rhd \alpha$), 我們不允許接受 φ」;

(b) 「資訊境況 α 強迫我們接受 $\neg \varphi$」$\Longleftrightarrow$「資訊境況 α 不允許我們接受 φ」;

可不再預設 background theory, 但在後設語言內使用古典邏輯 (之邏輯符號之規則), 我們可陳示波柏觀點的更般的方法學, 卽簡化 §4 提出的規則與假設: 刪去 **D23** 之 (1), (3), (4), (5), (6), (7) 與 (11); 保留 (2) 與 (8), 修訂 (9), (10)。因此, 我們可陳示「資訊境況 α 允許我們接受 φ」($\alpha \vDash \varphi$) 這概念。在此, '$\alpha \vDash \neg \varphi$' 也有兩種不同的製訂法。

(c) 「資訊境況 α 允許我們接受 $\neg \varphi$」(或「資訊境況 α 反駁 φ」) $\Longleftrightarrow$「比 α 早先的任何資訊境況 β 使我們不接受 φ」

(d) 「資訊境況 α 允許我們接受 $\neg \varphi$」(或「資訊境況 α 反駁 φ」) ($\alpha \vDash \neg \varphi$)$\Longleftrightarrow$「$\alpha$ 使我們不接受 φ」

於是, 在實徵論觀點與波柏觀點的方法論下, 我們獲得不同的「方

法上的歸結」（'methodical consequence'）這些抽象概念：$\alpha \Vdash' \varphi$，$\alpha \Vdash^* \varphi$，$\alpha \vDash \varphi$，$\alpha \vdash' \varphi$。

依據前面提到的定義（a），我們可製訂下列定義。

D31. 設 $R = \langle I, \rhd, E \rangle$ 是一個科學研究。

(i)′　φ 爲原子語句 $\Longrightarrow [\alpha \Vdash' \varphi \Longleftrightarrow \varphi \in \alpha]$

(ii)′　$\alpha \Vdash' \neg \varphi \Longleftrightarrow \forall \beta \rhd \alpha \ominus (\beta \Vdash' \varphi)$

(iii)′　$\alpha \Vdash' \varphi \wedge \psi \Longleftrightarrow (\alpha \Vdash' \varphi) \owedge (\alpha \Vdash' \psi)$

(iv)′　$\alpha \Vdash' (\varphi \vee \psi) \Longleftrightarrow (\alpha \Vdash' \varphi) \ovee (\alpha \Vdash' \psi)$

(v)′　$\alpha \Vdash' \varphi \to \psi \Longleftrightarrow \forall \beta \rhd \alpha (\beta \Vdash' \varphi \Longrightarrow \beta \Vdash' \psi)$

在此，$\Longrightarrow$，$\owedge$，$\ovee$，$\ominus$ 都是古典命題邏輯的邏輯符號（或 truth-functional connectives），$\Longrightarrow$ 爲眞值蘊涵符號。

引理 **5.2**　$\beta \rhd \alpha \Longrightarrow (\alpha \Vdash' \varphi \Longrightarrow \beta \vDash' \varphi)$

引理 **5.3**　$\alpha \Vdash' \varphi$，$\alpha \Vdash' \varphi \to \psi \Longrightarrow \alpha \Vdash' \psi$

D32. 給予科學研究 $R = \langle I, \rhd, E \rangle$，令 $K = I$，對任何 $\alpha \in I$，令 $D_\alpha = \{c: c$ 爲常元或非變元的 term，c 出現於 φ 內，φ 爲 α 之一項$\}$

我們可驗證：$\alpha, \beta \in I$，$\alpha \lhd \beta \Longrightarrow D_\alpha \subseteq D_\beta$，因此，依定義 D7，結構 $K = \langle K, \rhd, D, \Vdash' \rangle$ 是一個 Kripke model structure。稱此 structure 是由科學研究R所引起的 Kripke model structure，記作 K_R.

引理 **5.4**　給予科學研究 **R**，在任何資訊境況 α，

　　　　在 **R** 內，$\alpha \Vdash' \varphi \Longleftrightarrow$ 在 K_R 內，$\alpha \Vdash' \varphi$

由定理 2.5 與 2.6，我們得到下列定理。

定理 5.5　下列三個條件都是等值的；

(i)　$\vdash_J \varphi$（φ 是直觀論命題演算的定理）

(ii)　在每一個 Kripke model structure $K = \langle K, \leq, D, \Vdash \rangle$，
　　　在每個 $\alpha \in K$，$\alpha \Vdash \varphi$；

(iii)　對任何一個科學研究 $R=\langle I, \rhd, E\rangle$，在每個資訊境況 α，
$\alpha \Vdash' \varphi$

依據前面的 (b)，我們可製訂下列定義：

D33. 設 $R=\langle I, \rhd, E\rangle$ 是一個科學研究。

(i)* φ 為原子語句 $\Longrightarrow (\alpha \Vdash^* \varphi \Longleftrightarrow \varphi \in \alpha)$

(ii)* $\alpha \Vdash^* \neg\varphi \Longleftrightarrow \ominus (\alpha \Vdash^* \varphi)$

(iii)* $\alpha \Vdash^* \varphi \wedge \psi \Longleftrightarrow (\alpha \Vdash^* \varphi) \wedge (\alpha \Vdash^* \psi)$

(iv)* $\alpha \Vdash^* \varphi \vee \psi \Longleftrightarrow (\alpha \Vdash^* \varphi) \vee (\alpha \Vdash^* \psi)$

(v)* $\alpha \Vdash^* \varphi \to \psi \Longleftrightarrow \bigvee \beta \rhd \alpha (\beta \Vdash^* \varphi \Longrightarrow \beta \Vdash^*_g \psi)$

在此，$\Longrightarrow$，$\wedge$，$\vee$，$\ominus$ 都是古典命題邏輯的邏輯符號，但 $\to$ 不是眞值蘊涵符號。我們再補「φ 是必然的」('$\square\varphi$') 之條件：

(vi)* $\alpha \Vdash^* \square\varphi \Longleftrightarrow \forall\beta \rhd \alpha (\beta \Vdash^* \varphi)$

將引理 5.2, 5.3 之 $\Vdash'$ 改換為 $\Vdash^*$ 後，仍然成立。由此得到新引理 5.2* 與 5.3*。

以 $\to$，$\wedge$，$\vee$，$\neg$ 為基設邏輯符號的模態邏輯 S4H（相當於 C. I. Lewis 的第 4 系統 S4），其公設型與推演規則，參見附錄 3。

在 S4H 內，'$\square\varphi$' 可定義為 '$(\varphi\to\varphi)\to\varphi$'。又 S5＝S4H＋$\{\neg\square\neg\square\varphi\to\varphi\}$。

給定科學研究 $R=\langle I, \rhd, E\rangle$，我們可得到一個 Kripke model structure $K_R=\langle I, \rhd, D_\alpha, \Vdash^*\rangle$，在此 D_α 如 D32 所給，$\Vdash^*$ 之規則如 D33 所給。

引理 **5.4*** 設 R 是一個科學研究，在任何資訊境況 α，

在R內，$\alpha \Vdash^* \varphi \Longleftrightarrow$ 在 K_R 內，$\alpha \Vdash^* \varphi$

引理 **5.6**

(1) 非 $\vdash_{\text{S4H}}〔(\varphi\to\square\varphi)\to\varphi〕\to\varphi$[16]

(2) $\vdash_{\text{S4H}}\varphi\Longrightarrow$ 對任何科學研究 R，在每一資訊境況 $\alpha,\alpha\Vdash^*\varphi$

(3) 對任何科學研究 R，在任何資訊境況，$\alpha\Vdash^*\neg\square\neg\square\varphi\to\varphi$ 未必成立。

證明: 句式〔$(\varphi\to\square\varphi)\to\varphi〕\to\varphi$ 在 S4H 內之可證性可化約爲 $\varphi\to\square\varphi$ 之可證性，但後者在 S4H 內是不可證明的，由此得到 (1)。使用間接證法可獲得 (3)。

(2) 之證明之策略: 對科學研究 R 之任何資訊境況 α，我必須逐一驗證 S4H 之每一個公設型 φ 恒滿足條件 $\varphi\Vdash^*\varphi$。證明從略。

引理 **5.7**　對任何科學研究 $R=\langle I,\triangleright,E\rangle$，在任何資訊境況 α，

$$\alpha\Vdash^*〔(\varphi\to\square\varphi)\to\varphi〕\to\varphi$$

證明: 使用間接法。

D34.　S4sob＝S4＋$\{〔(\varphi\to\square\varphi)\to\varphi〕\to\varphi\}$

依 K. Segerberg 〔13〕第三章之定理 3.2，我們可獲得

定理 5.8　$\vdash_{\text{S4sob}}\varphi\Longleftrightarrow$: 對任何有限的 Kripke model structure $K=\langle K,\le,D_\alpha,\Vdash\rangle$（K 爲非空的有限集），對任何 $\alpha\in K$，$\alpha\Vdash\varphi$

由定理 5.7 與 5.8 我們得到:

定理 5.9　下列四個條件都是等值的:

(i)　$\vdash_{\text{S4sob}}\varphi$（$\varphi$ 是系統 S4sob 的定理）

(ii)　對任何有限的 Kripke model structure K，對任何 $\alpha\in K$，$\alpha\Vdash\varphi$

(iii)　對任何科學研究 $R=\langle I,\triangleright,E\rangle$，I 有一個有限子集 I*，I* 含

---

[16]　公式〔$(\varphi\to\square\varphi)\to\varphi〕\to\varphi$ 源自 B. Sobocinski 〔14〕。用嚴格蘊涵$\dashv$與眞值蘊涵$\supset$表示，他原來的句式爲〔$(\varphi\dashv\square\varphi)\dashv\varphi〕\supset\varphi$。他的系統 K1.1 就是現在的 S4sob。

有有限的偏序集 $\langle I, \rhd \rangle$ 的原點 α_0, 使得在副科學研究 $\mathbf{R}^* = \langle I^*, \rhd, E \rangle$ 內之任何資訊境況 α, $\alpha \Vdash^* \varphi$

(iv) 對任何科學研究 $\mathbf{R}$, 在任何資訊境況 α, $\alpha \Vdash^* \varphi$

對任何科學研究 $\mathbf{R} = \langle I, \lhd, E \rangle$, 對任何 $\alpha \in I, E(\alpha)$ 就是 R. Carnap 所說的 'State-description', 以 $\lhd$ 定義一個等價關係 $\sim$: $\alpha \sim \beta \Longleftrightarrow \alpha \lhd \beta$ 並且 $\beta \lhd \alpha$, 得到一個新的結構（也可當做科學研究）$\mathbf{R}' = \langle I, \sim, E \rangle$。 將 D33. 之 (v) 改做

$$(v)^c \quad \alpha \Vdash^* \varphi \to \psi \Longrightarrow (\alpha \Vdash^* \varphi \Longrightarrow \alpha \Vdash^* \phi)$$

其餘的 (i)*, (ii)*, (iii)*, (iv)* 保持不變, 則可得到 Carnap 的 S5 之完備定理〔3〕:

$$\Vdash_{s5} \varphi \Longleftrightarrow \text{在每個科學研究 } \mathbf{R} \text{ 之每個資訊境況 } \alpha, \alpha \Vdash^* \varphi。$$

依據波柏觀點的方法學, 我們可製訂下列定義

D35. 假定 $\mathbf{R} = \langle I, \rhd, E \rangle$ 是一個科學研究,

pm1. $\forall \varphi \in S_0 \forall \beta \lhd \alpha [(\alpha \models \varphi \Longrightarrow \beta \models \varphi) \wedge (\alpha \models \neg \varphi \Longrightarrow \beta \models \neg \varphi)]$

pm2. $\alpha \models \neg \varphi \Longleftrightarrow \forall \beta \lhd \alpha [\ominus (\beta \models \varphi)]$

pm3. $\alpha \models \varphi \wedge \psi \Longleftrightarrow (\alpha \models \varphi) \wedge (\alpha \models \psi)$

pm4. $\alpha \models \varphi \vee \psi \Longleftrightarrow (\alpha \models \varphi) \vee (\alpha \models \psi)$

pm5. $\alpha \models \varphi \to \psi \Longleftrightarrow \forall \beta \lhd \alpha (\beta \models \varphi \Longrightarrow \beta \models \psi)$

在此, $\Longrightarrow, \wedge, \vee, \ominus$ 都是眞値蘊涵、眞値聯言、眞値選言, 否定之符號。

引理 5.2pm $\beta \lhd \alpha \Longrightarrow (\alpha \models \varphi \Longrightarrow \beta \models \varphi)$

引理 5.3pm $\alpha \models \varphi$, $\alpha \models \varphi \to \psi \Longrightarrow \alpha \models \psi$

D36. (1) 若 $\alpha, \beta \in I$, 令 $\beta \geq^* \alpha \Longleftrightarrow \beta \lhd \alpha (\Longleftrightarrow \alpha \rhd \beta)$

(2) 對 $\alpha \in I$, 定義 D_α 如 D32 所給。於是

$$\beta \geq^* \alpha \Longleftrightarrow D_\beta \subseteq D_\alpha$$

在上述定義 D36 下，$\langle I, \geq^* \rangle$ 是一個非空的偏序集，$\langle I, \geq^*, D, \models \rangle$ 是一個滿足 D35 之條件 pm1～pm5 之 Kripke model structure，記作 **K**。

引理 5.4pm　給予科學研究 **R**，在任何資訊境況 α，

在 **R** 內，$\alpha \models \varphi \Longleftrightarrow$ 在 $K_。$ 內，$\alpha \models \varphi$

由 〔1〕,〔9〕,〔15〕之證明，採用我們的符號，得到

定理 5.10　$\vdash_J \varphi \Longleftrightarrow$：對任何科學研究 $R = \langle I, \rhd, E \rangle$，在任何資訊境況 α, $\alpha \models \varphi$

如依據 (d) 與波柏觀點的方法學，我們得到下列定義

D36. pm1, pm3～pm5 同 D35 者，但將 $\models$ 改成 $\models'$

pm2′　$\alpha \models' \neg \varphi \Longleftrightarrow \ominus (\alpha \models' \varphi)$

我們再補述

pm6　$\alpha \models' \square \varphi \Longleftrightarrow \forall \beta \lhd \alpha (\beta \models' \varphi)$（$\square$ 爲新引進的邏輯符號）

將引理 5.2pm, 5.2pm 之 $\models$ 改成 $\models'$，得到引理 5.2pm′, 5.3pm′。由 Kripke model structure $K_。$ 得到另一個 $K_。' = \langle I, \geq^*, D, \models' \rangle$，修訂前面定理 5.7, 5.8, 5.9 之證明，我們得到下列

定理 5.11　$\vdash_{S4sob} \varphi \Longleftrightarrow$ 對任何科學研究 $R = \langle I, \rhd, E \rangle$，在任何資訊境況 α, $\alpha \models' \varphi$

注意：若 D35 再增一條件 pm6 $\alpha \models \varphi \Longleftrightarrow \neg \neg \varphi$，則得到下列結果：

定理 5.10′　$\vdash_C \varphi \Longleftrightarrow$ 對任何科學研究 $R = \langle I, \rhd, E \rangle$，在任何資訊境況 α, $\alpha \models \varphi$

定理 4.7, 5.10, 5.10′, 5.11 告訴我們：在波柏提出的原來方法學中，background theory 居於決定性的地位；如果將這些定理之證明

過程中所預設的邏輯概念 $\Longrightarrow, \bigwedge, \bigvee, \bigodot$，改採用相干邏輯 R 之相干蘊涵、相干聯言、相干選言、相干否定，如 §4 中所引介的規則所示者，則在（抽象的方法學所生的）邏輯定理將更具限制，得不到「較豐富的結果」。

　　由實徵觀點的方法學產生了邏輯 J 與 C；由波柏觀點的方法學產生了命題邏輯 J, S4sob, R 與 C；這些命題邏輯之基設邏輯符號爲 →, $\wedge, \vdots \vee, \vdots \neg$，而 S4sob 更含有「邏輯必然」之模態 □，'□φ'可定義爲 '$(\varphi \to \varphi) \to \varphi$'。這些邏輯間的關係（包含關係，以 / 表示）如下：

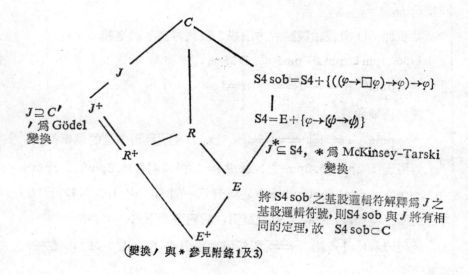

$J \supseteq C'$
$/$ 爲 Gödel
變換

S4 sob = S4 + {$(((\varphi \to \Box \varphi) \to \varphi) \to \varphi$}

S4 = E + {$\varphi \to (\psi \to \psi)$}

$J^* \subseteq$ S4，$*$ 爲 McKinsey-Tarski
變換

將 S4 sob 之基設邏輯符解釋爲 J 之基設邏輯符號，則S4 sob 與 J 將有相同的定理，故　S4 sob ⊂ C

（變換 / 與 $*$ 參見附錄1及3）

　　由科學方法所產生的邏輯中，較富於方法論上的意義，主要是 J, JQ, S4sob, 其次是 C 與 CQ。古典命題演算 C 與古典述詞演算 CQ 足夠爲「頭腦單純者」(those simple-minded) 提供了「從單純的，元學的觀點討論方法學」('Discussions on methodology from simple-minded and ontological viewpoint') 的邏輯依據。

附錄 1. （含同述詞＝的）古典述詞演算 CQ 與直觀論述詞演算 JQ

基設的邏輯符號 (primitive logical symbols)：$\rightarrow$, $\wedge$, $\vee$, ι, $\forall$, $\exists$, $=$

定義型 (Definition schema)：'$\varphi \longleftrightarrow \psi$' 表示 '$(\varphi \rightarrow \psi) \wedge (\psi \rightarrow \varphi)$'

公設型 (Axiom schemata)

1. $\varphi \rightarrow (\psi \rightarrow \varphi)$
2. $[\varphi \rightarrow (\psi \rightarrow \eta)] \rightarrow [(\varphi \rightarrow \psi) \rightarrow (\varphi \rightarrow \eta)]$
3. $[(\varphi \rightarrow \iota) \rightarrow \iota] \rightarrow \varphi$
4. $\iota \rightarrow \varphi$
5. $\varphi \wedge \psi \rightarrow \varphi$
6. $\varphi \wedge \psi \rightarrow \psi$
7. $\varphi \rightarrow (\psi \rightarrow \varphi \wedge \psi)$
8. $\varphi \rightarrow \varphi \vee \psi$
9. $\psi \rightarrow \varphi \vee \psi$
10. $(\varphi \rightarrow \eta) \rightarrow [(\psi \rightarrow \eta) \rightarrow (\varphi \vee \psi \rightarrow \eta)]$
11. $\forall x \varphi \rightarrow \varphi(x/t)$
12. $\varphi(x/t) \rightarrow \exists x \varphi$

$\left.\begin{array}{l} \text{11.} \\ \text{12.} \end{array}\right\}$ (t is free for x in φ, t 爲 term, x 爲變元)

13. $x = x$
14. $x = y \rightarrow (\varphi \rightarrow \varphi(y/x))$ (y is free for x in φ)

基設的推演規則 (primitive rules of inference)

($\rightarrow$-elim)　$\dfrac{\varphi, \varphi \rightarrow \psi}{\psi}$　（由 φ 與 $\varphi \rightarrow \psi$ 推演 ψ）
肯定前項律

($\rightarrow \forall$)　$\dfrac{\varphi \rightarrow \psi_x}{\varphi \rightarrow \forall x \psi x}$　　　　($\exists \rightarrow$)　$\dfrac{\psi_x \rightarrow \varphi}{\exists x \psi x \rightarrow \varphi}$

（在最後二個規則，φ 不含自由變元 x）

CQ 是由上述公設型與推演規則所成的系統。由 CQ 刪去第 3 公設型，得到直觀論述詞演算 JQ。我們有下列重要結果：

(1) CQ 與 JQ 都是一致的 (consistent)。

(2) CQ與JQ之所有公設型與推演規則都是獨立的 (independent)。

(3) 在 JQ 內，邏輯符號 $\{\rightarrow, \wedge, \vee, \iota, \forall, \exists\}$ 都是獨立的（卽，不可能彼此界定）；在 CQ 內，$\{\rightarrow, \iota, \vee\}$，$\{\rightarrow, \iota, \exists\}$ 這兩組是獨立的。

(4) 在 JQ 內，若 φ 是一個形式定理（或可證句式），則其形式證明要用到 φ 內的邏輯符號之公設與推演規則；在 CQ 內，若 φ 是一個形式定理，則其形式證明要用到 φ 內邏輯符號與 / 或 ι 之公設與推演規則。

(5) 由 CQ 刪去 11～14 這些公設型，得到古典命題演算 C，由 C 刪去第 3 公設，得到直觀論命題演算 J。C是二值邏輯（C之任何句式只取眞值眞 t 與眞值假 f 的一個），J 不是有限值邏輯（J 之眞值至少有可數的無限多個）。

(6) §4 之 (*丁*) 所列的 "paradoxes of material implication" 都是C之形式定理，其中有些是 J 之形式定理。

(7) C與 J 都是可判定的 (decidable)，C與 J 之 Gentzen 型形式系統 (calculus of sequents) 提供這兩個系統之判定程序，參見〔10〕。

(8) CQ 與 JQ 都不是可判定的，參見〔10〕。

(9) CQ 可藉 Gödel 變換轉換成 JQ 之子系統，參見〔10〕。

$$' : \text{JQ} \rightarrow \text{CQ}$$

$$\varphi \longmapsto \varphi'$$

在此

(i) 若 φ 爲原子句式，$\varphi' = \varphi$

(ii) 若 φ, ψ 都是原子句式，$(\varphi \wedge \psi)' = \varphi' \wedge \psi'$，$(\varphi \vee \psi)' = \neg(\varphi' \wedge \neg\psi')$，$(\varphi \rightarrow \psi)' = \neg(\varphi' \wedge \neg\psi')$

(iii) 若 x 為變元，$\varphi_{(x)}$ 為句式，$(\forall_x \varphi_x)' = \forall x \varphi'_{(x)}$，$(\exists_x \varphi_x)' = \neg\forall_x \neg \varphi'_{(x)}$

附錄 2. 相干命題演算R

基設的邏輯符號: $\rightarrow, \wedge, \vee, \neg$

定義型: '$N\varphi$' 表示 '$(\varphi \rightarrow \varphi) \rightarrow \varphi$'

公設型:

1. $[[(\varphi \rightarrow \varphi)] \rightarrow \psi] \rightarrow \psi$

2. $(\varphi \rightarrow \psi) \rightarrow [(\psi \rightarrow \eta) \rightarrow (\varphi \rightarrow \eta)]$

3. $[\varphi \rightarrow (\varphi \rightarrow \psi)] \rightarrow (\varphi \rightarrow \psi)$

4. $\varphi \wedge \psi \rightarrow \varphi$

5. $\varphi \wedge \psi \rightarrow \psi$

6. $(\varphi \rightarrow \psi) \wedge (\varphi \rightarrow \eta) \rightarrow (\varphi \rightarrow \psi \wedge \eta)$

7. $N\varphi \wedge N\psi \rightarrow N(\varphi \wedge \psi)$

8. $\varphi \rightarrow \varphi \vee \psi$

9. $\psi \rightarrow \varphi \vee \psi$

10. $(\varphi \rightarrow \eta) \wedge (\psi \rightarrow \eta) \rightarrow (\varphi \vee \psi \rightarrow \eta)$

11. $\varphi \wedge (\psi \vee \eta) \rightarrow (\varphi \wedge \psi) \vee \eta$

12. $(\varphi \rightarrow \neg\varphi) \rightarrow \neg\varphi$

13. $(\varphi \rightarrow \neg\psi) \rightarrow (\psi \rightarrow \neg\varphi)$

14. $\neg\neg\varphi \rightarrow \varphi$

15. $\varphi \rightarrow [(\varphi \rightarrow \varphi) \rightarrow \varphi]$

基設的推演規則:

$$\text{modus ponens} \quad \frac{\varphi, \varphi \to \psi}{\psi} \qquad\qquad \text{adjunction} \quad \frac{\varphi, \psi}{\varphi \wedge \psi}$$

R是源自 A. R. Anderson 與 N. D. Belnap, Jr. 的系統，詳細的來龍去脈，參見〔2〕。由R刪去第 15 公設型，得到衍推系統（衍推命題演算，entailment propositional calculus) E.

E與R的重要結果：

(1) E, R 都是一致的。

(2) 除第 7 公設型外，其餘公設型與推演規則都是獨立的。

(3) De Morgan laws 成立（$\{\neg, \vee\}$ 與 $\{\neg, \wedge\}$ 可互相界定）。

(4) §4 之 (丹) 所列之 " paradoxes of material implication " 均非E與R之形式定理。

(5) E及R都滿足相干原理 (principle of relevance)：若 $\varphi_1 \to \varphi_2$ 爲X之形式定理 (X＝E, R)，則 φ_1 與 φ_2 至少有一共同的命題變元（或子句式）。

(6) E及R都滿足強相干原理 (strong principle of relevance)：若 φ 爲X之形式定理 (X＝E, R)，φ 不具有形式 $\psi_1 \vee \psi_2$ 的正子句式 (positive subformulas)，也不具有形式 $\psi_1 \wedge \psi_2$ 的負子句式 (negative subformulas)，則 φ 內的任何命題變元至少有一次是 φ 之正子句式，至少有一次是 φ 之負子句式。

(7) E及R都不是有限值邏輯。

(8) 在系統E內可定義「必然」模態 $\Box$，N使E成爲模態邏輯 S 4（以 $\Box, \to, \wedge, \vee, \neg$ 爲基設邏輯符號）之子系統，並且 S 4＝E＋{$\varphi \to (\psi \to \psi)$}。

(9) 由R刪去第 12, 13, 14 這三個公設型，得到 R⁺，由 JQ（見附錄 1）刪去第 4, 11, 12, 13, 14 這些公設，得到 J⁺，R⁺ 與 J⁺ 有相同的定理。

　　將 §4 所引介的 R 之邏輯規則 (→-intro), (∨-elim), (¬-intro) 之限制條件 (R-cond) 之 (2°) 改成下列 (2°)′〔再予嚴格限制〕，得到 (E-cond)：

　　(2°)′ Γ 是空序列；　或者 Γ 之所有元素都是聯推式 (apodictic forms)。

　　在此，補述「聯推式」之定義：

Def.　(i)　　E 之句式 $\varphi_1 \to \varphi_2$ 是一個聯推式；

　　　　(ii)　　若 ψ_1, ψ_2 都是聯推式，則 $\psi_1 \wedge \psi_2$ 是一個聯推式；

　　　　(iii)　　E 之所有聯推式只由 (i),(ii) 所給。

　　注意：由 R 之導衍定理 ((→-intro)) 與 E 之導衍定理 ((→-intro))，我們可知道下列句式

$$(\varphi_1 \to \varphi_2 \vee \varphi_3) \wedge (\varphi_2 \to \eta) \to (\varphi_1 \to \eta \vee \varphi_3)$$

不是 E，R 之形式定理。可知 E 與 R 含有「不自然的結果」。

附錄 3. 模態命題邏輯 S4H

　　這是源自 Ian Hacking〔4〕的系統，再稍予修訂而得。

　　基設的邏輯符號：→（嚴格蘊涵 (strict implication) 符號），∧, ∨, ¬,

　　定義型：'□φ' 表示 '〔($\varphi \to \varphi$) → φ〕'，或 '□φ' 表示 't → φ'，若 t 為新增加之命題常元，t 恒指「眞」。

　　公設型：

　　1. $\varphi \to \varphi$

　　2. 〔$\varphi \to (\psi \to \eta)$〕→ 〔($\varphi \to \psi$) → ($\varphi \to \eta$)〕

　　3. $\varphi_1 \to \varphi_2 \to (\psi \to (\varphi_1 \to \varphi_2))$

　　4. $\varphi \wedge \psi \to \varphi$

5. $\varphi \wedge \psi \rightarrow \psi$

6. $(\varphi \rightarrow \psi) \rightarrow \lbrack (\varphi \rightarrow \eta) \rightarrow (\varphi \rightarrow \psi \wedge \eta) \rbrack$

7. $\varphi \rightarrow \varphi \vee \psi$

8. $\psi \rightarrow \varphi \vee \psi$

9. $(\varphi \rightarrow \eta) \rightarrow \lbrack (\psi \rightarrow \eta) \rightarrow (\varphi \vee \psi \rightarrow \eta) \rbrack$

10. $(\eta \vee \varphi) \wedge \psi \rightarrow (\varphi \wedge \psi) \vee \eta$

11. $(\varphi \rightarrow \psi) \rightarrow \lbrack (\varphi \rightarrow \neg \psi) \rightarrow (\varphi \rightarrow \eta) \rbrack$

12. $\varphi \rightarrow \neg \neg \varphi$

13. $(\neg \psi \rightarrow \neg \varphi) \rightarrow (\varphi \rightarrow \psi)$

基設的推演規則：modus ponens $\dfrac{\varphi, \varphi \rightarrow \psi}{\psi}$

S 4 H 之重要結果：

(1) 下列句式都不是 S 4 H（以及 Lewis 系統 S 4）的形式定理：

$$\varphi \rightarrow (\neg \varphi \rightarrow \psi), \quad (\varphi \rightarrow \psi) \vee (\psi \rightarrow \varphi)$$

但句式 $\square \varphi \rightarrow (\psi \rightarrow \varphi)$，$\square \neg \varphi \rightarrow (\varphi \rightarrow \psi)$ 都是 S 4 H（及 S 4）之形式定理。

(2) 有一變換 ∗：J→S4，使得 $\vdash_J \varphi \Longleftrightarrow \vdash_{S4} \varphi^*$，在此

(i) 若 φ 爲命題變元（或原子句式），φ^* 就是 $\square \varphi (\varphi^* = \square \varphi)$

(ii) $(\neg \varphi)^* = \square \neg \varphi^*$

(iii) $(\varphi \wedge \psi)^* = \varphi^* \wedge \psi^*$，$(\varphi \vee \psi)^* = \varphi^* \vee \psi^*$

(iv) $(\varphi \rightarrow \psi)^* = \square (\varphi^* \rightarrow \psi^*)$

(3) S 4, S 4 H 都是可判定的，〔4〕的 Gentzen 型形式系統（calculus of sequents）提供判定程序。

筆者曾研究過 E 與 S 4 H 之間的（自然導衍系統的）關係，S 4 H 之自然導衍規則與 S 4 H 之 Gentzen 系統內 cut rule 之多餘性之探討，參見〔8a〕。

參 考 文 獻

1. P. Aczel: Saturated Intuitionistic Theory, in H. A. Schmidt, K. Schutte, H. J. Thiele(eds): *Contribution to Mathematical Logic*, North-Holland, Amsterdam, 1968.

2. A. R. Anderson and N. D. Belnap, Jr.: *Entailment, the Logic of Relevance and Necessity*, vol. 1, Princeton University Press, 1975.

3. R. Carnap: *Meaning and Necessity, A Study in Semantics and Modal Logic*, The University of Chicago Press, Chicago. 1947.

4. Ian Hacking: What is strict implication? *Journal of Symbolic Logic*, vol. 28, (1963), pp. 51–71.

5. C. G. Hempel: Problems and Changes in the Empiricist Criterion of Meaning, *Revue International de Philosophie*, No. 11 (1950), pp. 41–63, reprinted in (L. Linsky ed.) *Semantics and Philosophy of Language*, University of Illinois Press, Urbana, 1952.

6. C. G. Hempel: The Concept of Cognitive Significance, A reconsideration. *Proceedings of the American Academy of Arts and Sciences* vol. 80 (1951), pp. 61–77.

7. A. Heyting: Some Remarks on Intuitionism, in A. Heyting (ed.): *Constructivity in Mathematics*, North-Holland, Amsterdam, 1959, pp. 67–71.

8. C. U. Hung: On the Axiomatic Structures of Intensional Logics II, *Chinese Journal of Mathematics*, vol. 3 (1975), pp. 27–68.

8a. 洪成完: 《衍推與相干》，臺灣中華書局，民國 63 (1974) 年出版。

9. S. Kripke: Semantical Analysis of Intuitionistic Logic I, in Crossly and Dummett (eds.) *Formal System and Recursive Functions*, North-Holland, Amsterdam, 1965, pp. 92–129.

10. S. C. Kleene: *Introduction to Metamathematics*, 7th printing, 1974, American Elsevier, New York.

11. K. Popper: *The Logic of Scientific Discovery*: (First edition in German, 1934), Huchinson, London, First English Edition 1959, second edition, 1968.

12. K. Popper: *Conjecture and Refutation*, Routhledge & Kegan Paul,

London, 1963, Third edition, 1969.

13. K. Segerberg:*An Essays in Classical Modal Logic* (Philosophical Studies published by the Department of Philosophy and the Philosophical Society, University of Uppsala, No. 13), 1971.

14. B. Sobci'nski: Family K of the non-Lewis modal systems, *Notre Dame Journal of Formal Logic*, vol. 5 (1964), pp. 313-318.

15. R. H. Thomason: On the Strong completeness of the intuition-istic predicate calculus, *Journal of Symbolic Logic*, vol. 33 (1968), pp. 1-7.

鄧南倫之前之後

——語言哲學的一個例示

———◆══◆◆══◆———

·劉 福 增·

　　知道鄧南倫 (K. Donnellan) 在語言哲學上主要貢獻的人，看到這個題目，想必知道本文將討論那一個哲學主題。本文主要想做三件事。一件是，對羅素從 1905 年起提出的確定描述詞論 (theory of definite descriptions)❶，到 1950 年，史陶生 (P. F. Strawson) 對羅素理論的完全否定❷，再經 1966 年，鄧南倫提出他的確定描述詞的指稱性使用 (referential use) 和描性性使用 (attributive use) 的觀點，批評前兩者的說法❸，再到 1977 年，庫律基 (S. Kripke) 對鄧南倫一些觀點的批評❹，做一個扼要的歷史發展的觀察。其次一件是，對上述鄧南倫的理論做一個較深入的闡釋和批評❺。另一件是，從前面兩件顯示語

---

❶　見羅素 (B. Russell) 著 "On Denoting" (論稱指)，*Mind* (1905). 此文收集在羅素的《邏輯與知識》 (*Logic and Knowledge*)，R. C. Marsh 編，Capricorn Books, 紐約，1971，以及其他許多文集。劉福增著〈羅素的確定描述詞論〉，《思與言》，15 卷 5 期，1978 年 1 月；此文收集在劉福增著《語言哲學》，臺北東大圖書公司 (三民書局)，1981.

❷　見史陶生著 "On Referring" (論指稱)，*Mind*, vol. 59 (1950)，此文收集到許多文集中。劉福增著〈史陶生論指稱〉，《思與言》，16卷2期，1978 年 7 月；此文收集在劉福增著《語言哲學》。

❸　見鄧南倫著 "Reference and Definite Descriptions" (指稱與確定描述詞)，*The Philosophical Review* (哲學評論)，LXXV, No. 3(1966)，281–304. 本文也收集在 Jay F. Rosenberg 和 Charles Travis 合編 *Reading in the Philosophy of Language* (語言哲學選集)，1971，以及其他許多文集。

❹　見庫律基著 "Speaker's Reference and Semantic Reference" (說話者的稱指與語意的稱指)，*Contemporary Perspectives in the Philosophy of Language* (語言哲學當代觀)，Peter A. French, Theodore E. Uehling, Jr Howard K. Wettstein 合編，Minneapolis: 米尼蘇達大學，1977.

❺　本文是本人一系列研究確定描述詞問題的一篇。本人對羅素和史陶生有關確定描述詞的理論和看法，已經做過較詳的討論 (參看❶、❷)，現在應該輪到討論鄧南倫的東西了。順便一提的，鄧南倫是本人以前在洛杉磯加州大學的老師。

言哲學爲當代西方哲學的一例，尤其是顯示語言解析與思辯爲當代西方哲學的一個主要方法❻。

一

弗列格(G. Frege, 1848-1925) 在 1892 年發表的《論意思與意義》裏❼，處理詞組 (expressions) 的意義時，把確定描述詞，即 "the……(在單數)" 的詞組，當名稱(name)來處理。例如，他把 "the morning star" (晨星) 和 " Odysseus " (荷馬史詩《奧德賽》的主角名字)❽，無區別地當專名 (proper name) 來處理。當語句裏的名稱設想要稱指的東西不存在時，語句的意義和眞假問題就會產生令人困惑的問題。羅素對弗列格和當時其他一些哲學家譬如麥農 (Meinong, 1853-1928) 等，對這些問題的解決方法，不能滿意。因此，在 1905 年，他在〈論稱指〉一文中首次提出他的確定描述詞論來❾，企圖解決這種困惑的問

---

❻ 本文在臺大哲學系主辦， 1987 年 6 月在臺大舉行的「當代西方哲學與方法論研討會」上發表。

❼ 弗列格著 "On Sense and Meaning", 布拉克 (M. Black) 和紀其 (P. Geach) 合編《弗列格哲學著作選擇》(*Translations from the Philosophical Writings of Gottob Frege*, Blackwell, Oxford, 1980, 三版。劉福增著〈弗列格論意思與稱指〉，《思與言》， 14 卷 6 期， 1977 年 3 月；此文收集在劉福增著《語言哲學》。

❽ 由於根據我的見解 (參看劉福增著〈一個沒有確定描述詞的語言〉，《思與言》， 18 卷 1 期， 1980 年 5 月。) 中文裏沒有確定描述詞，因此，在舉例的時候，只好貼著英文例子不放。

❾ 自此以後，羅素在許多討論中都提過他這一學說。其中比較詳細的地方是，(1) 在他的《數理哲學導論》(*Introduction to Mathematical Philosophy*) 第16章, 1919；(2) 在他的〈邏輯原子論哲學〉(*The Philosophy of Logical Atomism*), 1919, 收在他的《邏輯與知識》。要注意的是，在 1905 年的〈論稱指〉中，羅素還沒有使用「確定描述詞」一詞。

題。

　　在羅素的確定描述詞中，首先把日常所謂名稱，即專名，所遭遇的
問題轉嫁給確定描述詞。他的做法是，把所有日常所謂名稱（即專名，
以後同）當做只是喬裝的確定描述詞，而眞正的**邏輯專名**（logical
proper name）只有指示代名詞「這」（this）和「那」（that）而已。
「這」和「那」都是當場指着所要稱指的東西或人物而說話的，因此不
會發生名稱沒有稱目(referent)的問題。現在剩下來的是如何處理確
定描述詞。拿羅素自己舉的例子來說，在命題（proposition）⑩：

　　　（例 1）The present King of France is bald
　　　　　　（現任法國國王是禿頭的）

中，詞組 "The present King of France"（現任法國國王）是確定
描述詞，因爲依據羅素，具有 "the……（在單數）" 這種形式的詞組
就是確定描述詞。依據羅素，要把例 1 了解爲是下面三個命題的連言
（conjunction）：

(1) There is a King of France（有一個法國國王）；

(2) There is not more than one King of France（沒有多於
　　一個以上的法國國王）；

(3) There is nothing which is King of France and is not
　　bald（沒有旣是法國國王又不禿頭的東西）。

也就是（例 1）和 [(1) & (2) & (3)] 等值。又設

　　　$Kx \to x$ is a King of France（x 是一個法國國王）

---

⑩　這個例子出現在羅素的《數理哲學導論》，p. 179. 又應注意的，羅素每
　　次舉例討論確定描述詞論的時候，用的是「命題」，不是「語句」。

$Bx→x$ is bald（x 禿頭）

則上面 (1), (2)，和 (3) 可分別符示為

　　(1′) $\exists xKx$

　　(2′) $(x)(y)[(Kx \,\&\, Ky)→x=y]$

　　(3′) $\sim\exists x(Kx \,\&\, Bx)$ 或 $(x)(Kx→\Xi x)$

這三個符號式的連言可化簡為

$$\exists x[(y)(Ky→y=x) \,\&\, Bx]$$

這樣，這個式子就是上面例 1 的符號式。

在羅素這種處理中，有幾個要點：

㈠認為在像例 1 這種含有確定描述詞的命題中，涵蘊 (implies) 著某某東西或人是唯一一個而且是存在的這兩個斷說 (assertions)。這兩個斷說是由確定描述詞的特有形式，即 "the ……（在單數）"，和它出現在一個命題中，這兩個要件共同產生的作用。注意，一個確定描述詞單獨存在時，並不具有這種作用。也就是，一個單獨存在的確定描述詞並不具有這種意義。

㈡在把上面例 1 解析為 (1), (2)，和 (3) 的連言時，"the present King of France"（現任法國國王）這個確定描述詞不見了。至少不再以原有的形式出現了⓫。所謂不再以原有的形式出現，是指不再具有像是或可以說是具有稱指單一稱目的名稱的位況。由於不再具有這種位況，因此，在這種了解和解析下，我們就有充足的理由說，確定描述詞不具有稱指單一稱目的地位。因此，有沒有稱目的問題就不必干擾確定描述詞了。順次，也不必干擾日常所謂的名稱了。所謂名稱沒有稱目的問題，這樣就解決了。

⓫　說這個確定描述詞「不見」，是有危險的說法，因為實際上它是融入解析所得的命題中。但不再具有原有的具有專名的形式，則是無疑的。

　　羅素說：「一個邏輯理論可以以其處理困惑的能力來檢試」❷。他認為他提出的確定描述詞論足以解決沒有稱目的名稱產生的問題，因此，是一個好理論。實際上，從 1905 年羅素提出確定描述詞論以後，這個理論在哲學界——尤其是在數理哲學界，得到廣泛的接受。他這個理論被譽為「哲學之典範」❸，「當代哲學發展上的一個里程碑」❹。我們可以說，至少在數學語言上，人們使用確定描述詞時，是完全依據羅素的了解和解析來使用的。

　　但是，到了 1950 年，當時牛津大學的年輕哲學家史陶生突然發表〈論指稱〉長文，猛烈攻擊羅素的確定描述詞論。

　　史陶生認為，既沒有羅素意味的邏輯上的專名，也沒有羅素理論上的確定描述詞。依史陶生，讓我們約定用「一個詞組 D」（an expression D）當做某一個具有唯一指稱使用（uniquely referring use）的詞組的簡稱； 並且用「一個語句 S」當做以 D 開頭的語句的簡稱。 那麼，史陶生說，下面三者是不同的：

　　　　（A1）一個語句 S，

　　　　（A2）語句 S 的某一個使用（use），

　　　　（A3）語句 S 的某一個說出（utterance）。

相當地，下面三者也不相同：

　　　　（B1）一個詞組 D，

　　　　（B2）詞組 D 的某一個使用，

───────────

❷　羅素：《邏輯與知識》，p. 47.

❸　賴姆賽（F. P. Ramsey, 1903–1930）著《數學基礎及其他邏輯論文》（*The Foundations of Mathematics and Other Logical Essays*），Littlefield, Adams & Co. Paterson, New Jersey, 1960, p. 263.

❹　見羅素《邏輯與知識》，p. 39.

（B3）詞組D的某一個說出。

設 "The president of the United States is a Democratic"
（美國總統是一個民主黨）為這裏的 S，而 "the president of the
United States" 自然可視為是D。依史陶生的說法，而且事實上也很
顯然的，譬如，從 1840 年開始，這個語句就一直被人說出。顯然，有
時候被說出時，這個語句被拿來提出一個眞敍說（statement），譬如，
在甘廼廸（Kennedy）總統時代。有時候被說出時，譬如現在（雷根
（Reagan）總統），這個語句卻被拿來提出一個假敍說。史陶生認為，
一個語句本身是沒有眞假可言的，否則上面假定的語句 S 旣眞又假。
只有我們人拿語句提出或做出的敍說才有眞假。一個敍說不可能旣眞又
假。顯然，語句 S 可以在同一個美國總統的時代裏，被不同的人說出，
或被同一個人在不同時間說出。這些說出雖然不同，但卻拿它來做相同
的使用。

　　詞組D的三區分雖然和語句 S 的三區分不是完全一樣，但也有類似
之處。史陶生說，我們顯然不能說我們拿詞組 D 來表示一個眞敍說或假
敍說，因為只有語句才可用來表示眞敍說或假敍說。而且，只有使用語
句我們才能講到某一個特定的人、物或事，僅僅使用不是語句的詞組，
不能做這。在使用語句 S 講到某一個特定的美國總統時，我們使用詞組
D來提到（mention）或指稱（refer to）他。但是，正如同我們不能
說語句 S 為眞或為假，我們也不能說詞組 D 提到或指稱什麼。正如同我
們可用同一個語句做不同眞假的敍說，我們也可用同一個詞組來做不同
的提到或指稱。「提到」或「指稱」不是一個詞組所做的，而是我們人
使用某一個詞組，譬如D，去做的。

　　史陶生說，意義（meaning）是語句或詞組的一種功能；也就是
說，語句和詞組本身可以具有意義。但詞組的意義和指稱不同。詞組本

身並不指稱什麼；是人使用詞組去指稱什麼的。詞組的意義，並不是它可正確地使用來指稱的東西的集合或單獨的東西；詞組的意義，是支配它來指稱的那些規則、習慣和約定之集合。語句的意義和斷說或敍說不同；因此，語句本身只有意義，而沒有所謂眞假。語句的意義，是支配它用來做斷說或做敍說的那些規則、習慣和約定之集合。只當使用語句的人「是」在講到什麼人物、東西或事件時，語句才被用來做一個有眞假可言的斷說。如果說出語句的人並不講到什麼東西時，他對該語句的使用並不是原本的（primary）使用，而是副產的（secondary）使用；這時候，雖然他也許以爲他做了一個有眞假可言的斷說，但實際上，他並沒有做這個斷說。

根據史陶生，當我們說

The president of the United States is a Democratic

（美國總統是一個民主黨）

時，「我們」預設（presuppose）了（現在）有一個美國總統❶❺。他說，當我們使用這一類語句時，我們並不斷說一個唯一存在命題；我們所說也不邏輯地涵蘊一個唯一存在命題。依據史陶生，在以 "the such-and-such" 開頭的語句中，確定冠詞 "the" 的約定功能之一，是當做一個信號──正在做一個唯一指稱的信號；一個信號並不是一個喬裝的斷說。

史陶生說，下面兩者是不同的：

---

❶❺　在〈論指稱〉中，史陶生用的是「在某種意味的『涵蘊』」（in some sense of imply）一詞，但後來在他的《邏輯理論導論》（*Introduction to Logical Theory*）中，改用「預設」，1952, p. 175.

(1) 含有用來指稱某一個特定的東西或人物的詞組的語句;

(2) 唯一存在語句。

史陶生說,羅素的錯誤是逐步把上述 (1) 類的語句,同化爲 (2) 類的語句。羅素這個錯誤的根源,是把詞組的意義和指稱混在一起。詞組的意義是詞組本身具有的功能,而指稱是人使用語句中的詞組去做的。

二

1966 年, 鄧南倫在他的〈指稱與確定描述詞〉中, 提出著名的確定描述詞的指稱性使用 (referential use) 和描性性使用 (attributive use) 的理論,並且對羅素和史陶生的觀點有所批評。

鄧南倫認爲, 確定描述詞有兩種可能的使用或功能。 那就是他所謂的指稱性使用和描述性使用。 他說, 一個在某一個斷說中描性性地 (attributively) 使用某一個確定描述詞的說話者, 對適合這個描述詞的人或事物敍說一些事項。在另一方面,一個在某一個斷說中指稱性地 (referentially) 使用某一個確定描述詞的說話者,使用這個描述詞使他的聽眾, 能夠選出他(指說話者)正在講到的或者心目中的某一個特定的人或事物,並且對這個人或事物敍說一些事項。在描性性的場合,這個確定描述詞的出現,對它所要掃描出的象目 (object) 是非有不可的,因爲說話者希望對適合該描述詞的人或事物敍說一些事項。至於在指稱性的場合,這個確定描述詞只是叫人注意某一個人或事物的方便工具而已; 任何其他的設計——手勢,其他描述詞,名稱,或詞組——都可充當同樣的功能。在描性性的場合,如此這般的描性是儘其可能重要的,但在指稱性的場合,則不是。

用鄧南倫自己的例子來說明罷。 假定我發現史密斯（Smith）死在那裏，身中多處刀傷。我假定有人謀殺史密斯，但我不知道是誰。從傷口的殘忍和史密斯的無辜性格，我大呼：

The murderer of Smith is insane
（史密斯的兇手是有神經病的）

這裏，確定描述詞 "the murderer of Smith"（史密斯的兇手）的這種使用是描述性的，因爲我這裏說的是具有「史密斯的兇手」這個性質的該「一個」人是有神經病的，至於這個人是誰，我實際上並不知道，或者我心中也沒有「意指」那一個特定的人。 反之， 讓我們想像仲斯（Jones） 被控謀殺史密斯而受審判。假定在法庭上，我看到仲斯舉止怪異， 而相信仲斯確實幹了這樁傻事。 這時， 我也許會說："The murderer of Smith is insane"（史密斯的兇手是有神經病的）。確定描述詞的這種使用，是指稱性的。

對鄧南倫這種確定描述詞的兩種使用的說法，有四個問題值得突顯出來考慮：

㈠從日常語言使用來看，在直覺上，確定描述詞是否眞的有這兩種明顯的用法？

㈡這兩種用法的區別，有什麼理論上和實用上的意義？

㈢在日常使用中要怎樣區別這兩種用法？

㈣利用這兩種用法的觀點，可以怎樣觀察和評論羅素和史陶生的觀點？

讓我們進一步討論這些問題。有一點注意的，不論是前面的還是此後的討論，我們主要是就英文裏的確定描述詞來說的。因此，希望讀者

要就英文的使用來了解本文。至於這些討論能夠多少適用到中文，本文暫不討論。

　　首先，我們要指出的是，確定描述詞有沒有鄧南倫指出的那兩種用法的問題，是社會學上的 (sociological) 語言用法的問題。簡要說來，就是要看看大多數講英文的人，尤其是以英文為母語的人，事實上有沒有這兩種用法。至少有沒有鄧南倫大體描述的這兩種用法。就這一點來說，大部份的學者都接受。因此，指出確定描述詞有這兩種重要的用法，是鄧南倫對語言使用的重要發現。

　　現在再用鄧南倫的舉例，但略為改變來顯示確定描述詞是有這兩種用法。現在假定史密斯沒有謀殺者，例如實際上他是自殺的。現在假定說話者不知道史密斯沒有謀殺者。那麼，依鄧南倫的看法，不論在那一種情形，在使用確定描述詞 “The murderer of Smith” (史密斯的謀殺者) 中，說話者都會在某種意義上預設 (presuppose) 或涵蘊有一個謀殺者。但是，當我們假設這個預設或涵蘊都假，也就是假設沒有一個謀殺者時，這兩種用法會有不同的結果。現在假定「我」是不知道史密斯沒有謀殺者。那麼，當我說 “The murderer of Smith is insane” (史密斯的謀殺者是有神經病的)，而且是在描性性地使用描述詞時，如果有人告訴我說史密斯根本沒有謀殺者，而且我也相信他的話時，我會認為我「白說」或「虛說」了這句話，因為在這個情形下，由於沒有人適合「史密斯的謀殺者」這個性質，因此，「是有神經病的」這個述詞沒有述說什麼。反之，當我說這句話時，如果是在指稱性的使用描述詞，而且由於看到仲斯的舉止怪異，因此，我心目中所指的「史密斯的謀殺者」就是仲斯時，即使有人告訴我史密斯沒有謀殺者，我也不會覺得我「白說」了一句話，因為我認為從仲斯的舉止看，他是有神經病似的，雖然他不是史密斯的謀殺者。

從這類例子，鄧南倫推廣說，"The ∅ is ∅" 這個形式的語句有兩種用法。在描性性用法中，如果沒有什麼東西是 ∅ 則沒有什麼東西說是 ∅。在指稱性用法中，沒有什麼東西是 ∅ 這個事實沒有這個推結。

在這裏順便講一點鄧南倫這種區別的實用。譬如，當你的一個朋友說：

　　The sister of John is so lovely
　　（約翰的姐姐真美麗動人）

時，如果你知道這裏的確定描述詞 "The sister of John"（約翰的姐姐）可以有指稱性的用法，而你的朋友心目中想的是瑪利（Mary）的話，你就不會因為約翰實際上沒有姐姐，而笑你的朋友「癡人說夢」。

在斷說以外，鄧南倫也在問話和命令的情形中顯示這兩種用法。就他的問話例子來說。假定在集會中有人看到一個手持馬丁尼酒杯，樣子有趣的人。他問道："Who is the man drinking a martini?"（喝馬丁尼酒的人是誰？）如果實際上在杯子裏的只是水，這個問話對某些人仍可以回答，因為確定描述詞 "the man drinking a martini"（喝馬丁尼酒的人）在這個指稱性使用中，使這個問話問到某一個特定的人，雖然這個特定的人不適合這個確定描述詞。現在假定這個集會的主持人並沒有看到這個樣子有趣的人，但有人告訴他有個手持馬丁尼酒杯的人。這時，如果這個主持人問道："Who is the man drinking a martini?"（喝馬丁尼酒的人是誰？）這個問話就沒有直截了當的回答了，因為在描性性使用中，沒有人適合這個描述詞，因此，這個問話沒有問到什麼人。

鄧南倫指出，就所謂預設或涵蘊有關事項的不同，也可顯出確定描

述詞的這兩種不同的用法。他說，當一個確定描述詞是指稱性的使用時，不但也像在描性性的使用那樣，在某一種意義上，有一種某人或某事物適合這個描述詞的預設或涵蘊，而且有一種很不同的預設，那就是，說話者預設有一個特定的人或事物適合該描述詞。例如，在問"Who is the man drinking a martini?"（喝馬丁尼酒的人是誰？）中，我們的意思是對在那邊的那個人問問題；這時候，我們就在預設在那邊的那個人在喝馬丁尼酒——不是僅僅預設有人 (someone) 在喝馬丁尼酒。在我們清楚地是指稱仲斯 (Jones) 的情境中，當我們說："The murderer of Smith is insane"（史密斯的謀殺者是有神經病的）時，我們是在預設仲斯是史密斯的謀殺者。但在確定描述詞的描性性使用中，則沒有這種預設。當然，在這種使用中是有預設總有一個人幹了謀殺，但說話者並沒有預設特定是那一個，譬如是仲斯或是羅賓森幹了謀殺。

三

鄧南倫進一步指出，說話者相信是否有人或有事物適合某一個確定描述詞，不足決定這一描述詞是那一種用法。當說話者相信有某一特定的人或事物適合某一個確定描述詞時，這個描述詞有為指稱性使用是很顯然的，但也有可能是描性性使用。反之，當說話者相信沒有什麼東西適合某一個確定描述詞時，這個描述詞有為描性性使用是很顯然的，但也有可能是指稱性使用。

鄧南倫再用史密斯謀殺案說明這一點。假定仲斯因謀殺受審判，而我和其他的人都相信他有罪。假定我閒論說史密斯的謀殺者是有神經病的，但這次我不像以前的例子那樣依據仲斯在被告席上的舉止，而支持

我的想法，而是進一步去摘出理由來設想說，任何人以這種特別殘酷的方式去謀殺可憐的史密斯都是有神經病的。現在假如結果判定仲斯畢竟不是兇手，而兇手是別人，那麼，如果眞兇眞的是有神經病的話，我想我可以主張說我的想法是對的。這裏，我想，卽使我相信有一個特定的人適合這個確定描述詞，我也是描性性使用它。

鄧南倫也舉出另外一個有趣的例子。假定王位被一個我確信不是國王而是一個篡奪者所霸占。也設想他的隨從堅信他是國王。假定我希望看這個人。我也許會對他的寵僕說："Is the King in his counting-house?"（國王在他的帳房裏嗎？）顯然我會得到答案。因此，雖然我自己沒相信這個人適合這個描述詞，但我達成指稱我希望指稱的人。再說，甚至不需假定他的隨從相信他是國王。假如他們對整個事情冷嘲戲謔，知道他不是國王，我也許仍然達成指稱我希望指稱的人。

在這裏，或許我們可以得到一種看法，卽指稱的力量和描性的力量都大於相信的力量。而指稱的力量大於描性的力量。這些都是作者自己的觀念，而不是鄧南倫的。當然，這些觀念的意義，和上面這些說法的辯護，有待進一步的研究。

鄧南倫說，雖然確定描述詞的這兩種用法似乎都帶有有什麼東西適合這個描述詞的預設或涵蘊，但在這兩種用法中有這個預設或涵蘊存在的理由是不同的。是有這樣的假定的，卽一個指稱性地使用某一個確定描述詞的人，相信他希望指稱的東西是適合這個描述詞的。因爲，使用描述詞的目的是要聽眾選出或想到正確的人或事物，因此一個人在正常情形下會選擇一個他相信適合該人或該事物的描述詞。正常情形下一個對一個人希望指稱的東西錯誤的描述詞，會誤導聽眾。因此，是有一個假定，卽說話者相信有什麼東西適合他使用的描述詞，而這東西就是他指稱的。

　　但是， 在描性性使用確定描述詞的場合， 有什麼東西適合這個描述詞的這種預設或涵蘊， 是由這個描述詞的描性性使用這個說話做行 (speech act) 本身產生的， 因爲如果沒有什麼東西適合這個描述詞，則包含這個使用的整個說話做行會受挫，也就是會變成說一句空話，因爲這句話，尤其是它的述詞，沒有述說的對象。

　　反之，當這個確定描述詞指稱性地使用時，這種預設或涵蘊不過是源自一種事實，那就是，在正常情形下，一個人會試圖正確地描述他想指稱的東西，因爲在正常情形下這是使他的聽眾認得他正在指稱的東西的最好方法。我們在前面已講過的，在指稱性使用的場合即使沒有什麼東西適合描述詞，這個說話做行仍然有可能完成的。

　　當我們使用確定描述詞來做一個斷說時，如果有什麼東西適合這個描述詞的這個預設不滿足時， 這個斷說或敍說 (statement) 有沒有眞假可言呢？對這個問題，鄧南倫的看法是，如果這個描述詞是描性性使用，則這個「敍說」旣不眞也不假❻，也就是沒有眞假可言。但是，如果這個描述詞是指稱性使用，則說話者敍說了某些爲眞或爲假的東西，同時在一種不甚清楚的意味上，他做了一個旣不眞也不假的敍說。鄧南倫對這兩個結論的來由，也做了很詳細的舉例說明。但我認爲這些說明沒有什麼特別的地方，幾乎可以說是以上所講的基本觀點的歸結，因此不在這裏細述。

---

❻　注意，在這裏鄧南倫用斜體字來表示「敍說」(*statement*)。這表示在這時候，算不算敍說有點問題。

四

不過，我對這兩個結論想講一些話。雖然鄧南倫說羅素的確定描述詞論看到了確定描述詞的描性性用法，但從上面第一個結論，我們可以說鄧南倫的確定描述詞的描性性使用的理論，和羅素的理論是不一樣的。因爲至少在羅素的理論中，沒有這類沒有眞假可言的敍說。因爲根據羅素的理論，在這種情形下，這個敍說是假的。其次，對上面的第二個結論，我想提出一個修正或另一看法。

依據鄧南倫，當一個說話者指稱性地使用某一個確定描述詞時，即使沒有什麼東西適合這個描述詞，他也許敍說了一些爲眞或爲假的東西，而且在一個不甚清楚的意味上，他做了一個旣不爲眞也不爲假的敍說。鄧南倫的這個觀察有看到的地方，那就是他看到了這種斷說至少也敍說了一些爲眞或爲假的東西。但也有說不清楚的地方，那就是，他認爲這種斷說在某種不甚清楚的意味上，說話者做了一個旣不眞也不假的敍說。

我現在準備把鄧南倫所徵定的確定描述詞的指稱性使用的語句，做這樣的了解。現在假定一個說話者指稱性地使用

(A) The murderer of Smith is insane,
　　（史密斯的謀殺者是有神經病的）

這個語句裏的確定描述詞 " the murderer of Smith "（史密斯的謀殺者）。那麼，我們要把這句話了解爲做了下面這樣的斷說：

（甲）That is a person who is a murderer of Smith and is insane, and even if who is not a murderer of Smith is insane too.（那個人是史密斯的謀殺者而且是有神經病的，而且即使該人不是史密斯的謀殺者也是有神經病的。）

在下面的簡寫表下：

That $x\longleftrightarrow x$ is that (person)（x是那個（人））

$Mx\longleftrightarrow x$ is a murderer of Smith（x是史密斯的謀殺者）

$Ix\longleftrightarrow x$ is insane（x是有神經病的）

我們可把上面所得斷說（甲）符號化為：

（乙）$\exists x$(That x & Mx & Ix) $\bigvee \exists x$(That x & $\sim Mx$ & Ix)

在這個符號式中有兩點要注意。一點是，在確定描述詞的使用中，說話者有存在的預設或涵蘊。在這裏，我們選擇了涵蘊。我們這個選擇並不表示我們要偏好涵蘊。我們的選擇只是為了能夠利用常用的邏輯符號來符示我們的斷說。我們這裏的討論是要處理指稱和沒有什麼東西適合描述詞時，怎樣了解一個語句的問題。另一點要注意的是，我們把斷說中的 "and even if"（而且即使）譯為選言號 "$\bigvee$"，因為這樣才是正確的譯法。

把指稱性使用的語句（A）了解為像（甲）或（乙）以後，我們可以說，像（A）這樣的指稱性使用的語句，是明確地做了為真或為假的斷說或敍說，因為（甲）或（乙），尤其是（乙），不是真就是假。在有人適合於 "The murderer of Smith"（史密斯的謀殺者）的時候，語句（A）之做了有真假可言的敍說，是顯而易見的。問題在沒有人適合這個描述詞的時候。我們先假定說話者所指稱的那個人存在。現在所指稱的那個人存在，但卻不適合這個描述詞，而說話者卻用這個描述詞

去「描述」它，如果這個人卻眞的是有神經病時，這整個敍說要眞還是要假呢？如果說它眞，它卻含有某種假──假描述──在那裏面；如果說它假，它卻含有眞敍說在裏面。我們認爲在這個時候，「整個」敍說是眞的，雖然它「包含」(contain) 某種假。一個眞敍說可以包含有一些假敍說。譬如「太陽從東方升起來或者地球是平的」這個眞敍說包含了「地球是平的」這個假敍說。問題在怎樣「包含」。一個眞敍說不能以「涵蘊」(implication) 的意義包含一個假敍說，但卻可以以其他許多形式包含假敍說。在我們把敍說（A）化爲（乙）時，把「假描述」用右邊選項的 "$\sim Mx$" 來表示。 因此，這個假描述是以不和整個眞敍說相矛盾的形式含在整個眞敍說裏面。敍說（乙）的優點除了能夠把「假描述」的成分適當的表現出來以外，還用 "That x" 這個成分表現了「指稱」。（乙）的眞假只和 "That x" 和 "Ix" 的眞假有關，而和 "Mx" 或 "$\sim Mx$" 的眞假無關。這告訴我們，在像（A）這類的指稱敍說中，有沒有什麼東西適合使用的描述詞和整個敍說無關。 "That x" 的眞假是指所指稱的那個人是否存在。 "Ix" 的眞假是指如果所指稱的那個人存在時，他是否有神經病。依述詞演算 (predicate calculus)，（乙）和

(丙) $\exists x(\text{That } x \ \& \ Ix)$

等值。這就更清楚告訴我們，有沒有什麼東西適合所用描述詞，和整個敍說的眞假無關。如此一來，"Mx" 或 "$\sim Mx$" 中的 "M" 豈不是可用任何詞組來取代了嗎？不錯。這正是鄧南倫說的：「在指稱性的使用中，確定描述詞僅僅是做某種工作的一個工具而已──叫人注意某一個人或某一個事物──而一般說來，任何其他的設計可做相同的工作，另一個描述詞或名稱也都可以。」在（丙）中 "Mx" 或 "$\sim Mx$" 不見了，因此，它不是非要不可的。

五

　　鄧南倫說，一般說來，一個確定描述詞是指稱性地使用還是描性性使用，是在一個特定情況中說話者的意圖的一種作用。在語句 "The murderer of Smith is insane"（史密斯的謀殺者是有神經病的）中，"the murderer of Smith"（史密斯的謀殺者）在那一種使用都可以。他說，似乎無法拿語句裏有什麼歧義（ambiguity）可來說明這。不論在那一種用法中，語句的文法上的結構似乎都相同，因此它不是語法上（syntactically）的歧義。設想在字詞的意義上有什麼歧義，似乎也不是動人的想法；所以，也不像是語意的（semantical）歧義。他說，或許可以看做是語用上的（pragmatically）歧義。但他說，他沒有什麼好的論證來顯示這點。

　　我曾經指出❼，伯吉（Burge）說：「許多其他沒有明顯地含有 "the" 的確定描述詞——諸如 "Bill's cousin"（比爾的侄兒）——當它們被轉換成含有 "the" 的在直覺上為同義的構形時，可以視為包含相同的歧義。」❽他也說：「除了特定使用系絡外，不是所有的確定描述詞，都可以被看出是當完全或不完全的。這是因為，在許多確定描述中出現的 "the" 這個字，是有歧義的，而可解釋為是指示詞或獨一無二運算詞。」❾

---

❼　劉福增著〈一個沒有確定描述詞的語言〉，《思與言》，18 卷 1 期，1980 年 5 月，此文也收在劉福增著《語言哲學》，pp. 182–183。

❽　伯吉（C. Burge）著《眞理與若干指稱性設計》(*Truth and Some Referential Devices*)，p. 54, 1971, University Microfilms A Xerox Co., Ann Arbor, Michigan, U. S. A.

❾　伯吉前書，p. 54。

　　從伯吉所說，我們可以說確定描述詞的兩種用法，是由於確定冠詞 "the" 有歧義，所以至少這是語意的歧義。鄧南倫沒有看到這一點，恐怕是由於那時他沒有注意到在確定描述詞中 "The" 所扮演的特別作用。在他使用的最頻的例句 "The murderer of Smith is insane" 中，除了一個地方他寫的是這樣的形式以外，其他都寫 "Smith's murderer is insane"。可見，他沒有特別注意到 "the" 的作用。我個人認爲，在處理確定描述詞的問題時，確定冠詞 " the " 或其嚴格的同義字的角色非常重要[20]。

六

　　現在讓我們看看鄧南倫怎樣從他的理論的觀點，批評羅素和史陶生的理論。他認爲他們的理論都有錯的地方，雖然他們也給涉及的涵蘊或預設提出不同的解說，但他們每一個只提出一個。他認爲，依確定描述詞是描性性使用或指稱性使用，這個預設或涵蘊的提出各有十分不同的理由，而且所涉及的恰切是什麼預設或涵蘊也不一樣。再說，他們兩個的理論似乎都沒有正確地徵定指稱性使用。在羅素的理論中，有 "the ϕ 是 ϕ" 涵蘊「有而且只有一個 ϕ」這樣的一個邏輯涵蘊。不論在描性性使用是否這樣，但在確定描述詞的指稱性使用中似乎不眞。鄧南倫說，有什麼東西是 ϕ 的這個「涵蘊」，並不等於一個邏輯涵蘊；而是更像一個根據通常使用確定描述詞來指稱而成立的假定。不論如何，羅素的理論並沒有顯示有什麼東西是 ϕ 這個涵蘊，是來自正被指稱的東西是 ϕ 這

個更特定的涵蘊。這種涵蘊是指稱性使用場合的涵蘊。因此，鄧南倫認為，當做一個確定描述詞理論，羅素的觀點似乎只應用於描性性使用。

鄧南倫說，史陶生的理論是設想要顯示確定描述詞如何是指稱性的。但在這一個方向上走得太遠了。因為，即使它們在同一個語句中出現，也有非指稱性的。鄧南倫相信史陶生的理論包含下面三個命題：

(1) 如果有人斷說 the ∅ 是 ψ，那麼如果沒有 ∅ 則他就沒有做一個真敍說或假敍說。

(2) 如果沒有 ∅ 則說話者失敗於指稱什麼東西。

(3) 他沒說什麼真或假，其理由是他指稱失敗。

鄧南倫認為，這每一個命題不是假，就是最多只適用於確定描述詞的兩個用法之一。

他認為命題 (1) 也許對描性性使用成立。在前面 "The murderer of Smith is insane"（史密斯的謀殺者是有神經病的）這個例子中，如果確定描述詞 "the murderer of Smith"（史密斯的謀殺者）是描性性使用，那麼如果史密斯沒有謀殺者的話，就沒說什麼是真的了。依據史陶生，就十分引人下結論說，沒說什麼是真或假。但是，鄧南倫說，在這個確定描述詞是指稱性使用的場合，是說了很可以有什麼為真。有可能對所指稱的人或事物說了一些為真的東西。

鄧南倫說，命題 (2) 純然為假。因為，在確定描述詞指稱性使用的場合，即使沒有什麼東西適合描述詞，完全有可能指稱一些東西。

鄧南倫認為，在史陶生的觀點上，命題 (3) 和 (1) 跟 (2) 提出的問題結合在一起。命題 (3) 並沒有給描性性使用的場合，提出什麼理由，因為這時候確定描述詞不是用來指稱，因此沒有所謂指稱失敗的問題。但對指稱性使用卻提出了一個問題。那就是，當一個確定描述詞指稱性地使用時，指稱會失敗嗎？

　　首先，　鄧南倫認爲，　說話者不會僅僅因爲聽眾沒有正確地選出他正在指稱的東西，　而指稱失敗。　例如，　當我們使用描述詞 "the man drinking a martini"（喝馬丁尼酒的人），　卽使我們的聽眾失於選出正確的人或任何人，我們仍然能夠指稱某一個特定的人。而當沒有什麼適合描述詞時，我們也不會指稱失敗。不過也許在某些極端情況下，我們會指稱失敗，譬如沒有什麼東西我們願意當做我們所指稱的東西去選出來，　或者我們所指稱的東西是一種幻覺，　而實際上是什麼東西也沒有。鄧南倫說，也許只有在這種什麼東西也沒有好指稱的極端情況下，一個拿確定描述詞來做指稱性使用的說話者，是說了沒有可爲眞或可爲假的東西。但是，史陶生的理論要應用的遠比這種極端情況要多。

　　因此，鄧南倫下結論說，羅素和史陶生的理論都沒有代表一種確定描述詞使用的正確解說。羅素的理論完全忽略指稱性使用，而史陶生的則失於做指稱性和描性性的區別，眞眞假假混在一起。

七

　　從 1971 年起在許多大學的學術討論會上做口頭討論，而在 1977 年出版的〈說話者的指稱和語意的指稱〉裏[21]，庫律基（Kripke）說：「我將論斷，在鄧南倫論文裏的討論，依其本身，並沒有拒絕羅素的理論。」這裏說的鄧南倫的論文，是指我們在前面幾節討論過的〈指稱與

---

[21]　參看[4]。從 1971 年起，庫律基在紐約大學，麻州理工學院和洛杉磯加州大學 (UCLA) 討論過本文的內容。在加州大學討論的時候，鄧南倫也在場，那時本人也是聽者之一。我記得那次的討論會事先沒有公佈題目，也許這是賣個關子。

確定摘述詞〉。庫律基又說：「我沒有懷疑鄧南倫提出並顯示的區分〔指稱性使用和描性性使用〕的存在，及其基本的重要，雖然我不認爲它是排斥的或包羅的。但是，鄧南倫也相信羅素的理論，如有的話，只適用於描性性使用，而且確定描述詞的指稱性使用接近專名，甚至接近羅素的『邏輯上的專名』。而且他似乎相信上面提到的指稱性使用的例子在羅素的理論上不能解說。我要檢查的就是這些觀點。」

在本節裏，我們要簡單地討論庫律基的檢查。首先，庫律基說：「由於鄧南倫沒有清楚地斷說敍說 "her husband is kind to her"（她的丈夫對她親切）的確具有非羅素式的眞值條件，迄今他沒有清楚地和羅素的理論相矛盾。」依據鄧南倫，羅素的理論還可應用到確定描述詞的描性性使用，因此，在這一使用裏，他的理論和羅素的至少是一致的。但是，他認爲羅素的理論不能應用於指稱性使用。現在要問的是，他的指稱性使用的觀點有沒有和羅素的理論相矛盾呢？依庫律基的說法是沒有的。現在假定有一個說話者講到他心目中的一位女士（lady）——一位處女但他不知道她是處女——說㉒：

(B) The husband of the lady is kind to her.

（那位女士的丈夫對她親切。）

由於處女沒有丈夫，因此根據羅素的理論，這個命題是假的。因爲，根據羅素理論的分析模式，命題（B）應了解爲三個命題的連言，而其中一個是：

㉒ 鄧南倫在他的前文中舉了 "Her husband is kind to her" 這個例子，來說明描述詞不適合所指稱個人或事物時的斷說的眞假問題。爲了把確定描述詞更明顯化，我改如文中的語句。

There is at least a husband of the lady.

（那位女士至少有一個丈夫。）

但是那位女士是處女，因此這個命題爲假，因而（B）爲假。但是根據鄧南倫，並不率直地說（B）爲眞或爲假；而是說，這個說話者也許敍說（state）了一些爲眞或爲假的東西。如果那個「丈夫」──實際上假定是她的「情人」（lover）──眞的對她親切，則說話者敍說了一些爲眞的東西。反之，如果他對她並不親切，則說話者敍說了一些爲假的東西。然而，鄧南倫又說，不論在那一種情形，在一個不甚清楚的意味上這個說話者做了一個旣不眞也不假的敍說。因此，確定描述詞在指稱性使用的場合，鄧南倫並沒有清楚斷說，它的眞值條件不是羅素式的。因此他的理論並沒有清楚地和羅素的相矛盾。

　　其次，庫律基批評說，由於鄧南倫否認提倡在確定描述詞中有語意的（semantic）歧義，因此他這個否認似乎和他文章裏的許多東西不符。庫律基說，例如，鄧南倫提示在 "The husband of the lady is kind to her"（那位女士的丈夫對她親切）這個敍說中，沒有語法的（syntactic）或語意的歧義。但他也提示，羅素也許可以說給描性性使用一個正確的分析，但卻沒有給指稱性使用。庫律基說，這是不一致的。因爲，可以分析的不是某種語用（pragmatic）意味上的「使用」，而是一個語句的「意思」（sense）。如果上面的例句不是語意上（或語法上）的歧義，它只有一個分析。說它有兩個不同的分析，是把它認爲有語意的歧義或語法的歧義。庫律基說，儘管有這種不一致，我們可以不管鄧南倫的否認，把他的文章當做爲這種語意的歧義辯護。那麼，他問，鄧南倫建立了一個和羅素的理論不一致的（語意的）歧義嗎？

　　爲進一步討論這，庫律基提出所謂說話者的指稱（speaker's reference) 和語意的指稱 (semantic reference) 的對照觀念。他說這些觀念是葛萊斯 (H. P. Grice) 的說話者的字詞所意指和他在說這些字詞中所意指，這兩者之間的不同的一種特別情況❷。他說，在一個個人語言裏，一個指稱詞 (designator) 的語意稱目 (referent)，是由說話者無論什麼時候使用這個指稱詞時，他指稱某一定對象的一般 (general) 意圖舉出的。說話者的稱目則是在某一個場合，由說話者指稱某一定對象的特定 (specific) 意圖舉出的。如果說話者相信，在一定場合上他想講到的對象滿足成為語意稱目的條件，則他相信在他的一般意圖和特定意圖之間沒有衝突。庫律基說他的假設是，鄧南倫的指稱性——描性性的區分應該從上述觀點予以綜合。因為在某一個場合，說話者也許會相信他的特定意圖會因兩個理由之一，和他的一般意圖相合。在一個「簡單的」情況中，他的特定意圖直簡是指稱語意的稱目：也就是，他的特定意圖直簡是他的一般語意意圖。另一種是「複雜的」情況；在這情況中他有一個和他的一般意圖不同的特定意圖，但是，他相信事實上這個特定意圖決定和由他的一般意圖決定的相同的對象。在「簡單的」情況中，說話者的稱目，依定義，就是語意的稱目。在「複雜的」情況中，它們可能相合，但不一定。庫律基預期，他的假設將是鄧南倫的「描性性」使用不過是特化到確定描述詞的「簡單的」情況，而「指稱性」使用，同理，不過是特化到確定描述詞的「複雜的」情況。庫律基說，如

❷ 有關葛萊斯的這些觀念，參看他下面文章："The Causal Theory of Perception," *Proceedings of the Aristotelian Society*, 補集 vol. 35 (1961)；"Logic and Conversation," *Syntax and Semantics* vol. 3, Peter Cole & Jerry L. Morgan 編, 1975；"Meaning," *Philosophical Review* 66 (1957)；"Utterer's Meaning, Sentence-Meaning and Word-Meaning," *Foundations of Language* 4 (1968)；"Utterer's Meaning and Intentions." *Philosophical Review* 78 (1969).

果這種推想是正確的話，把鄧南倫的「指稱性」使用，像他那樣，當做描述詞像是專名的一種使用，是錯的。因為，簡單和複雜這兩種情況的分別，將應用確定描述詞那樣可應用於專名。

我們對庫律基批評鄧南倫的確定描述詞理論的討論，暫時到這裏。以後將在專文中對庫律基的觀點，做進一步研究。

八

本文在 1987 年 6 月在臺大舉辦的「當代西方哲學與方法論研討會」上發表。在本節裏，我將主要從以上所討論的諸家學說為例，說明語言哲學何以是哲學，以及語言哲學的研究在哲學方法上，就和（西方）傳統哲學或其他哲學的研究的比照來說，所顯示的一些特徵。

無疑的，語言哲學是當代西方哲學的一個主流。尤其是在講英語或北歐國家，可以說是當代哲學的中心。柏克萊加州大學哲學教授塞爾 (J. R. Searle)說：「在二十世紀分析哲學的傳佈中，語言哲學在整個哲學的事業中佔有這樣一個中心地位，有些人會說佔有中心(the central)地位。本世紀大部分有影響力的哲學家，例如羅素、維根斯坦、卡納普 (Carnap)、蒯英 (Quine)、奧斯丁 (Austin)，和史陶生 (Strawson)，都是不同程度的語言哲學家。」㉔英國薩西克斯 (Sussex) 大學哲學講師哈利生 (Bernard Harrison) 說：「本世紀的語言的哲學討論幾乎和哲學本身同邊界。（常有人設想這只在講英語的國家才真，而歐洲大陸的哲學家正確地不屑於這種低降沒有哲學的關懷。這樣想的人沒有念過胡

㉔　塞爾編《語言哲學》（*The Philosophy of Language*），〈引論〉，p. 1，牛津大學印行，1971.

賽爾 (Husserl) 的《邏輯研究》(*Logical Investigations*)，或馬勒・彭地 (Merleau-Ponty) 的《世界的散文》(*Le Prose du monde*)。」我想這樣的人，也沒有念過海德格 (Heidegger) 的《到語言之路》(*On the Way to Language*) 和《詩，語言與思想》(*Poetry, Language, Thought*)㉕。

對語言做哲學的討論雖然可遠溯自柏拉圖，但語言哲學在整個哲學中突顯出來，或者「現代形式的」語言哲學，可以說自本世紀初才開端。因此，一向只沉醉於傳統哲學的人，對於語言哲學爲何物，或者語言哲學何以爲哲學難免有所懷疑不解。在這裏我想做一些解說。

應該一提的，我們在這裏的解說只是部分的；只是從本文前面所討論到的題材做的解說。這也是現代的分析哲學家——語言哲學家是其中最重要的部分——做哲學的一個特色：有多少題材和分析就說多少話，可以少說，但不能多說。我們的解說決不從什麼是哲學這個問題及其解答——如果有解答的話——着手。因爲，我們認爲在哲學探討上，「什麼是哲學？」的問題只有在兩種情況下才有討論的意義和價值。一種是「哲學導論」教科書的授作者或課程的教授，在給初學哲學的人「粗枝大葉」「意思意思」一下什麼是哲學。這是教學的問題。另一種是大哲學家像柏拉圖，康德，和維根斯坦等對哲學活動做根基性的反省時，提出這個問題。我們的解說寧可是拿哲學家實際所做的，被許多其他哲學家或是他自己認爲（不管基於什麼理由，因此這是事實問題，而不是理論的問題）那是語言哲學的討論當典例 (paradign)，來分析說這個討論是怎樣的，然後就說那樣子的討論就是語言哲學的討論。至於「那樣子」的討論是否「符合」所謂哲學的一些基本性質或條件，我們不管，

㉕ 哈利生著《語言哲學導論》(*An Introduction to the Philosophy of Language*), p. ix, 1979, The MacMillan Press LID., London.

因爲實際上我們不認爲有這樣子的基本性質或條件「事先」存在。因此，我們的解說，基本上是學術社會性的問題。其實一切學問的活動的「分科」的認定，追根究底也不過是這種社會性的認定。就拿集合論 (set theory) 來說。當年康托 (G. Cantor, 1845-1918) 創造集合論，提出第一個形式無限理論的時候，學術界最多只認爲它是數學而已。等到羅素和懷德海在他們合著的《數理原論》 (*Principia Mathematica*) (1910 年) 把類理論放進去處理以後，集合論是否應視爲邏輯的一部分，學者間時有爭論。但自 1940 時代起，蒯英(Quine)、克雷恩(Kleene)、孟德森 (E. Mendelson) 等著名數理邏輯書本的著者，把類理論或集合論包括在他們的書本裏以後，集合論是邏輯的一部分，現在便視爲當然的了。

我們在前面討論的羅素、史陶生、鄧南倫，和庫律基都是著名的哲學家或哲學教授。他們那幾篇文章，經常被選在語言哲學的選讀文集中。因此，那幾篇文章是語言哲學的典例。它們討論的問題是典型的語言哲學的問題。現在讓我們先就羅素的確定描述詞論來說。前面我們曾經提過，英國劍橋數學家和哲學家賴姆塞 (Ramsey) 說，羅素的描述詞論是「哲學的典範」；馬時 (Marsh) 教授說，羅素的這一理論是當代哲學發展上的一個里程碑。

不論你屬於那一個哲學派別，不論你偏好那一個哲學理論或那一個哲學家的哲學，有一點你非承認不可的，那就是，哲學的活動或探索都是從釐清和分析日常使用過的一些你認爲很重要，但卻很含混而混淆的觀念着手的。各種哲學觀點的不同，不是這種着手起點的不同，而是後來釐清或分析所得結果的不同。如果這種所得結果比先前有相當程度的更清楚，其中包括和一些相關觀念之間有更清楚的邏輯連繫，而這種結果被認爲具有相當普遍性，同時在方法上，我們不需用許多經驗上的材

料當它的證據，那麼，這樣所得結果，我們便常常說它是一個哲學或哲學理論，這樣的活動是一種哲學活動。在 1905 年羅素提出他的確定描述詞論以前，人們對確定描述詞的了解，是十分模糊含混的。現代邏輯和語言哲學之父弗列格，把它附屬在名稱之中。羅素是第一個把確定描述詞突顯出來，分析出它在語句中的重要和明確的地位和功能的人。在羅素以前，這種地位和功能是隱而不顯的。不管你對他認定的地位和功能接不接受，他叫人注意這種詞組在語句中的特殊地位，以及他使用的明晰的分析方法，不論是哲學概念的還是邏輯技巧的，都是首開先例的。而事實上，羅素對確定描述詞所確定的地位和功能，也是被許多哲學家，尤其是絕大部分的數學家所接受的。尤其是，羅素還把他分析的結果，融入他和懷德海合著的《數理原論》裏，當做其形式系統發展中的一個底基❽。向來被哲學家自己稱道的是，哲學是科學的「基礎」。不管這種稱道對不對，羅素的確定描述詞論，確實是他的《數理原論》系統中的一個基礎。現在許多邏輯教科書中，也有專章討論以這一理論為基礎的形式系統❼。傳統上，真理論 (theory of truth) 是哲學的中心問題之一。在要談論或解決各種真理論的問題中，首先需要弄得相當程度的清楚的一個問題是，一個語句 (sentence)，一個敘說 (statement)，或一個命題 (proposition) 怎樣可以說是真，或是假？ 語句「地球是圓的」的真和「2 加 3 等於 5」的真，是一樣的「真」嗎？ 語句「孫悟空一躍十萬八千里」真嗎？ 如果是真，那麼它的真和「地球是

---

❽ 參看羅素和懷德海合著《數理原論》(*Principia Mathematica*), vol. 1, 倫敦，1910, p. 173; 第二版，1925。

❼ 其中最著名的如嘉理錫 (D. Kalish)、孟塔庫 (R. Montague) 和馬爾 (G. Mar) 合著《邏輯：形式推理的技術》(Logic: *Techniques of Formal Reasoning*)，第八章，第二版，1980, 此書已由本人譯成中文，在臺北出版。

圓的」的眞一樣嗎？如果它是假，那麼它的假和「地球是平的」的假一樣嗎？假如現在沒有法國國王，那麼

    (I)　The present king of France is bald,
       （現任法國國王是禿頭的）

這句話，是眞還是假？還是沒有眞假可言？如果因爲沒有現任法國而(I) 爲假，則語句

    (II)　The present king of France is not bald,
       （現任法國國王不是禿頭的）

也應該爲假。但是，在一個顯然的閱讀上，(I) 和 (II) 是互相矛盾的，但如果它們都假，則它們並不矛盾。所以，像 (I) 和 (II) 這類含有確定描述詞語句的眞假問題，是一個急需解決的問題。而且像前面問的眞假問題，無疑是眞理論的基本問題之一。羅素的確定描述詞論，給像 (I)和 (II) 這類含有確定描述詞的語句的眞假問題，提出一個明確的解決。從以上討論，我們可以很明白看出，羅素的確定描述詞論，的確不愧爲哲學的典範。

    在羅素之前，雖然也有一些哲學家，尤其是弗列格，對語言尤其是詞組和語句，做現代式的哲學和邏輯分析。但是羅素卻是第一個使用「現代」邏輯技術分析日常語言的人。羅素認爲，像前面語句 (I) 的「結構」，不是像傳統看來的「主詞-述詞」那樣簡單的結構，而是像前面第一節顯示的

$$\exists x[(y)(Ky \leftrightarrow y=x) \ \& \ Bx]$$

這般相當複雜的邏輯結構。這樣引進現代邏輯技術來做哲學分析研究的
例子，是劃時代的。自西元二千三百多年以前亞里士多德創造邏輯以
來，（西方）哲學家一直使用（傳統）邏輯當做哲學研究的方法和工具。
但從今天的觀點看來，傳統邏輯所能提供的技術是很簡單的。羅素是第
一個使用比傳統邏輯遠爲有力的現代邏輯當哲學研究的工具。從羅素的
典例，以後的哲學家便知道大大使用現代邏輯當研究哲學的工具了。羅
素這個典例，正如同牛頓引進微積分於物理學的研究，和愛因斯坦引進
張量分析於新物理學的研究，都是劃時代的先鋒。就比較非技術性的哲
學而言，羅素的確定描述詞論的分析模式，也是開語言分析當做哲學的
重要研究的先河。維根斯坦說[28]：

> 所有哲學是一種「語言批判」。羅素的功績是，他顯示了命題的
> 表面的邏輯形式未必是它的眞正的形式。

這裏維根斯坦說的羅素的顯示，應該就是他在確定描述詞論中所做的顯
示。從本文前面的討論——從史陶生、鄧南倫到庫律基等這些重要哲學
家對確定描述詞所做的討論，我們也可以說羅素的理論確實是啟開了現
代哲學的一個重要討論。

　　語言哲學是當代分析語言中最重要的部分。「點滴經營」，「密集
安打」，是分析哲學的最基本的方法，如果有所謂哲學方法的話。這和
傳統哲學上比較稀鬆的大體系的展開，有強烈的對比。羅素的確定描述
詞論，也不過是處理 " the …… （在單數）" 這種形式的詞組在一個語
句中的地位和功能的問題；這比起傳統上的出言就是宇宙、世界、社會

---

[28]　維根斯坦 （Wittgenstein）：《邏輯哲學論說》（*Tractatus Logico-Philosophicus*），第 40031 條。

和人生的大問題，是要「點滴」多了。但是，羅素卻小心翼翼，步步經營，直到有一個十分清楚明確的結果。這是就單個哲學家而言。就羣體哲學家說，像前面所講，羅素、史陶生、鄧南倫和庫律基等，都先後曾花了很多精力在確定描述詞的探究上。各人從不同的角度，求得「同一」個問題的周全精密的了解。在鄧南倫前述文章中，更可以發現點滴經營的特徵。但這種哲學經營方式，卻一分一分獲得「安打」。這種得分安打，使哲學一步一步獲得可靠的結果和進步。

最後，我們要「研究」一下爲什麼把語言哲學稱爲「語言」哲學。簡單的說，是因爲語言哲學研究的問題在相當程度以上和語言有不同程度的直接牽連關係。請注意「相當程度以上」這個限定。因爲我們認爲任何哲學問題或多或少都和語言發生牽連。因此，如果沒有這個限定，就不能表示語言哲學的特徵。有人有意無意把語言哲學「貶低」爲「章句之學」。不論這種說法是善意還是非善意，至少他們看到一點，那就是，語言哲學和語言、語句或詞組有密切關連。但他們沒有看到的一點是，語言哲學所研究的問題的一般性（或普遍性）和基本性。語言哲學對一個語句或其中某一個詞組的個別的普通意義，或對一個語句的個別的語法結構沒有興趣。這些是普通語言課或章句之學的事。例如，對老子《道德經》中「天地不仁，以萬物爲芻狗」的「不仁」和「芻狗」的（普通）意義是什麼，以及這整個語句的（普通）意義是什麼發問的，是「國文」或章句之學的問題，不是語言哲學的問題。對這句話在整個老子思想中有什麼「微言大義」發問的，是老子哲學的問題，不是語言哲學的問題。說不仁是指沒有仁心，芻狗是指用草紮成的草狗；而整句的意思是天地沒有仁心，把萬物看做草狗一樣；這樣的解說是章句之學。說這裏的芻狗是當比喻之用，意思是自然發展；這也是章句之學。但是，如果我們進一步或深一層問什麼是比喻，比喻怎能有說明的力量，

比喻和正規意義的關係和差異在那裏？使用比喻應注意那些事項？這樣
發問時，我們就進入語言哲學的問題了。這些問題並不是問這個特定語
句中的比喻的問題，而是問些有關比喻的一般性或普通性的問題；而且
是就深層或基本性來問的。但這些問題都和語言密切有關，因為比喻都
是拿話（words）或語言去做（doing）的。

　　就拿前面羅素討論的例子 "The present king of France is bald"
（現任法國國王是禿頭的）和鄧南倫討論的例子 "The murderer of
Smith is insane"（史密斯的謀殺者是有神經病的）來說。從普通的觀
念來說，這些句子是再簡單不過了。任何講英語的幼稚園學生都會講這
些語句。因此，從這些語句有什麼「深」的哲學好說呢？我們應該知道
的，羅素和鄧南倫並不是對這些個別的語句有什麼興趣，而是對這些語
句所顯示的某些普通性的和深一層的（哲學）問題有興趣。例子表面上
雖十分簡單，但它們「背後」隱藏的問題——確定描述詞的意義以及含
有確定描述詞的語句的真假等問題——卻十分複雜。這不但在語言哲學
上是如此，在其他哲學問題上也一樣。例如，羅素從「桌子」的例子，
討論了許多很深的知識論的問題，而亞里士多德從「種子」的例子討論
了形式和資料的形上學問題。

參 考 文 獻

Burge（伯吉），Charles Tyler
　　1971　*Truth and Some Referential Devices*（眞理與若干指稱性設計），University Microfilms A Xerox Co., Ann Arbor, Michigan, 1971.
Frege（弗列格），G.
　　1980　*Translations from the Philosophical Writings Gottlob Frege*（弗列格哲學著作選譯），Max Black 和 Peter Geach 合編，1952 初版，1980，三版。
French（法蘭齊），Peter A.; Theodore E. Uehling, JR.; Howard K. Wettstein 合編。
　　1979　*Contemporary Perspectives in the Philosophy of Language*（語言哲學當代觀），University of Minnesota Press, Minneapolis.
Grice（葛萊斯），H. P.
　　1957　"Meaning"（意義），*Philosophical Review*, vol. 66.
　　1961　"The Causal Theory of Perception"（知覺因果論），*Proceedings of the Aristotelian Society*, 補集，vol. 35.
　　1968　"Utterer's Meaning, Sentence-Meaning and Word-Meaning"（說話者的意義，語句—意義與字詞—意義），*Foundations of Language*, vol. 4.
　　1969　"Utterer's Meaning and Intentions"（說話者的意義與意圖），*Philosophical Review*, vol. 78.
　　1975　"Logic and Conversation"（邏輯與會話），*Syntax and Semantics*, vol. 3, Peter Cole 和 Jerry L. Morgan 合編。
Harrison（哈利生），Bernard
　　1979　*An Introduction to the Philosophy of Language*（語言哲學導論），The MacMillam Press Ltd. 倫敦。
Kalish（嘉理錫），Donald; Richard Montague（孟塔庫）; Gary Mar（馬爾）合著。
　　1980　*Logic: Techniques of Formal Reasoning*（邏輯：形式推理的技術），Harcourt Brace Jovanovich, 紐約，1964 初版，二版。
Kripke（庫律基），Paul

1977 "Speaker's Reference and Semantic Reference" (說話者的指稱與語意的指稱)，收在法蘭齊 (French) 編前書。

Marsh (馬時)，R. C. (編)

1971 *Logic and Knowledge* (邏輯與知識)，羅素著，Capricorn Books.

Ramsey (賴姆塞)，F. P.

1960 *The Foundations of Mathematics and Other Logical Essays* (數學基礎及其他邏輯論文)，Littlefield, Adams & Co. Paterson, New Jersey.

Rosenberg (洛森保)，Jay F.；Charles Travis (合編)

1971 *Readings in the Philosophy of Language* (語言哲學選讀)，Prentice-hall, Inc., Inglewood Cliff.

Russell (羅素)，B

1905 "On Denoting" (論稱指)，*Mind,* 此文收在馬時編前書。

1919 *Introduction to Mathematical Philosophy* (數理哲學導論)，George Allen and Unwin Ltd. 倫敦。

Searle (塞爾)，John R. (編)

1971 *The Philosophy of Language* (語言哲學)，牛津大學出版。

Strawson (史陶生)，P. F.

1950 "On Referring" (論指稱)，*Mind LIX,* No. 235.

1952 *Introduction to Logical Theory* (邏輯理論導論)，Methuen & Co. LTD.

Wittgenstein (維根斯坦)，L.

1922 *Tractatus Logico-Philosophicus* (邏輯哲學論說)，C. K. Ogden 英譯；D. F. Pears 和 B. F. McGuinness 英譯，倫敦，1961.

劉福增

1981 《語言哲學》，臺北東大 (三民書局)。

涵蓋律模式之檢討

·林 正 弘·

一、前　言

　　科學說明 (scientific explanation) 的模式及其必備條件一向是實證派(positivist)的科學哲學家所關心的主題。自從1948年韓佩爾(Carl Gustav Hempel) 和歐本漢 (Paul Oppenheim) 合著〈說明邏輯之研究〉(Studies in the Logic of Explanation)❶，提出所謂「科學說明的涵蓋律模式」(covering law model of scientific explanation) ❷ 以來，此一學說曾引起熱烈的討論與辯難。有人反對此種說明模式，有人加以辯護，也有人提出修正意見❸。反對此種模式的人大多依據科學史實或科學實況，指出實際上沒有任何科學說明完全符合涵蓋律模式及其必備條件，有些科學說明甚至與該模式差距極大。本文的主要目的是要指出：涵蓋律模式的致命傷不在於實際上與科學史實或科學實況不符，而在於理論上的重大困難。

❶　此文刊登於 *Philosophy of Science*, Vol. 15 (1948), pp. 135–175. 現收入 Carl G. Hempel, *Aspects of Scientific Explanation and Other Essays in the Philosophy of Science*, New York: Free Press (1965), pp. 245–290.

❷　此一名稱為威廉・瑞 (William Dray) 首先使用。見 William Dray, *Laws and Explanation in History*, Oxford: Oxford University Press (1957), p. 1.

❸　反對者有 William Dray、Paul K. Feyerabend、Peter Achinstein、Sylvain Bromberger 等人；贊成者除了韓佩爾之外，尚有 Rudolf Carnap、Enest Nagel、Israel Scheffler 等人；提出修正意見者有 David Kaplan、Stephen Toulmin、Wesley C. Salmon 等人。

二、涵蓋律模式❹

科學的主要目的之一是要建構理論來說明已知的事實，並推測未知的事實。所謂「科學說明」乃是敍述某一事件或現象（以後簡稱「事象」）之所以發生的原因。例如：我們都知道有日蝕、海嘯、通貨膨脹等事象，但未必知道它們何以會發生，於是就必須有人告訴我們爲什麼會發生這些事象。這就是科學說明。簡言之，科學說明乃是對「爲什麼會發生某一事象？」所做的回答。這裏所謂「事象」包括個別事象及一般事象兩種。所謂「個別事象」是指發生於某一特定時空的特定事象。例如：1968 年 7 月 20 日在美國阿拉斯加所看到的日蝕，以及 1986 年 11 月 15 日清晨五點二十分發生在臺灣地區的地震，都是個別事象。所謂「一般事象」是泛指任意時空所發生的某一類事象。例如：泛指一般

---

❹ 本節部分文字取自拙著〈過時的科學觀：邏輯經驗論的科學哲學〉，刊登於《當代》第十期（1987 年 2 月 1 日），pp. 20–26；〈瑞姆濟的理論性概念消除法〉，收入《知識‧邏輯‧科學哲學》（東大圖書公司，1985 年 3 月），pp. 49–72；以及〈科學說明〉，收入《白馬非馬》（三民書局，1975 年 1 月），pp. 8–25。

有關涵蓋律模式的細節，請看下列各書的相關章節：

Carl G. Hempel, *Aspects of Scientific Explanation*, Free Press (1965).

Enest Nagel, *The Structure of Science*, New York: Harcourt, Brace & Warld, Inc. (1961).

Israel Scheffler, *The Anatomy of Inquiry*, New York: Knopf (1963).

Rudolf Carnap, *An Introduction to the Philosophy of Science*, New York: Basic Books (1974).

日蝕或地震，而不特指某一次日蝕或地震，即為一般事象。本節所要討論的是：依照實證派的看法，在科學上如何才算正確的回答「為什麼會發生某一事象」？換言之，切當的科學說明必須具備何種模式？滿足那些條件？

　　根據他們的分類，科學說明有兩種模式：演繹說明與歸納說明。現分述如下：

（一）演繹說明

　　我們將考察這類科學說明的實例，然後根據這個例子，分析它的模式，以及它必須滿足的條件。

　　假定有一個小孩把玩具丟入水池中，意外發現玩具竟然浮出水面。他想：這麼重的東西應該沈入水中才對，怎麼會浮起呢？為了解答他的疑問，我們可做如下的說明。物體在液體中的浮沈，不能僅憑它的重量來斷定，而應該比較它與同體積液體的重量。若它的重量大於同體積液體的重量，則會沈入液中；反之，若重量小於同體積液體之重量，則會浮出液面；若兩者重量相等，則物體可停留於液體中的任何地方，不沈不浮。小孩丟入水中的玩具，因體積大，故重量不輕；但比起同體積水的重量，仍較輕，故會浮出水面。

　　小孩若不滿意上面的說明，而要求更詳細的說明，則須用到阿基米德浮力原理：物體在液體中所受之浮力等於該物體在液體中所排開的液體之重量。

　　細心考察上面的例子就會發現：當我們對某一事象做科學說明時，必須利用普遍定律 (general laws)。在上面的例子中，我們至少利用到下面的普遍定律：

　　　　任何物體放入任何液體中，若物體之重量小於同體積液體之重

量，則物體會浮出液面。

這個定律因爲泛指一切物體及液體，而沒有指定某一特定物，也沒有指定某一特定水池中的水，故稱爲「普遍定律」。

但單靠普遍定律並不能說明事象。在上面的例子中，只用所列出的普遍定律，並不能說明玩具何以會浮出。要說明這個事象，必須具備若干條件。這些條件是：

1. 玩具丟入池中；
2. 池中的液體是水；
3. 玩具的重量較同體積水的重量爲輕（亦卽玩具對水的比重小於1）。

這些條件若不具備，則儘管上述普遍定律成立，也不會發生玩具浮出的事象。例如：假如條件1.不具備，則玩具可能還在那孩子手裏，不會浮在池面上。假如條件2.不具備（譬如說：池中沒有任何液體；或池中的液體不是水，而是較該玩具比重爲小的液體），則玩具也不會浮出液面。又假如條件3.不具備，則玩具將沈入水，不會浮出。上面所說的這些條件，都必須在事象發生之前卽已具備，至遲也必須在事象發生之時同時具備；否則該事象卽不一定會發生。因此，這些條件叫做「先行條件」(antecedent conditions 或 initial conditions)。

從上面的例子，又可看出：我們要說明的事象可由所列出的普遍定律及先行條件推論出來。列出普遍定律及先行條件來說明某一事象之所以發生的原由，意卽：以這些普遍定律及先行條件爲前提，導出「該事象會發生」的結論。爲了敍述方便起見，我們以 L_1、L_2、……、L_n 表示普遍定律，以 C_1、C_2、……、C_m 表示先行條件，以 E 表示描述某一事象的語句。如果以 L_1、L_2、……、L_n 及 C_1、C_2、……、C_m 爲前提，可以推出結論 E，則我們只要將這些前提及推論過程列出，就算回答了「該事象

何以會發生」的問題。換言之，在科學上，問「某一事象爲什麼會發生」的意思是要我們回答：根據那些普遍定律及先行條件，經過如何的推論程序，可以得到「該事象會發生」的結論。因此，當我們要對某一事象之所以發生做科學說明時，須要列出下列三項：

1. 普遍定律 L_1、L_2、……、L_n；
2. 先行條件 C_1、C_2、……、C_m；
3. 以 L_1、L_2、……、L_n、C_1、C_2、……、C_m 爲前提，以 E 爲結論的推論過程。

從以上的分析可知，一個切當的科學說明必須具備下列四個條件。這些條件叫做「科學說明的切當條件」。

條件一：以普遍定律及先行條件爲前提，必須能推出結論 E。由前提到結論的推論必須是正確的。如果推論是錯誤的，換言之，由前提推不出結論，則這些普遍定律與先行條件不足以說明 E 所描述的事象何以會發生。舉例言之，假定爲了說明 1980 年 11 月下旬在義大利發生的地震，有人竟然列出一些經濟學定律以及 1979 年以來國際上發生的一連串政治事件（例如：蘇聯入侵阿富汗、伊朗扣留美國大使館人員、伊朗與伊拉克交戰等）來說明，則顯然是不切當的。它之所以不切當，不是因爲所列出的經濟學定律錯誤，也不是因爲所列舉的那些國際政治事件不眞實，而是因爲它們與義大利發生的地震不相干。以它們爲前提，推不出義大利會發生地震的結論。

條件二：必須列出普遍定律。科學說明的目的是要指明某一事象之發生是符合自然律的；根據這些自然律，在某些特定情況下，本來就應該發生這種事象；我們若知道這些特定情況的存在，本來就應該會預期這種事象會發生。簡言之，該事象乃是普遍定律的個例而已。因此，普遍定律是科學說明不可欠缺的項目。

條件三：所列出的普遍定律必須得到高度驗證。若普遍定律未得到驗證，則其本身是否成立尚有疑問，如何可用來做切當的說明？舉例言之，有些科學史家或科學哲學家認為在伽利略竭力宣揚哥白尼的天文學說時，並沒有足夠的證據支持哥白尼的學說❺。因此，他使用哥白尼天文學的定律來說明天象，在當時看來並非切當的說明。又例如：有些科學史家也認為達爾文出版《物種原始》（*The Origin of Species*）的時候，也缺乏有力的證據足以支持其演化理論❻。因此，他以演化論為前提所做的說明，在當時看來是不切當的。至於已經遭到否證而被放棄的理論或定律，更不能用來做為科學說明的前提。舉例言之，假如現在還有人使用托勒密（Ptolemy）的天文理論來說明任何天象，則顯然是不切當的。再以上述小孩的玩具為例，假如我們為玩具浮出水面做如下的說明：

普遍定律：凡重量在一百公斤以下的物體都會浮出水面。

先行條件：這個玩具的重量是十五公斤。

結　　論：這個玩具會浮出水面。

這個說明中的普遍定律是假的，故為不切當的說明。儘管推論是正確的，先行條件是真的，我們不能說玩具浮出水面的原因是它只有十五公斤。

條件四：先行條件必須為真。例如：假定我們用阿基米德原理及玩具的比重小於水的比重來說明玩具為何浮出水面，而事實上該玩具的比

---

❺ 請看 Paul K. Feyerabend, *Against Method*, London: Verso (1975).

❻ 請看 Barry G. Gale, *Evolution without Evidence*, Sussex: The Harvester Press (1982).

重大於水的比重，它之所以未沈入水底是因為有一根細線把它懸住的緣故。這個說明因先行條件為假，故不切當。

總之，一個切當的科學說明必須符合下面的模式：

$$
\text{推論} \left\{
\begin{array}{l}
\text{前提} \left\{
\begin{array}{l}
\text{普遍定律 } L_1 \text{、} L_2 \text{、} \cdots\cdots \text{、} L_n \\
\text{先行條件 } C_1 \text{、} C_2 \text{、} \cdots\cdots \text{、} C_m
\end{array}
\right. \\
\rightarrow \text{結論：待說明事象之描述 E}
\end{array}
\right.
$$

並且滿足上述四個切當條件。

上面所舉的例子都是對個別事象所做的說明。其實，科學也往往對一般事象加以說明。其說明模式及切當條件與個別事象的說明大致相同。以自由落體運動為例，我們可以從牛頓的力學定律及地球的質量和半徑，推出伽利略的自由落體定律。其中牛頓定律是普遍定律，敘述地球質量和半徑的語句為先行條件，而所推出的自由落體定律就是敘述一般自由落體事象的語句。許多一般事象可以用科學定律或公式來敘述，而科學定律或公式可以看做對一般事象所做的敘述。因此，科學定律也可以用更普遍的科學定律來加以說明。

以上所述的模式及切當條件是一切科學說明所必須具備的，並不限於演繹說明。所謂「演繹說明」(deductive explanation) 除了上述切當條件之外，還有兩項特徵：第一，普遍定律皆為全稱語句；第二，由前提到結論的推論是演繹推論。所謂「全稱語句」(universal sentences) 是具有下列形式的語句：

所有……都是……。

任意 x，若……x……，則……x……。

這種形式的語句是敍述某一類東西或合於某一條件的東西都如何，毫無例外。一個定律若爲全稱語句，則稱爲「全稱定律」(universal law)。例如：波義耳定律及阿基米德原理都是全稱定律。因爲前者是說：「任意固定質量的氣體，若溫度不變，則氣體的壓力與體積成反比」；而後者是說：「所有在液體中的物體，其所受浮力都等於其所排開液體之重量」。很明顯的，我們上面所舉的玩具浮出水面的例子是演繹說明。

(二) 歸納說明

所謂「歸納說明」(inductive explanation)，除了必須具備上述四個切當條件之外，還有兩項特徵：第一，普遍定律中有統計語句，不都是全稱語句；第二，由前提到結論的推論是歸納推論。舉例言之，假定某甲因感染鏈球菌而患重病，經醫師藥物治療而痊癒。他對自己痊癒之迅速非常驚異，乃請教醫師其中原由。醫師向他做如下的說明：

前提 {

普遍定律：用盤尼西林治療鏈球菌感染，有百分之九十八會迅速痊癒。

先行條件：甲感染鏈球菌。

甲接受了盤尼西林治療。

結論　待說明事象：甲接受治療後迅速痊癒。

這個說明中所用到的普遍定律不是全稱語句，它不是說所有接受盤尼西林治療的鏈球菌感染病患都會迅速痊癒，它只說有百分之九十八的這類病患會迅速痊癒。這樣的語句叫做「統計語句」(statistical sentences)。這個說明中的結論不是前提的必然結論；換言之，有可能前提全眞而結論假。因爲甲有可能屬於百分之二無法用盤尼西林迅速治癒的少數病

患。可見，前提只給予結論極強力的支持，但非絕對的保證；由前提到結論的推論不是演繹推論，而是歸納推論。

　　以上我們簡略的敍述了實證派的科學哲學家所提出的科學說明的模式。這種模式的要點是：科學說明必須用普遍定律來涵蓋待說明的事象，或使用更普遍的定律來涵蓋待說明的定律。因此，有人把這種模式稱爲「涵蓋律模式」。

　　在此必須附帶一提的是：許多實證派的科學哲學家都強調科學說明與科學推測具有相同的邏輯結構。科學推測包括科學預測 (scientific predictions) 和科學溯測 (scientific postdictions)。前者是推測未發生的事象，例如：天文學家算出未來某年某月某日會發生月蝕；後者是推測已發生而我們尚未知悉的事象，例如：天文學家算出過去某年某月某日曾發生月蝕。按照這些科學哲學家的說法，科學推測與科學說明的基本模式並無根本差異。科學推測是在事象尚未發生之前，或在我們尚未知悉其是否發生之前，即根據普遍定律及先行條件，推斷其必定發生。反之，科學說明是在知悉事象已經發生之後，再去尋求普遍定律及先行條件，並由這些定律及條件推論出該事象會發生的結論。此外，科學說明的目的是要說明事象之所以發生的原因，故不可用該事象發生之後才具備的條件做爲推論的前提。因爲事後才具備的條件不會是過去事象之原因。相反的，科學推測則不受此限制，除先行條件之外，還可把事象之後的條件做爲推斷的前提。例如：法醫可根據屍體的狀況來推測死亡的時間。科學說明與科學推測雖有上述差異，但它們都必須從高度驗證的普遍定律及已知條件推論出待說明或待推測的事象。一個切當的科學說明必定具有推測的效能。

三、反對涵蓋律模式的各種主張

自從韓佩爾提出涵蓋律模式及其必備條件以來，即不斷有人提出各種反對意見。對這些反對意見，韓佩爾的答覆幾乎是千篇一律。他一再強調他所提出的說明模式乃是理想模式，也就是理想中最完美的模式。在實際上也許沒有科學說明完全符合這個理想模式；但那是因為說明不夠完備的緣故。科學家在做說明的時候，往往把一些顯而易見的普遍定律或先行條件略而不提。即使在最詳細的初級教本中，也不會把科學說明中的各項細節毫不遺漏的一一列出。另一種不完備的說明不是由於省略淺顯的細節，而是由於尚未能掌握細節，因而只能提出初步綱要，做為進一步探討的基礎。不管是那一種不完備說明的存在，都不足以證明涵蓋律模式與實況不符。涵蓋律模式是用來判定科學說明的依據標準。一個不完備的科學說明，若不可能補充或發展成完備的涵蓋律模式，則非切當的科學說明❼。

韓佩爾的上述辯解，在某種程度之內，可以回答一些反對意見，尤其那些批評涵蓋律模式不符合科學史實或科學實況的反對意見。舉例言之，威廉·瑞（William Dray）曾提出三種不須用到普遍定律的說明模式。第一種是把與待說明事象有關聯的事象，按其發生之先後順序，從最早的事象一直到待說明事象，依次逐一加以敘述。這樣我們就能明瞭為什麼會發生待說明事象❽。第二種是使用普遍概念，把一些孤立的、

❼ 有關理想模式及不完備的說明，請看 Hempel, *Aspects of Scientific Explanation*, pp. 412–425.

❽ 請看 William Dray, *Laws and Explanation in History*, pp. 66–72.

看起來不相干的事象統合起來，使我們對這些事象有所瞭解，看出它們相互間的關聯，甚至還可以幫助我們對未知的事象做粗略的推測❾。第三種是要說明某事象如何可能發生，而不是要說明它為什麼會發生。某些事象之發生會令我們驚奇，因為依據我們已有的知識以及相關的情報來判斷，該事象是極不可能發生的。然而，它竟然發生了。我們會問：「這如何可能？」或「怎麼可能發生這種事？」要回答這樣的問題，我們不必說明該事象為什麼會發生，我們只須說明該事象有可能發生即可。詳言之，只須指出我們當初之所以驚奇，會認為不可能，乃是由於我們當時的知識或情報不正確或不充足；矯正或補充了知識或情報之後，該事象之發生就不再令我們驚奇，但仍不足以推出該事象會發生的結論❿。威廉・瑞認為這三種說明都不須用到普遍定律，因而不符合涵蓋律模式，然而卻是令人滿意的說明。主張涵蓋律模式的人不同意威廉・瑞的看法。韓佩爾及納格爾曾詳細分析上述三種說明模式，認為它們仍須以普遍定律做為說明的基礎，它們雖然沒有明白列出普遍定律，但仍然預設普遍定律的存在，否則不可能有任何說明功能⓫。可見，它們並未違反涵蓋律模式。

　　另外有些反對涵蓋律模式的人並不強調其不符合科學史實或科學實況，而是批評此模式並未真正掌握科學說明的要素。韓姆佛瑞斯（William C. Humphreys）認為科學說明是對異例（anomalies）提出說明。所謂「異例」是與我們已有的知識、信念，以及已知的事實不符的事

---

❾　請看 William Dray, " 'Explaining What' in History", 收入Patrick Gardiner (ed.), *Theories of History*, New York: Free Press of Glencoe (1959), pp. 403-408.

❿　請看 Dray, *Laws and Explanation in History*, pp. 156-169.

⓫　請看 Hempel, *Aspects of Scientific Explanation*, pp. 428-430; 及 Nagel, *The Structure of Science*, pp. 564-575.

象。只有這樣的異例才需要說明。然而，涵蓋律模式並未要求待說明事象必須是異例。在韓姆佛瑞斯看來，這是很嚴重的疏忽⑫。沙蒙（Wesley C. Salmon）認為科學說明最重要的功能是要顯示先行條件與待說明事象之間的相關性，至於能否顯示待說明事象是可預期的，反而是次要的問題。涵蓋律模式不足以顯示此種相關性⑬。此外，佛利德曼（Michael Friedman）和基契爾（Philip Kitcher）則認為涵蓋律模式遺漏了科學說明最重要的統合功能。按照他們的看法，世界上互相獨立而不相干的事象越多，就越不易掌握，因而也越難瞭解。科學說明的目的是要利用普遍定律，使得原先看起來似乎不相干的事象發生關聯，因而使得互相獨立且無法再加以說明的事象盡量減少⑭。佛利德曼主張科

---

⑫ 請看 William C. Humphreys, *Anomalies and Scientific Theories*, San Francisco (1968), Chs. 1–3.

⑬ 沙蒙所舉的例子如下：

感冒病患服用丙種維生素之後，幾乎都會在一星期之內痊癒。
甲患了感冒，且已服用丙種維生素。
∴甲會在一星期內痊癒。

這個例子完全符合涵蓋律模式。但沙蒙認為它並不切當。因為感冒病患通常都會在一星期內痊癒，服用丙種維生素與感冒痊癒不相干，不應用來說明感冒何以會痊癒。此例見於 Salmon, "Statistical Explanation", p. 33. 此文收入 Salmon (ed.), *Statistical Explanation and Statistical Relevance*, Pittsburgh: University of Pittsburgh Press (1971), pp. 29–87. 此外，沙蒙有關科學說明的論著尚有："Theoretical Explanation", in Stephan Körner (ed.), *Explanation*, New Haven: Yale University Press (1975), pp. 119–184; 及 *Scientific Explanation and the Causal Structure of the World*, Princeton: Princeton University Press (1984).

⑭ 這兩人學說的簡略介紹，請看拙著〈克雷格定理及其在科學哲學上的應用〉，第八節第三小節，pp. 152–161. 此文收入《知識·邏輯·科學哲學》，pp. 73–186.

學說明的統合功能在於使用少數的定律來說明多數的定律❶ 。基契爾則
強調少數定律在科學說明的前提中以極高的頻率重覆出現❶ 。涵蓋律模
式並未要求科學說明具備這種統合功能。

　　對於上述的反對意見，韓佩爾很難再用理想模式的說詞來辯解。因
為科學說明的理想模式理應充分掌握科學說明的要素，沒有理由將其完
全忽略或遺漏。其實，韓佩爾也知道涵蓋律模式的缺失，並承認自己未
能提出解決的方法❶ 。換言之，他承認符合涵蓋律模式未必即為切當的
科學說明。然而，他卻堅持理想的科學說明必須符合該模式。上段所提
到的反對意見也只主張符合該模式並非切當說明的充分條件，並未否認
其為必要條件。

　　在下一節中，我們將指出：要求理想的科學說明必須符合涵蓋律模
式，乃是一項不合理的要求，會遭到難以克服的困境。

四、涵蓋律模式的困境

　　在本節中，我們將討論科學說明要符合涵蓋律模式並滿足其必備條

---

❶ 請看 Friedman, "Explanation and Scientific Understanding", *The
Journal of Philosophy*, Vol. LXXI (1974), pp. 5-19; 及 "Theoretical
Explanation" in Richard Healey (ed.), *Reduction, Time and
Reality: Studies in the Philosophy of Natural Science*, Berkeley:
University of California Press (1981), pp. 1-16.

❶ 請看 Kitcher, "Explanation, Conjunction, and, Unification" *Jou-
rnal of Philosophy*, Vol. LXXXIII (1976), pp. 207-212; 及 "Expl-
anatory Unification", *Philosophy of Science*, Vol. 48 (1981), pp.
507-531.

❶ 請看 Hempel, "Studies in the Logic of Explanation", p. 273,
footnote ㉝.

件，會遭遇到什麼樣的困境。我們以本文第二節玩具浮出水面的說明為例，加以討論。為了討論方便起見，將此說明的普遍定律、先行條件、及結論全部重覆列出：

前提

L_1：任何物體放入任何液體之中，若物體之重量大於同體積液體之重量，則物體會沉入液體之中；反之，若物體之重量小於同體積液體之重量，則物體會浮出液面；若兩者重量相等，則物體可停留於液體中的任何地方，不沉不浮。

C_1：此玩具被丟入池中。

C_2：池中的液體是水。

C_3：此玩具的重量較同體積水的重量為輕。

結論　E：此玩具浮出水面。

這個說明並未滿足涵蓋律模式的必備條件。本文第二節曾列出科學說明的四個切當條件。其中第三個條件要求普遍定律必須得到高度驗證。上面說明中的普遍定律 L_1 並未滿足此項要求。它不僅未得到高度驗證，而且明顯為假。我們很容易可以找到 L_1 的反例。假定有一塊鐵片放入水中，而靠近水面的上方懸掛一塊強力磁鐵。水中的鐵片雖比同體積的水重，但因磁鐵的吸引，不但不下沈，反而浮出水面。又如：一根細針，雖比其同體積的水重，但把它輕放在一碗水的水面上，可能因水的表面張力而不下沈。再例如：同一個碗，體積和重量並無改變，但碗口朝上可以浮在水面，碗口朝下卻會沈入水中，而碗底破裂也會沈入水中。我們還可輕易想出無數種不合 L_1 的反例。因此，若要使 L_1 滿足第三個切當條件，必須把可能造成反例的無數種情況一一加以排除。然

而，這類可能情況很難事先設想周到，隨時都有可能發生原先未預料到的情況。我們必須用概括性的描述才可能把這類情況完全加以排除。讓我們用「理想狀況」（ideal circumstance）來概括描述沒有這類反例的狀況。然後在普遍定律 L_1 之前加上「在理想狀況下」六個字。經過這樣增訂過的普遍定律，就不會像原先的 L_1 那樣容易被上述的反例所推翻。讓我們用「L_1'」來表示增訂過的定律。現在，上面那個玩具浮出水面的說明可改寫如下：

$$\text{前提} \begin{cases} L_1' \\ C_1 \\ C_2 \\ C_3 \end{cases}$$

$$\text{結論} \quad E$$

經過這樣改寫之後，雖然滿足了科學說明的第三個切當條件，但卻未滿足第一個切當條件。原來由 L_1、C_1、C_2、C_3 可推出 E。現在把 L_1 改成 L_1' 之後，由 L_1'、C_1、C_2、C_3 卻無法推出 E。要使其能夠推出，必須增加一個前提，告訴我們沒有那些可以輕易推翻 L_1 的情況，換言之，告訴我們有理想狀況存在。設以「C_0」表示這個增加的前提。則上述說明可改寫如下：

$$\text{前提} \begin{cases} L_1' \\ C_0 \\ C_1 \\ C_2 \end{cases}$$

$$C_3$$

結論 E

經過如此改寫之後，雖然可由 L_1'、C_0、C_1、C_2、C_3 推出 E，因而滿足了第一個切當條件，但卻產生許多難題。現分述如下：

第一，C_0 是概括性的描述，並無明確的內容。我們已經指出：C_0 若有明確的內容，則 L_1' 極易遭受反例推翻，因而不能滿足第三個切當條件。反之，C_0 若無明確的內容，而是概括性的排除一切足以推翻 L_1 的情況，則 L_1' 豈不成為無法否證的恒真句？

第二，C_0 既無明確的內容，我們如何判斷其真假？例如：我們若不知道 C_0 是否含有「池水沒有表面張力」的內容，則我們如何能判斷 C_0 的真假？

第三，要判斷某一情況是否足以產生 L_1 的反例，往往不易判斷，而必須借助其他普遍定律。例如：假定玩具是用鋁做的，則在水面上懸掛一塊磁鐵到底會不會影響玩具下沈，必須依靠其他科學定律來判斷，只有 L_1 是不夠的。若磁鐵會發生影響而產生 L_1 的反例，則 C_0 就含有排除此情況的內容，換言之，C_0 含有「附近沒有磁鐵」的內容。反之，若磁鐵不會發生影響，則 C_0 不必含此項內容。

從上面這些難題看來，第四個切當條件是很難得到滿足了。這個條件要求切當的科學說明必須先行條件全部為真。而上述難題卻使我們無法肯定先行條件 C_0 為真。

綜上所述，玩具浮出水面的說明，不管如何改寫都會遭遇困難。寫成由 L_1、C_1、C_2、C_3 推出 E，不能滿足第三個切當條件；寫成由 L_1'、C_1、C_2、C_3 推出 E，則不滿足第一個切當條件；最後，寫成由 L_1'、C_0、C_1、C_2、C_3 推出 E，又不滿足第四個切當條件。我們總是顧此失彼，似乎無

法脫離困境。

　　有人也許會認為使用較抽象的概念，可以擺脫上述困境。以上面所舉的例子來說，我們若使用比較抽象的浮力（buoyant force）概念，則 L_1 可改寫如下：

　　　L_1''：　物體在液體中所受之浮力等於該物體在液體中所排開之液體的重量。

這個比較抽象的定律，無須設定任何限制條件，就可以避免 L_1 所遇到的反例。以磁鐵吸引鐵片使其浮在水面的例子來說，它並未違反 L_1''。因為 L_1'' 不像 L_1 那樣斷言：比重大於水的鐵塊一定會沈入水中。依據 L_1''，鐵塊在水中所受的浮力等於其所排開之水的重量。此浮力加上磁鐵的吸引力若大於或等於鐵塊的重量，則鐵塊未必會下沈。再以碗口朝上、朝下、以及碗底破裂為例，這些現象也未違反 L_1''。因為碗口朝上且未破裂時，碗在水中所排開的水量較多，故所受浮力較大；而碗口朝下或碗底破裂時，因水進入碗內使其所排開的水量減少，故所受浮力減少。

　　現在，玩具浮出水面的說明可改寫如下：

前提
L_1''：　物體在液體中所受之浮力等於該物體在液體中所排開之液體的重量。

C_1：　此玩具被丟入池中。

C_2：　池中的液體是水。

C_3：　此玩具的重量較同體積水的重量為輕。

結論　E：此玩具浮出水面。

由於 L_1'' 避免了 L_1 所遇到的反例，因此，這樣改寫過的說明滿足了第三個切當條件。又因為先行條件中沒有 C_0，故又滿足了第四個切當條件。然而，第一個切當條件的滿足卻有問題。在直覺上，我們以為 L_1''、C_1、C_2、C_3 推出 E 似乎不成問題。但那是因為我們依據我們對「浮力」這個概念的瞭解，把浮力與物體浮沈所應有的關聯加入前提之中。若不添加前提來連繫浮力與物體浮沈之間的關係，我們無法由 L_1''、C_1、C_2、C_3 推出 E。理由非常明顯：L_1'' 中提到物體所受之浮力，而未提到物體的浮沈；反之，C_1、C_2、C_3、E 之中則提到玩具在水中的浮沈，而未提到玩具所受之浮力。若要借重 L_1'' 幫助我們由 C_1、C_2、C_3 推出 E，換言之，要借用浮力概念來說明物體的浮沈，我們當然必須知道兩者之間的關係。

可見，為了要滿足第一個切當條件，我們必須添加新前提來連繫比較抽象的浮力概念與物體浮沈的具體事實之間的關係。這樣的前提其實就是一般所謂的「對應規則」(correspondence rules)。這種對應規則也和 L_1 一樣，很容易找到反例來加以推翻。舉例言之，下面的對應規則可用來連繫浮力與物體浮沈之間的關係。

L_2：液體中的物體，若所受浮力大於物重，則物體會浮出液面；若小於物重，則沈入液中；若相等，則物體可停留於液中任何地方，不沈不浮。

若把此對應規則加入前提之中，則上面的說明又變成：

$$
前提
\begin{cases}
L_1'' \\
L_2 \\
C_1 \\
C_2 \\
C_3
\end{cases}
$$

結論　E

這個說明滿足了第一個切當條件，但又無法滿足第三個切當條件。因為 L_2 和原先的 L_1 一樣容易遭受反例推翻。事實上，我們前面所舉的 L_1 的反例全部可以用來做為推翻 L_2 的反例。我們再一次的陷入顧此失彼的困境之中。抽象概念的使用似乎無法幫助我們逃脫困境。

五、結　論

涵蓋律模式的致命傷不在於不符科學史實或科學實況。這個缺陷可用理想模式的說詞來辯解。它的另外一項缺點是未能掌握科學說明的要素。這也不是無法矯正的。我們可以增加其切當條件，使其具備應有的要素，而仍然維持其基本模式。我們認為涵蓋律模式的致命傷是第四節所提出的困境。這種困境很難用理想模式的說詞來辯解，也不可能增加切當條件來解決。要脫離困境，必須放棄某一個切當條件。但不管放棄那一個切當條件，涵蓋律模式的基本精神將因而喪失。

論維根斯坦的哲學方法

·蔡信安·

　　當代的中國哲學研究者似乎都認爲西洋哲學在方法論上都要比中國哲學來得高明，因此希望透過方法論上的磨練而促使中國哲學能更上一層樓。有的人更是預設當代的哲學方法要比以前的來得好，因此這一次的討論會要以「當代」這名稱來限定討論的範圍，當然，這種限定也有它的好處，在有限的時間內針對某些問題去作深入的探討，會促使參會者有助益。本文就是討論對於當代英美哲學有巨大影響的哲人，維根斯坦的方法。

　　一般而言，一位哲學家所採取的哲學方法都是跟他所認定的哲學概念相配合，方法之所以被採用，就是因爲它能夠使人達成目的，而哲學的概念就是包括對於哲學性質、功能、目的等的了解和認定。所以對於維根斯坦的哲學方法的討論就需要從探究其哲學概念。本文從維氏的《邏輯、哲學論文》以及《哲學探討》兩書來分析及批評他所採取的方法。他的方法是一種「治療法」，這種治療法跟他所認定的哲學智慧是相一致的，追求着生命的智慧。

　　哲學概念對於每一位哲學工作者是格外重要，但是也是一件極其難解的，就以王浩先生的看法來作例證吧！他認爲一般的科學工作者並不時常在問到底他所研究的學問是什麼？可是哲學工作者大半的時間就是在尋問這一個問題，以他個人而言，他「摸索」了三、四十年，依然一直在自問：「到底哲學是什麼？」他很謙卑地說：「到目前爲止，他依然尚未擁有他個人的哲學。」其實，每一位教授「哲學概論」的課程時，面對着東西方二千多年的哲學史，幾乎各個哲人都有他們各自的哲學概念，無法給予一個中肯的定義，通常以「愛好智慧」爲哲學的基本概念，但是這一個詮釋又帶來兩個問題，一個是「什麼是智慧」；另一

個是「如何愛好」，各個人對於「智慧」有不同的了解，對於「愛好」的方式也隨着改變。而這兩個問題就是「哲學概念」和「哲學方法」所蘊含的問題；換句話說，以哲學為「愛好智慧」並沒有解除對於「哲學是什麼」的困擾，但是帶進了另一個新的意義：「哲學方法」是含蘊在「哲學概念」裏面。

基本上，維根斯坦是採取「哲學為愛好智慧」的理路。「愛好智慧者」首先要了解所追求的對象，包括它是不是可以為人類所認識，如果不可能為人所識，其原因何在，然後再尋求「接近」它的方式。我們就從他生前所出版的《邏輯、哲學論文》談起。

一、《邏輯、哲學論文》哲學當作解決 「生命的問題」

《邏輯、哲學論文》是針對「生命之謎」而尋求「解答」。維根斯坦指出，該書的重點是在倫理學方面，應該在緒言中加上一句以說明之；又該書包含兩部份，一部份是已陳述在該書上，另一部份並未寫出來，而未寫出的部份卻是重點之所在。至於該書的最直接表達重點之處，是在其緒言和結論的部份❶。就該書的緒言而言，他說：

> 本書討論哲學問題，並且表明，（我認為）這些問題都是由於對我們語言的邏輯有誤解才存在的。本書的整個意義可概括如下：凡是可說的，都可以清楚地說出，那些不可說的，就必須對它保

---

❶ 參閱 Paul Engelmann, *Letters from Ludwig Wittgenstein: with a Memoir*, (New York: Horizon Press, 1967), pp. 143-144.

持沉默❷。

最後一段的緒言中，他說：

> 另一方面，在這裏所傳述的真理，我認為是不可反駁且確定的，因此我相信在重點上這些問題已有了最後的解決。如果我沒有弄錯的話，其次，則這本書的價值就是當這些問題被解決了，顯示所做的是多麼少❸。

該書所討論的哲學問題包括很多，例如，語言意義、世界結構、自我、價值等等，可是該書裏所提的「最後的問題」乃是要解開「生命之謎」的難題，而且提出的解決的方法也針對着它而發的，例如 6.52；6.521 就是下面 6.53；6.54 和 7 這三句所要詮釋的。這些就是構成該書的結論的部份，也就是他所謂的重點部位。

如果「哲學問題」的重點在於「生命之謎」的話，這種理論也不爲過，因爲眞正的「智慧」應該包括「知道」自我的生命及如何去好好利用它，使它變爲更有價值和意義。這種「主體性的眞理」應該是優位於所謂「客體性的眞理」，就是懂得宇宙間一切眞理而不知道自己活下去的眞理的話，這種認識比起那主體性眞理來，確實不重要。我想中國哲學者將會同意他以生命當作哲學的中心課題吧！至於生命課題的中心

---

❷ L. Wittgenstein, *Tractatus Logico-Philosophicus*, trans. D. F. Pears & B. F. McGuinness, (London: Routledge & Kegan Paul, 1961), p. 3. 中譯文乃筆者所譯。本緒言乃表明維氏本人的哲學方法，以對於思想和語言的批判來展現哲學智慧。本論文就是從此談起。

❸ 同書，p. 5. 以下對於本文的引用就直接將維氏的標號附上，不另行用註以示其出處。

點，對於維氏而言，似乎是環繞在「靈魂不朽」的論題上，這就牽涉到
倫理行爲、神的償罰、幸福等相關的倫理課題。

二、哲學方法：「排解」而不是回答問題

哲學問題的特殊性，從整個西洋哲學史的現象來看，哲學家們認爲
他們「已經解決」了這些問題，他們的解答都是「最後的」了，不需要
再爲它們費神。可是事實並不如此，這些問題依然遺留下來，後代學者
不以爲前人解決了問題，但是他們改變對於問題的了解，也不必再走以
往的「寃枉路」，可以直接地站在他們的肩膀上去遠瞻解決它們的可能
性。換句話說，重新地檢視問題，到底問題有沒有存在的必要性，如果
沒有問題，而硬要給予「解答」的話，這不算是「解決」問題，反而是
「製造問題」。愛好智慧者當然會了解這一點，而維根斯坦就是採用這
種方式去解決問題。

「排解」問題的方法乃是重新去了解該問題所涉及的層面和因素加
予分析和探討。維根斯坦很喜歡聖奧古斯丁，他的《懺悔錄》必然是維
氏所喜愛的讀物之一。在《懺悔錄》中有一則有趣的故事，那是當時
有人提問：「神在造天地之前，到底祂在做些什麼事？」❹這一個問題
確實具有「意義」，但是不可能給予「正確的答案」，除非神本身給予
啟示。奧氏不採用當時人所運用的方法，就是逃避問題，他指出當時的
人就以「神在那時創造地獄去關問這種問題的人」，這答覆難以令人信
服，奧氏面對着這不可克服的問題去反思，發現它是涉及「時間」，因

---

❹ 參閱 St. Augustine, *Confessions*, trans. by R. S. Pine-Coffin,
(Baltimore: Penguin Books, 1964), Book XI, Chapters, 10-14.

此展開對「時間」的分析，發現「時間」乃是當有宇宙存在和運行時，用它安排事物，在人的心中才有過去、現在和未來；如果沒有宇宙，就沒有時間，沒有時間就沒有「之前」，沒有「之前」就沒有問題，沒有問題就沒有解答。解答不只是多餘的，反而是「製造」問題。所以，就針對該問題而言，奧氏不回答問題，可是對於「時間」做了詳細的討論。這種方式乃是以時間理論去解消這一個哲學問題。

維根斯坦的哲學方法就是表達在那短短七小段的緒言裏，王浩先生把它們編爲六個命題，它們是：

1. 目標是「探討哲學問題」。

2. 達成目標的方法是「劃定思想的界限」。

3. 執行的方法是去劃定界限，但「不是思想，而是思想的表達」，卽語言的界限。

4. 哲學問題，尤其是形上學的問題，被提問的原因「是我們語言的邏輯被誤解了」。

5. 「凡是可說的，都可以清楚地說出來，那些不可說的，就必須對它保持沉默」。

6. （前期的）維根斯坦相信他「已在所有的重要關鍵點上發現這些問題的最終解決❺。」

王浩先生指出前後兩期的維根斯坦在 1 ～ 5 命題上是一致的，沒有改變看法或做法，只對第 6 命題是有不同的看法。換句話說，維氏的哲學方法乃是以劃定思想、語言的界限，去「解消」哲學問題。

劃定思想或思想表達的界限乃是一種對於「純粹理性的批判」。這種批判是從維根斯坦本人的形上學來做的。從《邏輯、哲學論文》的第

---

❺　Hao Wang, *Beyond Analytic Philosophy: Doing Justice to What We Know*. (Cambridge: MIT Press, A Bradford Book, 1986), p. 83.

一個命題開始，就預設了世界的結構；第三個命題界定「思想」；第四個命題規範了思想與語言之間的關係；第五、六命題制定語言的結構。如果他的形上學無法成立的話， 則所使用的處方也沒有多大的作用，「純粹理性批判」也就不算數了，換句話說，改變問題或排解問題，這不是新方法，幾千年來的哲學家就是如此做，特別的地方就是每一位哲人如何去做它們，檢視做了之後有什麼蘊含的結果。我們就不得不去探討維氏的特別處方。

三、圖像性世界的形上學

維根斯坦在《邏輯、哲學論文》的前兩個命題是陳述他的「世界觀」，認定「世界」（die Welt）是由具有某種「邏輯、秩序性」的事態所構成的，也就是以世界具有某種秩序化， 這種秩序性是促使人類的思想及其表達的世界就是這一種世界。這種形上學所蘊含的理論及預設：

1. 巴門尼得斯（Parmenides of Elea）提出思維與存在同一性理論，以不可思維的不存在。這種理論對維根斯坦而言，可思維的是世界並不是包括一切的存在，因為存在包括的層面大於世界的層面，這一個世界之外有某些不可思維的存在。維氏所做工作是要讀者能夠借助於他的理論而爬出去， 正確地看到世界。 也就是說如果世界之外無存在的話，他也無法「爬出去」，更不用討論那些所謂「神秘性」的東西了。他把「價值」、「神」、「法則」等等都是具有存在性，可是它們是不可思維的。

2. 把世界當作可思惟的對象，這不是在證明兩者之間的關係，而

是在規範兩個概念的互用性。有這一種規制，則凡是不可思惟的，即是不屬於這世界內的存在了。

3.「3.事實的邏輯圖像就是思想。」他是以 3.001.『事態是可思惟的』意味着：我們可以劃出它的圖像。也就是當我們可以把握對象的「圖像」的話，我們可以說「知道」它了。這種「圖像」不只是包括「型態」、「顏色」，而且有廣泛的意義，就是他所謂的「邏輯」。

4.「邏輯」即這思維的「規則」，這也是一種規約定義；又思維和思維的表達具有相同的「規則」；語言能表達世界的「圖像」。

5.世界的結構可以用語言表達出來，而且可以清楚地表達出來。因此，語言可以明確地描述世界的「眞相」；世界的界限即是有認知意義的語言界限，人類無法突破這一個界限❻。

這種形上學的可信性是爭論的問題。首先我們會問爲什麼世界會有秩序化？當然這一個問題可以從神學的觀點加予回答，但是這一答案不是我們在這裏所採取的，只得先擱置在一邊。我們只好問第二個問題，我們如何去了解世界的秩序化？答案是，我們以有限的理性和認識能力去認識它，這種認識就叫做思想。維根斯坦認爲：

4.　　思想是有意義的命題。

---

❻　維氏說: "For all I wanted to do with them was just to go beyond the world and that is to say beyond significant language. My whole tendency and I believe the tendency of all men who ever tried to write or talk Ethics or Religion was to run against the walls of our cage is perfectly, absolutely hopeless." (L. Wittgenstein, "A Lecture on Ethics" in *Philosophy Today* ed. by J. H. Gill, New York: MacMillan, 1968, no. 1, p. 13.)

4.001　命題的總和即是語言。

4.002　人具有能力建構可表達各種意義的語言，也不要有一種觀
念要每個字如何有意義或有什麼意義，正如人們說話時不
必要知道如何產生每個聲音。日常語言是人的機體一部
份，也不比它簡單。人不可能直接從它得到語言的邏輯。
語言偽裝思想。即是如此，不可能從外在的衣服型式去推
知其內面的思想型式，因為外在的服飾並不是設計以顯示
身體的型式，有不同的目的。

4.01　命題是實在之圖像。命題是像我們所想像的實在之模型。

維根斯坦似乎沒有弄清楚到底是世界先有某種存在秩序，人類是去「認
識」它，或者以人類某種方式去認識世界，才把世界當作具有秩序性
的？他大概也是以它們為「非意義的」(unsinnig)❼。又如果「思想」

---

❼　維根斯坦對於「不具意義」作了一個區別：

(1)「假的」(falsch)：當一個命題中所提的不存在，即為假的。(3.24)

(2)「無意義的」(sinnlos)：「4.461」指出「恒眞命題」(tautology)或
「矛盾」(contradiction)都是無意義，因為並不對世界說什麼。他
說那就像一點而有兩個反方向的箭頭，如說我知道明天要麼下雨或不
下雨，這對於明天會不會下雨來講，我說了等於白說。可是維氏以它
為語言中一個重要的部分，像 “０” 在算術中的地位。

(3)「非意義的」(unsinnig)：人們根本不知道它們是表達些什麼？不可
能說「是」或「不是」。維氏在 4.1272 指出像概念誤置所引起的，
不可以因為我們日常上說「有書」而說「世界內有東西」，或者說關
於這些東西的總數，因為我們根本不能知道它們的總數，又如「１是
數目，只有一個零。」在 5.473 指出：命題不具有意義，是因為該符
號不能展現出它的特定意義，如「蘇格拉底是同一的。」「同一的」
不能傳述它的特定意義，可能就像說「方型是紅色」那樣，「方型」、
「是」、「紅色」都有意義，但是在一起就不具有意義，我們不知所
云，故稱之為 unsinnig. 維氏是針對這一類的命題加予討論，認為
哲學命題是屬於這一類的，根本不可能置可否。

是像他的命題 4 所說的，我們就不得不問到底「意義」是指什麼？是指
(1) 世界內的對象跟對象之間的關係呢？ (2) 如果是關係，是結構的關
係？ 功能關係？ 因果關係？ (3) 語言的意義在於關係，而不是在於指謂
的對象， 爲什麼「價值」不是一種可以爲有意義性的關係呢？ 在 "A
Lecture on Ethics" 一文中以相對性的「善」是可以爲有意義的語言
所表達， 而「至善」就不可能， 爲什麼不能呢？ 如果以內涵定義的方
式，舉出其充分必要條件也可下定義，何況至善也是一種關係，只是它
名列前茅吧！ 不過他不以內涵定義的方式去了解， 認爲人類的思想是
有限的，無法了解世界內的事物總和，所以說這種總和爲「非意義的」
(unsinnig)，不能看到所有事物，就不能知道那一個爲至善。

　　「概念的誤置」是導致我們的語言喪失表意的功能，就以 5.473 及
5.4733 所提的例子「蘇格拉底是同一的」(Sokrates ist identisch) 來
說，維根斯坦認「同一的」在這一個命題中我們沒有賦予它任何意義，
所以這一句話不表意義，如果表任何意義， 也不爲人所識。其實這一種
看法是錯的，他以爲語言是由命題組合的，具有意義的最小單位是基本
命題，所以任何基本命題要先具有意義才能構成語言網，而對於基本命
題中的成員不一定要具有指謂也沒關係，如上面 4.002 所引的。這一種
見解是不懂我們的語言，因爲什麼才是基本命題，他也舉不出來；而且
一個語言的意義是在它的脈絡之中，包括語言脈絡在內，才可能展現它
的特定意義來。當我們說「蘇格拉底是同一的」這一句話是放在討論蘇
氏對於某一個問題在一生中有沒有改變過的脈絡中， 「同一的」是具有
一般性的意義，就像「好好看」三個字在這裏而沒有其他脈絡時，我們
就不知道它所表達的意義是三種不同意義中的那一種；同樣地，世界的
結構是固定的嗎？ 從人的不同觀點或前識 (pre-understanding) 就有
不同的了解。

可是維根斯坦似乎又把「非意義性的」命題放在所謂的「神秘的」範疇中，在 6.45 他指出：

> 從永恆的觀點來直觀世界，這種以世界爲有限的整體的感覺乃是神秘的。

又說：

> 6.522 確實不可能以語言表達的，卻表明了自己，這就是神秘的。

他似乎以人類擁有這種「神秘性感覺」不是「思想」，思想是可以用命題表達，而神秘性感覺不可能爲人所表達，所以用上任何文字去表達都造成命題「非意義性」。我們就不得不問，是不是神秘經驗沒有相對應的字詞，或所應用的字詞都是個人私下的印象，而沒有共同的印象以驗證，所以無法表達呢？維氏在此時沒有私自語言 (private language) 的問題，可能因爲連對於神秘性經驗都要採取「圖像性」的了解，認爲無法想像世界當作完整體的型態，所以無法有「思想」，也就無法有意義的表達。這就是否定人類思想具有概念性只具有圖像性思想。另外，也限定人類思想都要就各自的範疇去討論事物，如在象棋中用以表達某種狀態的語言只能在象棋中運用，而借用了，就不可能理解，其實不然，如我們說「張三將了李四一軍」，這一種命題依然可思想、可傳達，所以借用可知的去表達超越的，到某種程度依然可知，可以接受的。

四、把哲學問題的解消當作治療的處方

維根斯坦指出：

6.5　對於答案而言，如果不能表達出來，人們也一樣不可能把
　　　問題表達出來。這種謎是不存在的。如果問題可以提出，
　　　也一樣可能回答它。

6.51　當不能提出質疑的地方提出質疑，懷疑論不是不可駁斥的，
　　　而很明顯是非意義的。因為疑問只存在於有問題的地方；
　　　只有有解答存在才有問題存在；答案只存在於某些事物可
　　　以被提說的地方。

6.521　人生問題的解答是在該問題消失時可以知道。（這難道不
　　　是在長期懷疑之後才明白人生的意義，人不能知道什麼是
　　　構成該意義，但是明白人生的意義。）

維根斯坦以「排解問題」的方式去解消哲學問題，認為哲學問題不可能
存在，因為（1）沒有答案存在。答案都是要求普遍性、超越性；如，
神、自我、世界整體等等，這些是不能為人所認識，所以答案無法存
在，則問題也一樣不存在。所以，排斥了問題的存在性。（2）問題是不
可能明確地用語言表達出來，所以不能問出來，也就不可能回答。

　　維根斯坦的做法是排斥問題的可認知性，並沒有排斥哲學問題的實
質的重要性，還有以哲學所追求的目的是高超的，具有實質上必然追求
的吸引力。這種做法是促成哲學研究上的困擾，蘊含着哲學工作只是一

種消極性的工作，在積極方面是不可能在理性、思想的層面去謀求解決，只得在「感受」（feeling）上去做。這種做法不是只有他一個人是掉進了神秘論的陷阱。他們都會有共同的立論：不是他們願意掉進去，乃是因爲這一塊「哲學園地」沒有一處不是陷阱，「實相」是超乎人類可認知、有意義語言之外。所以只得採用老子的評語說：

> 上士聞道，勤而行之；中士聞道，若存若亡；下士聞道，大笑
> 之，不笑不足以爲道。（《老子》四十一章）

那麼，維氏是不是也採取「實踐理性」的做法，以「純粹理性」不可能回答，只有「實踐」才是唯一的解決，例如生命上的終點問題，他認爲我們無法了解生命有沒有終點，因爲「死不是生命的事件，人沒有體驗過死。」（6.4311）死亡是一種終點，這終點無法被確知，不成爲現世生命中的資料以認識其他的死亡。雖然無法成爲人類的知識，只有面對着這種無知而活下去，也只有「下士」才會去嘲弄「死亡」的實在性，上士聞「道」，勤而行之，在行之中以肯定它的價值和實在性。

五、回歸「實踐理性」

在書桌上分析語言、思想、世界，沒有去觀察人們日常生活，到底他們是不是只有「感受」？「感受」是不是可以傳達的？這種做法是一種錯誤，我們需要將哲學問題放回該問題的原處，這原處就是生活，如果語言是不可能表達「實相」，那麼他們在生活上如何去用語言呢？可能維根斯坦跟小孩子長期居住之後，看到他們每天都在玩各種「遊戲」，

參預遊戲中所運用的語言不是展現世界的圖像，而是如何使對方「了解」而讓遊戲順利地進行。這種「了解」不是建立在命題和語言的一般型式 (die allegemeine Form des Satzes und der Sprache) ❽。

　　維根斯坦指出語言沒有共同型式跟遊戲沒有共同型式一樣，但是都能稱之為「語言」、「遊戲」，並且能互相溝通。他指出：

　　　　我無意製造一切我們稱之為語言者之共通點，我是說在這些現象之中沒有一個共同事物，使我們用相同的字去含蓋所有的，但是它們在許多不同方式之下，彼此相關，因為這個或這些關係，我們稱之為「語言」。(PI. 65)

他認為人類的「了解」並不是建構在「共相」(universal) 的概念上，沒有共同的事物、特性、型相，依然可以用相同的語調以含蓋之。從此，他放棄早期所提出意義的圖像理論，而認為人生具有多樣性，語言具有多重的功能，語言在人生的活動中展現它的意義❾。

　　把人生當作具有某種「型式」，語言是此型式中的活動的一部份，認為哲學是一種活動，抵抗由語言對我們認知上的蠱惑 (PI. 109)，那麼「哲學家處理問題就像處理疾病」(PI. 255)，就是診斷疾病之所在，使人恢復「正常」的活動。

　　哲學即是哲學思索；哲學方法就是「治療」。例如上面所提的「共

---

❽ Wittgenstein, *Philosophical Investigations*, tr. G. E. M. Anscombe, 3rd. edition (Oxford: Basil Blackwell, 1968), Section. 65. 以下簡稱 PI，而以節數附其後。

❾ 本文的目的只在闡述其方法及其意義，所以關於後期的思想的轉變及其意義理論都從略。

相」的問題，這一個問題已經存留在哲學史上有兩千年了。認爲要分類或歸屬時，它們的成員要具有共同的型相，進而「規範」某些共相是爲該類的主要型相，而運用這種共相理論於各個領域。譬如，「人」這一類是不是要共有某些型相？對於亞里士多德或孟子而言，都是肯定的答案，「有」，對亞里士多德而言，人要具有「理性」；對於孟子而言，要具有「四心」，即是惻隱之心、是非之心、辭讓之心、羞惡之心，沒有它們，就不算是人了。至於人是不是要擁有這些特性才會被接受爲「人」呢？白癡、瘋子、植物人都是人，會計算的機器不算人。這些現象都顯示亞氏和孟子都不是去實地觀察人類如何去使用「人」這種概念，進而「規範」某些性質是所共有成員「必需要」有的。我們就不知道到底是實質上的必需或價值上的必需，何況這些都有程度上的差別，並不是只有「有」就算數的，一百分的成績跟五十分的成績有很大的區別。所以維根斯坦提出「家族相似性」（Familien-ahnlichkeiten）理論來治療「共相」症候羣所引發的活動上的困難。

這種治療法的作用在於「恢復」生命的活力和生活的正常活動。早期維氏的診斷是似乎以哲學疾病不是「純粹理性」的靈藥所能治療，只有「物理治療」吧！不過他沒有走上禪宗的以心指心的神秘論，也沒有馬克思（K. Marx）改變外在世界的行動。可是後來他採用一種姑且稱之「生命自我治療法」，認爲它不是「致死的疾病」，可以透過對於生命本身的活動去除這些疾病，這一次的處方似乎不是一種偏方，它在積極上的效力大於早期的，不是在排除問題，是給予該問題有新的診斷，提供新處方增進活動力，就是在「生活、生命型式」中去了解它的意義和功能。

六、結論——維氏治療法

正如維根斯坦在《邏輯、哲學論文》的緒言所說，他的主要目標是「哲學問題」，沒有問題存在，他也不必寫了這些書，那就是說，傳統所揭櫫的「智慧」是在於「診斷」這些問題，希冀去除它們。所以如果以「治療法」這一個概念去描述維氏的哲學方法的話，我想是相當恰當的，而前後兩期都是採取相同的方法，可是採用了兩種不同的處方，因為兩次的診斷都受到他所採取「前識」（pre-understanding）的影響，但是仍然透過對於語言、思想、意義的探討來進行治療術。

原則上維根斯坦所採取的理路是正確的：對於思想、語言、意義之間的探討可以讓我們重新了解我們的癥結之所在，看看我們在生活及生命體驗中有什麼寶藏可用，可當「藥物」來治療這種疾病；很可能，我們中國哲學需要重新採用這一種治療法，回到臺北街頭看看到底我們如何生活着，不要再在太空飛行，採用「外星球」的語言而妨礙了現世生命正常活動，才可能重建屬於中國人的哲學。

可是維氏的方法如果只限於「語言的澄清」，不知道語言乃是人生中活動的一部份而已，將語言活動當作人生活動的全部的話，那就錯了，人類在各個層面的活動都是「思想的表達」的活動，所表達的意義也能夠為羣體所共識，所以分析、診斷都不是只在語文、命題上，這種理論在現代哲學的其他派別中可見其效力，例如詮釋學的現象學，補足後期維氏「生命自我治療法」所未盡言之處。

書　　　　名	作　者	類	別
中西文學關係研究	王潤華	文	學
文開隨筆	糜文開	文	學
知識之劍	陳鼎環	文	學
野草詞	章瀚章	文	學
李韶歌詞集	李韶	文	學
石頭的研究	戴天	文	學
留不住的航渡	葉維廉	文	學
三十年詩	葉維廉	文	學
現代散文欣賞	鄭明娳	文	學
現代文學評論	亞菁	文	學
三十年代作家論	姜穆	文	學
當代臺灣作家論	何欣	文	學
藍天白雲集	梁容若	文	學
見賢集	鄭彥棻	文	學
思齊集	鄭彥棻	文	學
寫作是藝術	張秀亞	文	學
孟武自選文集	薩孟武	文	學
小説創作論	羅盤	文	學
細讀現代小説	張素貞	文	學
往日旋律	幼柏	文	學
城市筆記	巴斯	文	學
歐羅巴的蘆笛	葉維廉	文	學
一個中國的海	葉維廉	文	學
山外有山	李英豪	文	學
現實的探索	陳銘磻編	文	學
金排附	鍾延豪	文	學
放鷹	吳錦發	文	學
黃巢殺人八百萬	宋澤萊	文	學
燈下燈	蕭蕭	文	學
陽關千唱	陳煌	文	學
種籽	向陽	文	學
泥土的香味	彭瑞金	文	學
無緣廟	陳艷秋	文	學
鄉事	林清玄	文	學
余忠雄的春天	鍾鐵民	文	學
吳煦斌小説集	吳煦斌	文	學

滄海叢刊已刊行書目 (三)

書　　　名	作　　　者	類	別
不　疑　不　懼	王　洪　鈞	教	育
文　化　與　教　育	錢　　　穆	教	育
教　育　叢　談	上官業佑	教	育
印　度　文　化　十　八　篇	糜　文　開	社	會
中　華　文　化　十　二　講	錢　　　穆	社	會
清　代　科　舉	劉　兆　璸	社	會
世　界　局　勢　與　中　國　文　化	錢　　　穆	社	會
國　　　家　　　論	薩孟武譯	社	會
紅樓夢與中國舊家庭	薩　孟　武	社	會
社　會　學　與　中　國　研　究	蔡　文　輝	社	會
我國社會的變遷與發展	朱岑樓主編	社	會
開　放　的　多　元　社　會	楊　國　樞	社	會
社　會、文　化　和　知　識　份　子	葉　啟　政	社	會
臺灣與美國社會問題	蔡文輝 蕭新煌主編	社	會
日　本　社　會　的　結　構	福武直　著 王世雄　譯	社	會
三十年來我國人文及社會 科學之回顧與展望		社	會
財　經　文　存	王　作　榮	經	濟
財　經　時　論	楊　道　淮	經	濟
中　國　歷　代　政　治　得　失	錢　　　穆	政	治
周　禮　的　政　治　思　想	周世輔 周文湘	政	治
儒　家　政　論　衍　義	薩　孟　武	政	治
先　秦　政　治　思　想　史	梁啟超原著 賈馥茗標點	政	治
當　代　中　國　與　民　主	周　陽　山	政	治
中　國　現　代　軍　事　史	劉馥　著 梅寅生譯	軍	事
憲　法　論　集	林　紀　東	法	律
憲　法　論　叢	鄭　彥　棻	法	律
師　友　風　義	鄭　彥　棻	歷	史
黃　　　帝	錢　　　穆	歷	史
歷　史　與　人　物	吳　相　湘	歷	史
歷　史　與　文　化　論　叢	錢　　　穆	歷	史

滄海叢刊已刊行書目 (二)

書　　　名	作　者	類　　　　別
語　言　哲　學	劉　福　增	哲　　　　學
邏　輯　與　設　基　法	劉　福　增	哲　　　　學
知識・邏輯・科學哲學	林　正　弘	哲　　　　學
中　國　管　理　哲　學	曾　仕　強	哲　　　　學
老　子　的　哲　學	王　邦　雄	中　國　哲　學
孔　學　漫　談	余　家　菊	中　國　哲　學
中　庸　誠　的　哲　學	吳　　　怡	中　國　哲　學
哲　學　演　講　錄	吳　　　怡	中　國　哲　學
墨　家　的　哲　學　方　法	鐘　友　聯	中　國　哲　學
韓　非　子　的　哲　學	王　邦　雄	中　國　哲　學
墨　家　哲　學	蔡　仁　厚	中　國　哲　學
知識、理性與生命	孫　寶　琛	中　國　哲　學
逍　遙　的　莊　子	吳　　　怡	中　國　哲　學
中國哲學的生命和方法	吳　　　怡	中　國　哲　學
儒　家　與　現　代　中　國	韋　政　通	中　國　哲　學
希　臘　哲　學　趣　談	鄔　昆　如	西　洋　哲　學
中　世　哲　學　趣　談	鄔　昆　如	西　洋　哲　學
近　代　哲　學　趣　談	鄔　昆　如	西　洋　哲　學
現　代　哲　學　趣　談	鄔　昆　如	西　洋　哲　學
現　代　哲　學　述　評 (一)	傅　佩　榮　譯	西　洋　哲　學
懷　海　德　哲　學	楊　士　毅	西　洋　哲　學
思　想　的　貧　困	韋　政　通	思　　　　想
不以規矩不能成方圓	劉　君　燦	思　　　　想
佛　學　研　究	周　中　一	佛　　　　學
佛　學　論　著	周　中　一	佛　　　　學
現　代　佛　學　原　理	鄭　金　德	佛　　　　學
禪　　　話	周　中　一	佛　　　　學
天　人　之　際	李　杏　邨	佛　　　　學
公　案　禪　語	吳　　　怡	佛　　　　學
佛　教　思　想　新　論	楊　惠　南	佛　　　　學
禪　學　講　話	芝峯法師譯	佛　　　　學
圓　滿　生　命　的　實　現 （布　施　波　羅　蜜）	陳　柏　達	佛　　　　學
絕　對　與　圓　融	霍　韜　晦	佛　　　　學
佛　學　研　究　指　南	關　世　謙　譯	佛　　　　學
當　代　學　人　談　佛　教	楊　惠　南　編	佛　　　　學

滄海叢刊已刊行書目 (一)

書　　　　名	作　　者	類　　　別
國父道德言論類輯	陳　立　夫	國　父　遺　教
中國學術思想史論叢 (一)(二)(三)(四)(五)(六)(七)(八)	錢　　穆	國　　　學
現代中國學術論衡	錢　　穆	國　　　學
兩漢經學今古文平議	錢　　穆	國　　　學
朱子學提綱	錢　　穆	國　　　學
先秦諸子繫年	錢　　穆	國　　　學
先秦諸子論叢	唐　端　正	國　　　學
先秦諸子論叢 (續篇)	唐　端　正	國　　　學
儒學傳統與文化創新	黃　俊　傑	國　　　學
宋代理學三書隨劄	錢　　穆	國　　　學
莊子纂箋	錢　　穆	國　　　學
湖上閒思錄	錢　　穆	哲　　　學
人生十論	錢　　穆	哲　　　學
晚學盲言	錢　　穆	哲　　　學
中國百位哲學家	黎　建　球	哲　　　學
西洋百位哲學家	鄔　昆　如	哲　　　學
現代存在思想家	項　退　結	哲　　　學
比較哲學與文化 (一)(二)	吳　　森	哲　　　學
文化哲學講錄 (一)(二)(三)(四)	鄔　昆　如	哲　　　學
哲學淺論	張　　康譯	哲　　　學
哲學十大問題	鄔　昆　如	哲　　　學
哲學智慧的尋求	何　秀　煌	哲　　　學
哲學的智慧與歷史的聰明	何　秀　煌	哲　　　學
內心悅樂之源泉	吳　經　熊	哲　　　學
從西方哲學到禪佛教 ──「哲學與宗教」一集──	傅　偉　勳	哲　　　學
批判的繼承與創造的發展 ──「哲學與宗教」二集──	傅　偉　勳	哲　　　學
愛的哲學	蘇　昌　美	哲　　　學
是與非	張　身　華譯	哲　　　學